JÖRG SCHIEB

ENERGIE FRESSER INTERNET

JÖRG SCHIEB

ENERGIE FRESSER INTERNET

Warum jede E-Mail ein Klimakiller ist
und wie unser digitales Leben nachhaltiger wird

REDLINE | VERLAG

Bibliografische Information der Deutschen Nationalbibliothek:
Die Deutsche Nationalbibliothek verzeichnet diese Publikation in der Deutschen Nationalbibliografie; detaillierte bibliografische Daten sind im Internet über http://d-nb.de abrufbar.

Für Fragen und Anregungen:
info@redline-verlag.de

Wichtiger Hinweis
Ausschließlich zum Zweck der besseren Lesbarkeit wurde auf eine genderspezifische Schreibweise sowie eine Mehrfachbezeichnung verzichtet. Alle personenbezogenen Bezeichnungen sind somit geschlechtsneutral zu verstehen.

Originalausgabe
1. Auflage 2023

Türkenstraße 89
D-80799 München
Tel.: 089 651285-0
Fax: 089 652096

Redaktion: Silvia Kinkel
Umschlaggestaltung: Marc Fischer
Umschlagabbildung: Jörg Schieb/erstellt mit Midjourney
Satz: abavo GmbH, Buchloe
Druck: GGP Media GmbH, Pößneck
Printed in Germany

ISBN Print 978-3-86881-942-7
ISBN E-Book (PDF) 978-3-96267-529-5
ISBN E-Book (EPUB, Mobi) 978-3-96267-530-1

Wir produzieren nachhaltig
www.m-vg.de

Weitere Informationen zum Verlag finden Sie unter

www.redline-verlag.de

Beachten Sie auch unsere weiteren Verlage unter www.m-vg.de

INHALT

VORWORT

Das Smartphone ist das Tor zur Welt. Das kompakte (oft sehr kostspielige) Gerät verbindet uns rund um die Uhr mit dem Netz – wenn wir das wollen. Und, seien wir ehrlich, die meisten wollen es ganz offenkundig. Morgens nach dem Aufwachen: erst mal zum Handy greifen. In der U-Bahn. An der Haltestelle. In der Pause. Eigentlich fast immer schauen viele Menschen – und nicht nur die jungen! – wie gebannt auf das Display ihres ständigen Begleiters. Die Welt um sie herum ist vergessen.

Im Durchschnitt 20,2 Stunden pro Woche nutzen die Deutschen ihr Handy. Je jünger, desto mehr. Die »Digital Natives« – also jene Menschen, die in der digitalen Welt aufgewachsen sind – verbringen sogar bis zu 86 Stunden pro Woche im Netz. Tendenz: steigend.

Wie man es auch dreht und wendet: Wir konsumieren kaum etwas so häufig, so intensiv und ausdauernd wie »das Internet«. Ein Überbegriff für ein doch eher abstraktes Konstrukt. Das Netz ist ein Sammelsurium an Inhalten, Verlockungen und Angeboten. Für so ziemlich alles gibt es heutzutage eine App. Die ganze Welt des Wissens, der Unterhaltung, der Kommunikation, des Konsums und beinahe jeder Bereich des Lebens steht auf der Fläche von wenigen Quadratzentimetern jederzeit zur Verfügung.

Wir tippen auf das kühle Glas, wischen von links nach rechts, von oben nach unten – oder umgekehrt –, als wäre es das Normalste von der Welt. Und das ist es heute ja auch irgendwie: Das Internet ist immer da, so wie der Sauerstoff zum Atmen.

Dass das doch nicht so selbstverständlich ist, merken die meisten von uns immer nur dann, wenn das WLAN ausfällt oder – möge uns der Gott der Kommunikation davor bewahren! – komplette Apps, Dienste oder Anwendungen stillliegen. Da ziehen sich für manche Minuten hin wie Stunden oder Tage.

Wie das alles zustande kommt und vor allem, welcher ungeheure Aufwand betrieben werden muss, um dieses »Internet« bereitzustellen, am Laufen zu halten und all die Anwendungen wie auf magische Weise funktionieren zu lassen, darüber machen sich die wenigsten von uns Gedanken. Warum auch – es funktioniert ja meist reibungslos.

Kein Wunder, dass den meisten Menschen nicht mal ansatzweise bewusst ist, wie viel Energie nötig ist, um dieses schlicht »Internet« genannte magische Gefüge aus Netzwerken, Rechenzentren, Servern und Diensten zu betreiben.

Ja, richtig: Energie. Denn das Internet braucht Strom. Jede Menge davon – unvorstellbare Mengen. Und vor allem immer mehr, denn kaum eine Branche wächst derart schnell, konstant und konsequent wie die Welt der Digitalisierung. Eine Wachstumsbranche mit erheblichem Einfluss auf unser Klima – doch ironischerweise schaut kaum jemand hin.

- Als Amuse-Gueule – als kleiner Vorgeschmack auf das, was in diesem Buch noch kommt – einige relevante Fakten.
- Allein in Deutschland verbraucht das Internet, einschließlich der Netze und Rechenzentren, etwa 13 Terawattstunden Strom pro Jahr. Damit ließen sich 3,7 Millionen Haushalte mit Strom versorgen.
- Sämtliche Netze wie Mobilfunkstationen und Internetrouter verbrauchen in Deutschland jährlich etwa 55 Terawattstunden Strom. Genug für 15,6 Millionen Haushalte.
- Das Internet verursacht durch seinen Stromverbrauch weltweit inzwischen ebenso viel Kohlendioxid-Ausstoß wie der Flugverkehr.
- Bis zu 12 Prozent des globalen Strombedarfs fließen heute bereits in digitale Geräte, Tendenz steigend.
- Eine Stunde Video streamen verursacht durchschnittlich 3200 Gramm Treibhausgase – also mehr, als 20 Kilometer mit dem Auto zu fahren.

Doch wir glauben, das regelmäßige Aufladen des Mobilgerätes sei in Sachen Energieverbrauch alles, was uns betrifft.

Fehlanzeige! Es ist wie beim berühmten Eisberg: Es ist nicht das, was wir sehen, was uns beschäftigen sollte, sondern das, was wir nicht sehen.

Das Internet – und damit wir alle, die wir die Dienste nutzen – stößt insgesamt bereits mehr CO_2 aus als der internationale Flugverkehr. Tendenz steigend. Eine durchaus relevante Größe also, mit der wir uns beschäftigen sollten. Zumal die Branche boomt.

Doch während über die Umweltbelastung von Flügen regelmäßig gesprochen wird (Stichwort: Flugscham), treibt der Energiebedarf der Digitalisierung nur vergleichsweise wenige Menschen um. Es scheint eine Art toter Winkel zu sein, selbst für ansonsten engagierte Klimaschützer. Mehrmals habe ich Greta Thunberg um ein Gespräch gebeten, um dieses relevante Thema zu erörtern und ihre Einschätzung zu erfahren. Ohne Erfolg – sie hatte kein Interesse.

Keine Sorge: Wir brauchen ganz sicher keine Klickscham. Aber wir brauchen Kompetenz!

Es geht darum, die Hintergründe der Digitalisierung zu verstehen, den Aufwand zu kennen, der mit der zunehmenden Vernetzung der Welt und der ständigen Verfügbarkeit von allem verbunden ist. Das fängt bei der Hardware an, die wir kaufen und mit uns herumtragen – aber auch den für uns nicht offensichtlichen Verbrauch, etwa in den Rechenzentren.

All die Rechenzentren und Server müssen am Laufen gehalten und ausreichend gekühlt werden, damit all die Daten, die wir täglich abrufen und verschicken, so schnell von A nach B kommen. Und es hört beim Recycling von Altgeräten nicht auf.

Das Internet, das wir alle so selbstverständlich und beiläufig nutzen, erfordert einen unfassbaren Aufwand und es verschlingt enorm viel Energie.

Darum habe ich dieses Buch geschrieben. Um den Vorhang zu lüften – und alle, die aufgeschlossen sind, für das Thema zu sensibilisieren.

Bitte besuchen Sie gern die Webseite zum Buch: Hier gibt es Updates, aber auch interessante Videos und Hintergrundinformationen zum Thema.

https://www.energiefresser.eu

Jörg Schieb
Meerbusch, Oktober 2023

KAPITEL 1

Die Energiefresser in Ihrer Hosentasche

Wenn wir ans Internet denken, greifen die meisten von uns reflexartig zum Smartphone. Das kleine kompakte Gerät, für das viele mitunter Unsummen auszugeben bereit sind, ist der bequeme Schlüssel zu praktisch allem, was online passiert. Wir können damit E-Mails abrufen, mit Freunden chatten, online shoppen, die Wettervorhersage abfragen, Flüge buchen, Nachrichten lesen, Videos anschauen, mit Kollegen Projekte besprechen, bei Wikipedia nachschlagen und seit Neuestem auch künstliche Intelligenz

nutzen … Sie wissen selbst, wie lang die Liste wird, wenn wir den Versuch unternehmen, auch nur annähernd alles aufzuzählen.

Das Smartphone kann heute all das (und mehr), was in der berühmten Fernsehserie *Raumschiff Enterprise* der »Kommunikator« gewesen ist: ein handliches, praktisches Gadget, das seinem Besitzer jederzeit auch die kompliziertesten Fragen beantwortet, ihn mit Kollegen oder Freunden verbindet und ihm überhaupt in jeder Lebenslage zur Seite steht.

Eine Frage stellt sich allerdings kaum jemand: Wie ist das überhaupt möglich? Wie funktioniert das? Welcher Aufwand ist nötig, damit dieser Zauber gelingt?

Als Leserin oder Leser dieses Buches gehören Sie zu denjenigen, die sich die Frage stellen – und das freut mich. Denn zum einen ist es beeindruckend, welcher Aufwand *backstage* nötig ist (und in aller Regel auch reibungslos funktioniert), um unser Bedürfnis nach *always on* zu befriedigen. Zum anderen ist es aber beängstigend, welcher enorme Energieaufwand damit verbunden ist, die nötigen technischen Ressourcen bereitzustellen.

Weil der »Maschinenraum« des Internets für die meisten von uns – wenn wir nicht gerade in einem Rechenzentrum arbeiten –, unbekanntes Terrain ist, machen wir uns keine Vorstellung von den wahren Dimensionen. Jeder Klick, jedes Tippen auf dem Display setzt eine riesige Maschinerie in Gang.

Wir laden unseren Akku – ständig

Die meisten Menschen denken, dass der Energieverbrauch bei der Benutzung eines Smartphones (und damit des Internets) auf den eigenen Akku beschränkt ist. Wir müssen unsere Geräte schließlich täglich oder sogar mehrmals täglich aufladen, abhängig von unserer Nutzung. Das belegt doch, dass wir Strom verbrauchen. Verglichen mit einem Kühlschrank oder dem überdimensionalen Flachbildschirm im Wohnzimmer kann das aber nicht viel sein – das ist auch Laien klar.

Die gute Nachricht: Das eigene Smartphone aufzuladen ist in puncto Energiebilanz tatsächlich kaum der Rede wert.

Andererseits sollte man den Bedarf nicht unterschätzen: Klein bedeutet keineswegs genügsam. Ein wichtiger Faktor, der den Energieverbrauch von Hardware jeder Art erhöht, ist die Größe: Smartphones und Tablets werden immer kleiner und leichter; was toll ist, weil wir nicht so viel Hardware mit uns herumschleppen müssen. Aber die im Gerät verbauten Komponenten müssen ebenfalls immer kleiner und kompakter werden. Infolgedessen müssen diese Komponenten mit höherer Leistung arbeiten, um dieselben Aufgaben wie größere Komponenten auszuführen.

Man darf sich von der Größe eines Gerätes also nicht täuschen lassen: Ein vergleichsweise kleines Smartphone kann im Vergleich zu einem Laptop vor einigen Jahren genauso viel oder sogar mehr Energie verbrauchen.

Wie viel Energie verbraucht mein Smartphone?

Aber werden wir konkret: Wie viel Energie verbrauchen Hardwaregeräte wie Smartphones tatsächlich? Dazu müssen wir ein bisschen in die Physik und Elektrotechnik eintauchen. Der Energieverbrauch von Hardware wird in der Regel in Milliamperestunden (mAh) oder Wattstunden (Wh) gemessen. Der Akku eines Smartphones hat heutzutage eine Kapazität von 2000 bis 4000 Milliamperestunden. Wenn wir annehmen, dass das Smartphone im Laufe eines Tages etwa vier Stunden genutzt wird, kann es zwischen 800 und 1600 Milliamperestunden verbrauchen. Dies entspricht einem Energieverbrauch zwischen 2,96 und 5,92 Wattstunden pro Tag.

Wenn wir zum Beispiel weiter annehmen, dass ein Smartphone-Akku eine Kapazität von 3000 Milliamperestunden (also Durchschnitt) und das Ladegerät eine Effizienz von 80 Prozent hat (der Rest verpufft schlichtweg ungenutzt als Wärme), dann benötigt ein solches Smartphone etwa 3,75 Wattstunden, um vollständig aufgeladen zu werden. Eher bescheiden sogar: Ein Fön verbraucht bei voller Leistung mindestens acht Mal so viel Strom.

Laden mit dem Trainingsrad

Wer sein Smartphone mit dem Ergometer laden möchte und bei sportlichen 120 Watt strampelt, hat physikalisch betrachtet bereits nach zwei Minuten genügend Energie erzeugt, um das Smartphone komplett zu laden. Technisch lassen sich die Akkus in Smartphones nicht so schnell laden. Man müsste also einen Umweg über einen anderen Akku gehen, der höhere Strommengen verkraftet – oder mehrere Stunden so treten, dass die Wattanzeige auf 4 Watt steht, was aber praktisch keinerlei Bewegung entspricht.

Das mag nicht viel erscheinen, aber bedenken Sie bitte, dass es weltweit etwa 3,8 Milliarden Smartphone-Nutzer gibt. Wenn jeder Nutzer täglich 3 Wattstunden verbraucht, würde dies bereits zu einem täglichen Energieverbrauch von 11,4 Milliarden Wattstunden oder 11,4 Gigawattstunden (GWh) führen. Dies ist eine enorme Menge an Energie, die leider weltweit betrachtet immer noch vornehmlich aus fossilen Brennstoffen erzeugt wird und damit einen erheblichen Einfluss auf den Klimawandel hat.

Um den Energieverbrauch von Hardware zu reduzieren, gibt es mehrere Möglichkeiten. Eine besteht darin, energieeffizientere Komponenten zu verwenden, die weniger Energie verbrauchen, um dieselben Aufgaben auszuführen. Mehr Effizienz also. Eine andere Möglichkeit besteht darin, den Stromverbrauch von Geräten zu reduzieren, wenn sie nicht in Gebrauch sind (vergleichbar dem Standby-Modus von Fernseher oder anderen Geräten). Eine weitere Strategie ist, den Energieverbrauch über intelligente Systeme zu überwachen und zu regulieren (was allerdings auch wieder Energie kostet).

Der Energieverbrauch von Hardware wie Smartphones ist ein wichtiger Aspekt der Energiewende – allerdings zu meiner großen Überraschung nie ein Thema. Auch nicht bei »Fridays for Future«.

Dabei könnten wir durch die Reduzierung des Energieverbrauchs nicht nur messbar Energie sparen, sondern gleichzeitig die Umweltbelastung reduzieren und die Lebensdauer der Geräte verlängern. Denn je weniger Energie ein Gerät verbraucht, desto weniger Wärme wird erzeugt – und desto geringer ist interessanterweise der Verschleiß der Komponenten. Bei einem Smartphone gibt es keine beweglichen Teile, die verschleißen könnten – Wärme ist die einzige Quelle für Abnutzungserscheinungen.

Ein weiterer Weg zur Reduzierung des Energieverbrauchs besteht darin, energieeffiziente Technologien zu entwickeln, die in die Geräte verbaut werden. Die Entwicklung von Technologien wie OLED-Displays und energieeffizienten Prozessoren hat bereits dazu beigetragen, den Energieverbrauch von Geräten wie Smartphones deutlich zu reduzieren. Doch die Forschung und Entwicklung von neuen, noch energieeffizienteren Technologien muss fortgesetzt werden, um den Energieverbrauch von Hardware weiter zu reduzieren.

Neben der Entwicklung neuer Technologien kann auch der Einsatz erneuerbarer Energien dazu beitragen, den Energieverbrauch von Hardware zu reduzieren. Wenn Geräte wie Smartphones und Tablets mit Solarenergie oder Windkraft betrieben werden, kann dies zu einem deutlich geringeren CO_2-Fußabdruck führen und die Abhängigkeit von fossilen Brennstoffen verringern – keine Frage.

Wir müssen uns bewusst machen, dass der Energieverbrauch von Hardware wie Smartphones ein wichtiger Aspekt der Energiewende ist. Wir müssen uns bemühen, den Energieverbrauch durch den Einsatz energieeffizienter Technologien, den Einsatz erneuerbarer Energien und die Entwicklung neuer Methoden zur Überwachung und Regulierung des Energieverbrauchs zu reduzieren.

So können wir nicht nur die Umweltbelastung reduzieren, sondern auch die Lebensdauer unserer Geräte verlängern und dadurch unseren Geldbeutel schonen.

Was kostet das Aufladen meines Smartphones?

Sicherlich ist auch der Kostenaspekt interessant: Was kostet eigentlich »einmal Aufladen«? Muss ich meine Freunde zur Wiedergutmachung zum Essen einladen, wenn ich in ihrer Wohnung mein Smartphone auflade?

Keineswegs! Die Kosten für das Aufladen eines Smartphones hängen natürlich von verschiedenen Faktoren ab, wie zum Beispiel der Kapazität des Akkus, dem Stromverbrauch des Gerätes, dem Stromtarif und der Region, in der man lebt. Ein durchschnittlicher Smartphone-Akku hat wie erwähnt eine Kapazität von etwa 3000 Milliamperestunden.

Um die Kosten für das Aufladen genau zu berechnen, müssen wir den Stromverbrauch des Smartphones kennen. Die meisten Smartphones haben einen Stromverbrauch von etwa 5 bis 10 Watt beim Laden. Wenn wir von einem Durchschnittswert von 7,5 Watt ausgehen und das Smartphone eine Stunde lang geladen wird, dann beträgt die Energiemenge, die benötigt wird, um den Akku vollständig aufzuladen, 7,5 Wattstunden oder 0,0075 Kilowattstunden.

Um die Kosten für das Aufladen zu berechnen, müssen wir den Strompreis unseres Stromtarifs kennen. Nehmen wir an, der Strompreis beträgt 0,30 Euro pro Kilowattstunde. Dann kostet das Aufladen des Smartphones

0,30 Euro x 0,0075 kWh = 0,00225 Euro oder 0,22 Cent.

Wer bei Freunden sein Handy auflädt, schuldet ihnen also 0,22 Cent.

Es ist jedoch zu beachten, dass der tatsächliche Strompreis je nach Region und Stromtarif unterschiedlich sein kann. Außerdem können andere Faktoren wie der Standby-Verbrauch des Ladegerätes oder der Verbrauch von anderen elektronischen Geräten im Haushalt die tatsächlichen Kosten beeinflussen.

Das Smartphone ist »always on«

Wenn wir unser Smartphone an die Steckdose hängen, ist der Verbrauch minimal – und fällt auch kostenmäßig kaum ins Gewicht. Die Energie, die das Smartphone selbst konsumiert, macht nur einen verschwindend geringen Anteil des tatsächlichen Energieverbrauchs aus, wenn wir online gehen.

Der Löwenanteil ist der Teil, den wir nicht sehen. Denn damit unser Smartphone so »smart« ist – und das gilt genauso für Notebook oder Desktop-PC –, wird immer wieder und ständig auf ein schier gigantisches, unsichtbares Netzwerk aus Rechenzentren, Servern und Infrastruktur zurückgegriffen. All die Gerätschaften und Dienste, die das Internet, so wie wir es kennen, überhaupt erst möglich machen.

Wir sind es heute gewohnt, »mal eben was zu googeln«. Ein »Ping« zu hören, sobald eine neue Nachricht eingetroffen oder die lang ersehnte E-Mail mit der Bestellbestätigung da ist. Das Smartphone in unserer Hosentasche steht unentwegt in Kontakt mit Dutzenden Servern, Diensten und Angeboten – ohne dass wir etwas davon mitbekommen.

Jedes Mal, wenn wir eine Nachricht senden, ein Video anschauen oder eine Website besuchen, stoßen wir wahnsinnig komplexe, unsichtbare Prozesse an. Wir ahnen gar nicht, wie komplex – weil es unbemerkt und vor allem blitzschnell geschieht. Und die Prozesse, meist Dutzende gleichzeitig, verschlingen eine beträchtliche Menge an Energie, die für die Verarbeitung, Speicherung und Übertragung dieser Daten benötigt wird.

Unbemerkte Datenübertragung im Hintergrund

Es ist uns gar nicht bewusst, aber unser Smartphone geht ständig online, verschickt Daten und empfängt Daten. Selbst wenn es nur herumliegt oder in der Hosentasche auf den nächsten Einsatz wartet. Die aktiven Apps übermitteln den aktuellen Aufenthaltsort. Im Zweifel werden gleich mehrere Apps damit versorgt: Google Maps, Instagram, Facebook, Tiktok, YouTube – selbst Apps, die gar nicht wissen müssten, wo wir uns aufhalten, fragen das ab – um diese Information an Werbenetzwerke verkaufen zu können. Apps fragen bei den Servern ihrer Betreiber nach, ob es Neuigkeiten gibt. Möglicherweise werden auch Gesundheitsdaten übertragen, neue Nachrichten angekündigt und vieles mehr.

Wenn wir hörbar machen könnten, was im Hintergrund los ist, selbst wenn wir das Smartphone nicht in der Hand halten: Wir würden einem Datensturm lauschen. Daten, die hin und her rauschen – und damit auch Energie verbrauchen. Denn wenn Daten von A nach B transportiert werden müssen, kostet das immer Energie. Es gibt Apps, mit denen sich diese Aktivitäten im Hintergrund sichtbar machen lassen, die anzeigen, welche Daten im Hintergrund übertragen werden. Hier sind einige der bekanntesten Apps für Mobilgeräte und Desktop-PCs:

1. GlassWire: Diese App ist für Android und Windows verfügbar und zeigt detailliert an, welche Apps auf das Internet zugreifen, welche Daten übertragen werden und wie viel Datenverkehr sie verursachen.
2. NetGuard: Diese App ist für Android verfügbar und ermöglicht es, den Datenverkehr von Apps zu blockieren oder einzuschränken. Sie zeigt auch an, welche Apps auf das Internet zugreifen und wie viel Datenverkehr sie verursachen.
3. Little Snitch: Diese App ist für macOS verfügbar und zeigt an, welche Apps auf das Internet zugreifen und welche Daten übertragen werden. Sie ermöglicht auch das Blockieren bestimmter Verbindungen.
4. ZoneAlarm: Diese App ist für Windows verfügbar und bietet ähnliche Funktionen wie Little Snitch. Sie zeigt an, welche Apps auf das Internet zugreifen und welche Daten übertragen werden. Sie ermöglicht auch das Blockieren bestimmter Verbindungen.
5. iOS Firewall: Diese Funktion ist in iOS integriert und ermöglicht es, den Datenverkehr von Apps zu blockieren oder einzuschränken. Sie zeigt auch an, welche Apps auf das Internet zugreifen und wie viel Datenverkehr sie verursachen.

Bei Interesse einfach mal ausprobieren: Es ist wirklich erstaunlich, was sich im Hintergrund alles tut, obwohl wir nichts machen. Diese Apps können dabei helfen, den Datenverbrauch und den Energieverbrauch zu reduzieren, indem sie unerwünschte Verbindungen blockieren oder einschränken.

Außerdem geben sie uns Nutzern mehr Kontrolle über die Daten, die im Hintergrund übertragen werden.

Unser Smartphone ist unser persönlicher Taktstock, der ein gigantisches, aber unsichtbares Orchester an Servern, Rechnern und Rechenzentren dirigiert, damit wir mit den gewünschten Inhalten und Ergebnissen versorgt werden. Schauen wir uns ein paar Beispiele des digitalen Alltags genauer an, um ein Gefühl dafür zu bekommen, was ständig »hinter der Bühne« los ist – und wie viel Energie dafür benötigt wird.

Einmal googeln lässt eine Lampe leuchten

Werden wir konkret, um den Energieverbrauch durch Internetnutzung anschaulich(er) zu machen. Beispiel: eine Suchanfrage auf Google, Bing oder einer vergleichbaren Suchmaschine des Vertrauens. Wer macht sich schon Gedanken, was eigentlich »hinter der Bühne« an Aufwand betrieben werden muss, um die Suchanfrage möglichst perfekt zu beantworten – und das auch noch in einem Sekundenbruchteil?

Es gibt laut aktuellen Schätzungen von Websiterating[1] mittlerweile 1,3 Milliarden Websites weltweit. Wie viele es genau sind, weiß niemand – das spielt auch keine Rolle. Die schiere Dimension ist in diesem Fall entscheidend. Eine Suchmaschine wie Google muss diese öffentlich zugänglichen Websites mit all ihren Angeboten und Verzweigungen kennen – ebenso den Inhalt! –, um zum Zeitpunkt der Nachfrage unverzüglich angeben zu können, wo sich relevante Inhalte und möglichst auch Antworten finden lassen.

Das bedeutet: Schon bevor die Suchanfrage initiiert wurde, ist eine Menge Aufwand nötig: Das Netz muss durchsucht und katalogisiert, die Inhalte müssen eingelesen und bewertet und das alles verschlagwortet werden – damit dann, wenn ein Mensch eine Frage hat, möglichst sofort eine Antwort erscheint. Eine Suchmaschine sucht in dem Sinne nicht, sie findet – oder schlägt nach, in einem perfekt organisierten, stets aktuell gehaltenen Register.

Das alles verschlingt verständlicherweise eine Menge Energie. Dabei scheinen Suchanfragen im Internet auf den ersten Blick nur einen sehr geringen Strom- und Energieverbrauch zu haben, da sie nur aus ein paar Textzeilen und der Übertragung über das Internet bestehen. Tatsächlich sind jedoch viele Prozesse und technische Komponenten im Hintergrund notwendig, um die Anfrage zu verarbeiten.

- Der erste Schritt einer Suchanfrage ist die Eingabe der Suchanfrage in die Suchmaschine. Dabei wird eine geringe Menge an Energie verbraucht, da es sich lediglich um eine Eingabe von Text handelt.
- Die Suchanfrage wird dann an den Google-Server gesendet. Dies erfolgt über eine Internetverbindung, wobei der Energiebedarf von der Qualität der Verbindung abhängt. Je schneller die Verbindung, desto geringer ist der Energiebedarf. Nur ein Grund von vielen, wieso Anbindung per Glasfaser energiefreundlicher ist.
- Der Google-Server empfängt die Suchanfrage und verarbeitet sie. Dazu wird ein komplexer (und geheim gehaltener) Algorithmus verwendet, der die relevantesten Suchergebnisse auswählt. Dieser Prozess erfordert erhebliche Rechenleistung und somit Energie.
- Nach der Auswahl der Suchergebnisse werden diese an den Suchenden gesendet. Dieser Vorgang verbraucht wiederum Energie.
- Der Suchende empfängt die Suchergebnisse und wählt ein Ergebnis aus. Wenn der Benutzer auf den Link klickt, wird eine neue Internetverbindung hergestellt, um die Website zu öffnen.
- Die Website wird aufgerufen und auf dem Computer oder Smartphone des Nutzers angezeigt. Dieser Vorgang erfordert ebenfalls Energie, um die Bilder und Texte der Website darzustellen.
- Wenn der Nutzer auf der Website navigiert oder etwas eingibt, werden weitere Energiequellen benötigt, um die verschiedenen Prozesse und Funktionen der Website auszuführen.
- Die Suche auf der Website kann auch Werbung enthalten. Die Anzeige von Werbung erfordert zusätzliche Energie, da die Anzeigen auf den

Servern der Werbetreibenden gespeichert und dann an den Nutzer weitergeleitet werden müssen.

- Die Suche auf der Website kann auch Tracking-Cookies enthalten. Tracking-Cookies sind kleine Textdateien, die auf dem Computer des Nutzers gespeichert werden, um Informationen über den Nutzer zu sammeln. Das Sammeln dieser Daten erfordert ebenfalls Energie.
- Wenn der Nutzer die Website schließt, wird die Verbindung zum Server getrennt. Dieser Vorgang verbraucht erneut Energie.

Eine ganze Menge Aufwand, oder? Allein die Vorbereitungen ...

Die genaue Menge an Energie, die bei einer konkreten Google-Suchanfrage verbraucht wird, hängt von vielen Faktoren ab, wie zum Beispiel der Geschwindigkeit der Internetverbindung, der verwendeten Hardware, dem Standort des Benutzers und der Art der Suchanfrage. Eine Studie der Umweltorganisation »Atmosfair«[2] schätzt jedoch, dass eine einzige Google-Suchanfrage etwa 0,0003 Kilowattstunden oder 0,3 Wattstunden verbraucht.

Dies mag auf den ersten Blick nicht viel erscheinen, aber angesichts von geschätzt derzeit 200 Millionen Suchanfragen pro Stunde und 5 Milliarden Suchanfragen täglich aus aller Welt kann dies zu einem erheblichen Energieverbrauch führen.

Googeln auf dem Trainingsrad

Einmal googeln – ganz ehrlich: Dafür lohnt es nicht, sich auf ein Ergometer zu schwingen. Unterstellen wir mal, wir senden rund 300 Suchanfragen pro Monat an Google. Das wären 10 pro Tag, also nicht gerade beeindruckend viele. Das entspricht nach unserer Rechnung einem Energiebedarf allein bei Google von etwa 90 Wattstunden (300 x 0,3 Wh). Bedeutet: Wir müssten rund eine Stunde auf dem Rad schwitzen, um die nötige Energie zu erzeugen, die Google für unsere monatlichen Suchanfragen verbraucht. Wenn Sie öfter googeln, ist mehr Schweiß angesagt!

Enormer Energieaufwand bei fünf Milliarden Anfragen täglich

Laut einer Schätzung von Google selbst verarbeitet das Unternehmen täglich mehr als 5 Milliarden Suchanfragen. Wenn wir davon ausgehen, dass die Schätzung der Experten zutrifft und jede Suchanfrage 0,0003 Kilowattstunden verbraucht, würde das bedeuten, dass Google allein durch die Suchanfragen etwa 1,5 Millionen Kilowattstunden oder 1500 Megawattstunden Strom pro Tag verbraucht.

Es ist wichtig zu beachten, dass dieser Energieverbrauch nicht nur auf die Suchanfragen selbst beschränkt ist. Es müssen auch Server, Rechenzentren, Netzwerkinfrastruktur und Kühlung betrieben werden, um die Suchanfragen zu verarbeiten. Ein großer Teil des Energiebedarfs von Google und anderen Suchmaschinen beruht also auf Infrastruktur und Rechenzentren.

Google setzt auf regenerative Energien

Google hat nach eigenen Angaben in den letzten Jahren enorme Anstrengungen unternommen, um zumindest seinen eigenen Energieverbrauch zu reduzieren. Das Unternehmen investiert in erneuerbare Energien wie Solarenergie und Windkraft und arbeitet daran, seine Rechenzentren effizienter zu gestalten. So wurden beispielsweise in einigen Rechenzentren Maschinen entwickelt, die den Luftstrom effizienter regeln, um den Bedarf an Kühlungssystemen zu reduzieren.

Es ist schwierig, den genauen Energieverbrauch von einzelnen Suchanfragen im Internet zu bestimmen. Fest steht jedoch, dass die Unternehmen daran arbeiten müssen, ihre Prozesse und Technologien weiter zu optimieren, um den Energieverbrauch zu reduzieren und die Umweltbelastung zu minimieren.

Bei jeder Suchanfrage geht 2 Minuten das Licht an!

Für alle, die nicht Physik als Leistungskurs hatten, ist es mitunter schwierig, mit solch abstrakt wirkenden Angaben (in Wahrheit sind sie sehr präzise und konkret) wie Wattstunde etwas anzufangen. Deshalb ist die Frage interessant: Wie lange könnte ich mit der Energie, die für eine Suchanfrage verbraucht wird, eine Energiesparlampe leuchten lassen?

Um das zu berechnen, müssen wir die genaue Leistungsaufnahme der Energiesparlampe kennen. Eine typische Energiesparlampe hat eine Leistung von etwa 9 Watt.

Um die benötigte Energie für eine Google-Suchanfrage zu berechnen, gehen wir von dem zuvor erwähnten Wert von 0,0003 Kilowattstunden aus. Wenn wir diese Menge an Energie durch die Leistungsaufnahme der Energiesparlampe von 9 Watt teilen, erhalten wir die Anzahl der Stunden, die die Lampe betrieben werden kann.

0,0003 kWh / 9 Watt = 0,033 Stunden oder etwa 2 Minuten

Das bedeutet, dass mit der Energie, die für eine Google-Suchanfrage benötigt wird, eine Energiesparlampe mit einer Leistung von 9 Watt für ungefähr 2 Minuten betrieben werden kann. Vermutlich ist das länger, als die meisten gedacht hätten. Führt man sich vor Augen, wie viele Suchanfragen allein Google jeden Tag beantwortet, kommt da einiges zusammen. Bei 5 Milliarden Anfragen wären das: 166 Millionen Glühbirnen für 1 Stunde. Oder knapp 7 Millionen Glühbirnen, die den ganzen Tag leuchten – rund um die Uhr.

Das ist natürlich eine sehr grobe Schätzung, da der tatsächliche Energieverbrauch von Suchanfragen und Energiesparlampen von verschiedenen Faktoren abhängt, wie zum Beispiel der genauen Leistungsaufnahme der Lampe und der Effizienz des Netzteils. Außerdem berücksichtigt diese Schätzung nicht die Tatsache, dass eine Energiesparlampe eine gewisse Zeit benötigt, um ihre maximale Helligkeit zu erreichen, was den Gesamtverbrauch weiter beeinflusst.

Und noch etwas haben findige Wissenschaftler ausgerechnet: Man müsste jede Sekunde(!) 23 Bäume pflanzen, um den CO_2-Fußabdruck durch die Google-Nutzung auszugleichen. Pro Sekunde 23 Bäume – und das, obwohl Google seinen eigenen Strom bereits vor allem aus regenerierbaren Energiequellen verwendet. Aber das machen eben längst noch nicht alle Rechenzentren.

Bis zu 10 Gramm: So viel CO_2 entsteht pro E-Mail

Was die meisten von uns noch mehr und häufiger machen als eine Suchanfrage an Google zu richten: Nachrichten austauschen. Wahlweise per Messenger-App oder E-Mail. Betrachten wir zunächst einmal die gute alte E-Mail. Auch wenn die von manchen Menschen kaum noch genutzt wird – weil sie den Großteil ihrer Konversation über Messenger wie WhatsApp, Signal oder Threema erledigen: An der E-Mail kommt trotzdem keiner vorbei. Allein schon deswegen, weil man bei den meisten Onlinediensten eine E-Mail-Adresse hinterlegen muss, um sich zu registrieren und anzumelden.

Die meisten von uns senden und empfangen täglich eine Vielzahl von E-Mails. Diese Art der Kommunikation ist schnell, einfach, bewährt und kostet nichts. Aber haben Sie bei der Durchsicht des überquellenden Posteingangs jemals darüber nachgedacht, wie viel Energie wohl benötigt wird, um eine E-Mail zuzustellen? Es scheint ja nur einen Sekundenbruchteil zu dauern, bis nach dem »Wusch«-Sound beim Absenden auf dem eigenen Smartphone oder PC ein »Ping«-Geräusch als Eingangssignal beim Empfänger zu hören ist.

Die durchschnittliche E-Mail ist 75 Kilobyte groß

Um sich der Antwort auf die Frage nach dem Energieverbrauch zu nähern, müssen wir wieder mit Zahlen jonglieren. Eine durchschnittliche E-Mail hat eine Größe von etwa 75 Kilobyte (KB). Manche sind deutlich kürzer (»Ja, ich komme!«), andere sehr viel voluminöser, vor allem, wenn »fette« Anhänge mitverschickt wurden.

Aber bleiben wir mal bei der Durchschnittsgröße von 75 Kilobyte: Das mag nicht viel erscheinen. Aber wenn wir bedenken, wie viele E-Mails wir in unserem geschäftlichen Alltag jeden Tag senden und empfangen, summiert sich das schnell. Wie viele das genau sind, hängt natürlich davon ab, was man macht. Ich persönlich habe mindestens ein Dutzend E-Mail-Adressen – und komme auf bestimmt 200 E-Mails am Tag. Andere Menschen kommen nur auf einige wenige am Tag (die Glücklichen!).

Nehmen wir mal an, dass Sie 20 E-Mails pro Tag senden und empfangen, was in etwa dem Durchschnitt entspricht. Das macht 1,5 Megabyte pro Tag oder etwa 547,5 Megabyte pro Jahr.

Jetzt müssen wir herausfinden, wie viel Energie benötigt wird, um diese E-Mails zu senden. Dazu müssen wir den Strombedarf des Computers und des Routers berechnen, der für den Versand der E-Mail benötigt wird. Laut einer Studie des Fraunhofer-Instituts für Umwelt-, Sicherheits- und Energietechnik benötigt ein Computer mit einem typischen Bildschirm im Durchschnitt etwa 80 Watt Strom pro Stunde. Ein Router benötigt etwa 7 Watt pro Stunde.

Strombedarf für den Versand einer E-Mail

Den genauen Verbrauch zu ermitteln, ist kaum möglich – da müssen wir ehrlich sein. Jedoch lässt sich eine Schätzung anhand von Forschungen machen. Laut einer Studie des Carbon Trust aus dem Jahr 2010[3] verbraucht eine typische E-Mail, die ohne Anhänge von einem Desktop-Computer versendet wird, etwa 0,3 bis 1,0 Wattstunden Energie. Im Vergleich dazu verbraucht eine E-Mail mit einem 1 Megabyte-Anhang etwa 19 Wattstunden und eine E-Mail mit einem 10-Megabyte-Anhang bereits etwa 190 Wattstunden. Hinzu kommt der Verbrauch auf dem eigenen Gerät; das ist aber in diesem Zusammenhang zu vernachlässigen.

Wenn wir diese Werte auf alle E-Mails umrechnen, die wir in einem Jahr senden und empfangen (bei 20 am Tag), ergibt sich bei einem unterstellten Durchschnittsverbrauch von 0,5 Wattstunden pro E-Mail ein jährlicher Verbrauch von 5,46 Kilowattstunden. Wer wesentlich mehr E-Mails austauscht und erst recht, wer gern voluminöse Anhänge wie Fotos oder Videos verschickt, kommt auf deutlich mehr.

Wenn der Postmann zwei Mal strampelt ...

5,46 Kilowattstunden ist keine Kleinigkeit. Das merkt man, wenn es in Trainingseinheiten umgerechnet wird. Denn bei der unterstellten Trainingsleistung von 100 Watt pro Stunde müssten wir 54,6 Stunden schwitzen, um die nötige Energie für E-Mails zu erzeugen. Besser, wir verteilen das auf die Monate. Das sind dann immer noch 4,5 Stunden, die wir pro Monat strampeln müssten – nur für die E-Mails!

Jetzt fragen Sie sich vielleicht, was das bedeutet und wie viel CO_2 damit einhergeht. Wir müssen berücksichtigen, dass dieser Strom aus einer Energiequelle stammt, die entweder erneuerbar oder nicht erneuerbar ist. Wenn der Strom aus erneuerbaren Quellen wie Solar-, Wind- oder Wasserkraft stammt, ist der CO_2-Ausstoß minimal oder gleich null. Wenn der Strom jedoch aus fossilen Brennstoffen wie Kohle, Erdgas oder Öl stammt, entsteht bei der Stromerzeugung CO_2.

Nach Berechnungen von Climate Care, einem Unternehmen, das sich auf CO_2-Kompensation spezialisiert hat, verursacht eine durchschnittliche E-Mail einen CO_2-Ausstoß von etwa 4 Gramm. Andere kommen auf eine Angabe von 8 bis 10 Gramm CO_2. Laut der Organisation »Carbon Literacy Project« erzeugt eine Standard-E-Mail etwa 4 Gramm CO_2; mit einem umfangreichen Anhang sogar bis zu 50 Gramm CO_2. Ein 1 Megabyte großes Urlaubsfoto an zehn Freunde zu schicken, entspricht demnach einer Autofahrt von 500 Metern.

Was man dabei bedenken muss: Selbst wenn Ihre E-Mail an einen Kollegen gerichtet ist, der nur wenige Meter entfernt sitzt, legt die E-Mail eine beeindruckende Reise zurück. Oft landet die E-Mail erst in den Rechenzentren von Google oder Web.de, einige davon befinden sich sogar in den USA. Sie legt also Tausende von Kilometern zurück und durchläuft dabei Dutzende von Routern, Servern und anderen Computern. Jedes dieser technischen Geräte verbraucht Energie.

Das mag alles nicht viel erscheinen, aber wenn Sie bedenken, wie viele E-Mails weltweit täglich gesendet und empfangen werden, summiert sich das schnell.

Es ist wichtig zu betonen, dass der Energieverbrauch und der CO_2-Ausstoß nicht nur vom Versand einer E-Mail abhängen, sondern auch von anderen Faktoren wie der Art des E-Mail-Dienstes, den Sie verwenden, der Größe der Anhänge, die Sie senden, und der Anzahl der Empfänger. Eine große Datei, die an mehrere Empfänger gesendet wird, kann viel mehr Energie verbrauchen und CO_2 erzeugen als eine einfache Text-E-Mail.

Strombedarf für E-Mail-Versand

Um den Energieverbrauch und CO_2-Ausstoß beim Versand von E-Mails zu reduzieren, gibt es verschiedene Möglichkeiten. Eine Möglichkeit ist, E-Mails zu komprimieren, um die Größe der Dateien zu reduzieren, die gesendet werden müssen. Sie können auch auf den Versand von E-Mail-Anhängen verzichten, wenn diese nicht unbedingt notwendig sind, oder sie auf eine Cloud-Plattform hochladen und nur den Link in der E-Mail senden. Eine weitere Möglichkeit ist, E-Mail-Dienste zu wählen, die erneuerbare Energiequellen verwenden, um ihren Strombedarf zu decken.

Einige E-Mail-Dienste haben bereits Maßnahmen ergriffen, um ihren Energieverbrauch und CO_2-Ausstoß zu reduzieren. Google hat beispielsweise veröffentlicht, dass es seit 2007 seinen gesamten Strombedarf durch erneuerbare Energiequellen wie Solar- und Windenergie deckt. Apple hat ähnliche Bemühungen unternommen und erklärt, dass alle seine weltweiten Einrichtungen zu 100 Prozent mit erneuerbaren Energiequellen betrieben werden.

Durch den bewussten Umgang mit E-Mails und der Auswahl von E-Mail-Diensten, die erneuerbare Energiequellen nutzen, können wir alle dazu beitragen, den Energieverbrauch und den CO_2-Ausstoß zu reduzieren. Aber es liegt auch in der Verantwortung von Unternehmen und Regierungen, Maßnahmen zu ergreifen, um den Übergang zu erneuerbaren Energiequellen zu beschleunigen und den Energieverbrauch und CO_2-Ausstoß des Internets insgesamt zu reduzieren.

Auch Spam verschlingt Energie

Bei solchen Kalkulationen wird leicht die Vielzahl an Nachrichten übersehen, die gar nicht vollständig zugestellt, sondern – zum Glück! – von eifrigen Spam-Filtern aussortiert werden. Es gibt unfassbare Mengen an Spammails, also ungewollt zugeschickten Nachrichten mit fragwürdigem Werbegehalt. Laut einigen Schätzungen sollen zuletzt rund 43 Prozent aller E-Mails in die Kategorie »Spam« fallen. Sie wurden in der Regel erst gar nicht in den Posteingang gelegt. Zugestellt wurden sie trotzdem; der Energieverbrauch ist nahezu derselbe. In diesem Fall aber für E-Mails, die niemals jemand liest. Die perfekte Energieverschwendung also.

Laut Bracheninsidern wurden im Jahr 2020 weltweit etwa 306,4 Milliarden E-Mails pro Tag verschickt und empfangen. Diese Zahl wird voraussichtlich bis 2025 auf 376,4 Milliarden E-Mails pro Tag ansteigen. Das entspricht einer enormen Menge an Daten, die jeden Tag im Internet verschickt werden.

Unterstellen wir die entsprechenden 4 Gramm CO_2-Äquivalent, die jede E-Mail erzeugt, sind das angesichts von 300 Milliarden E-Mails pro Tag rund 1 Million Tonnen CO_2-Äquivalent – am Tag! Aufs Jahr hochgerechnet sind das knapp 350 Millionen Tonnen CO_2-Äquivalent, also alles andere als zu vernachlässigen. Ein durchschnittlicher Pkw emittiert etwa 4,6 Tonnen CO_2 pro Jahr. Um auf 350 Millionen Tonnen CO_2-Äquivalenten zu kommen, wären 70 Millionen Pkws ein Jahr lang in Betrieb.

Messenger sind genügsamer – oder auch nicht

Jüngere Zeitgenossen sagen spätestens an dieser Stelle: E-Mail, was ist das? Benutze ich praktisch nie ... also bin ich energietechnisch auf der sicheren Seite. Die Nutzung von Messengern wie WhatsApp, Telegram oder Signal erfreut sich ohne jede Frage weltweit zunehmender Beliebtheit.

Die praktischen Nachrichten-Apps haben radikal die Art und Weise verändert, wie wir miteinander kommunizieren. Wer mit einschlägigen Messengern kommuniziert, macht das meist sogar sicherer als per E-Mail. Denn während eine gewöhnliche E-Mail – zumindest ohne entsprechende Intervention – unverschlüsselt durchs Netz wandert, sind Messenger-Nachrichten heute in der Regel Ende-zu-Ende-verschlüsselt und daher von niemandem abhörbar. Großer Vorteil.

Auch Messenger verbrauchen eine Menge Energie

Allerdings ist den meisten Nutzern nicht bewusst, dass die Verwendung dieser Apps auch einen erheblichen Energieverbrauch mit sich bringt. Zunächst einmal ist zu bedenken, dass jeder Messenger unterschiedliche Technologien und Verschlüsselungsverfahren nutzt, um Nachrichten zu verschicken und zu empfangen. Welche genau das sind, hat Auswirkungen auf den konkreten, individuellen Energieverbrauch. Es gibt jedoch auch einige allgemeine Faktoren, die den Energieverbrauch von Messengern beeinflussen.

Ein wichtiger Faktor ist die Art der Verbindung, die der Messenger nutzt. Wenn man einen Messenger auf einem Mobilgerät verwendet, verbraucht er bereits Energie, um eine Verbindung zum Internet herzustellen und Nachrichten zu übertragen. Dabei ist übrigens auch wichtig, welche Art der Verbindung zum Einsatz kommt.

Kommt eine WLAN-Verbindung zum Einsatz, ist der Energieverbrauch in der Regel niedriger als bei der Nutzung von Mobilfunknetzen. Das liegt daran, dass WLAN-Verbindungen in der Regel schneller sind und daher weniger Zeit benötigen, um Daten zu übertragen. Außerdem ist der Stromverbrauch von WLAN-Modulen in Smartphones und Tablets niedriger als der von Mobilfunkmodulen (mehr dazu in Kapitel 5).

Ein weiterer Faktor, der den Energieverbrauch von Messengern beeinflusst, ist die Art und Weise, wie sie verschlüsselt werden. Verschlüsselungsverfahren wie die Ende-zu-Ende-Verschlüsselung, die von Messengern wie WhatsApp, Signal oder Telegram verwendet wird, sind sicherer als andere Verschlüsselungsverfahren. Allerdings benötigen sie auch mehr Energie, um die Daten zu verschlüsseln und zu entschlüsseln. Das liegt daran, dass sie komplexere Algorithmen verwenden, um die Sicherheit der Daten zu gewährleisten.

Ein weiterer Faktor, der den Energieverbrauch von Messengern beeinflusst, ist die Art und Weise, wie sie Benachrichtigungen anzeigen. Viele Messenger senden Push-Benachrichtigungen an das Gerät, um den Nutzer über neue Nachrichten zu informieren. Diese Benachrichtigungen erfordern jedoch eine ständige Verbindung zum Internet und verbrauchen daher mehr Energie als andere Methoden der Benachrichtigung, wie zum Beispiel das manuelle Öffnen der App.

Zwischen Textnachricht und Video-Call

Nun zu den konkreten Zahlen: Eine Studie des Umweltbundesamtes aus dem Jahr 2019[4] hat ergeben, dass eine Minute Videoanruf über WhatsApp auf einem Smartphone etwa 0,18 Wattstunden verbraucht. Bei einer Nutzungsdauer von einer Stunde entspricht dies einem Energieverbrauch von 10,8 Wattstunden. Zum Vergleich: Eine Stunde Streaming von Musik über Spotify verbraucht etwa 25 Wattstunden. Das bedeutet, dass 1 Stunde WhatsApp-Videoanruf etwa zweimal weniger Energie verbraucht als eine Stunde Musikstreaming.

Auch der Messaging-Dienst Telegram hat einen vergleichsweise niedrigen Energieverbrauch. Eine Studie von Thinkstep im Jahr 2020 hat ergeben, dass 1 Minute Nutzung von Telegram auf einem Smartphone etwa 0,001 Wattstunden verbraucht. Bei einer Nutzungsdauer von einer Stunde entspricht dies einem Energieverbrauch von lediglich 0,6 Wattstunden. Im

Vergleich dazu verbraucht eine Stunde Nutzung von Instagram etwa 37 Wattstunden.

Es ist jedoch wichtig zu betonen, dass der Energieverbrauch von Messengern stark von den individuellen Nutzungsgewohnheiten abhängt. Wenn man beispielsweise viele Bilder und Videos über einen Messenger verschickt oder empfängt, steigt der Energieverbrauch deutlich an. Auch die Anzahl der Push-Benachrichtigungen und die Häufigkeit, mit der man den Messenger öffnet, spielen naturgemäß eine große Rolle.

Vergleichsweise genügsam – aber es kommt auf die Menge an

Im Vergleich zu anderen Anwendungen wie Musikstreaming oder Social-Media-Plattformen haben Messenger einen vergleichsweise niedrigen Energieverbrauch. Dennoch ist es sinnvoll, diesen zu reduzieren, um einen Beitrag zum Umweltschutz zu leisten. Dazu kann man beispielsweise auf WLAN-Verbindungen umsteigen, Benachrichtigungen deaktivieren oder nur bei Bedarf öffnen und darauf achten, keine unnötigen Bilder und Videos zu verschicken.

Vieles hat Einfluss auf den genauen Energieverbrauch, etwa die Art der Nutzung und die verwendeten Verschlüsselungsverfahren. Wie immer im Leben entscheidet die Dosis. Denn wer nicht nur einzelne Nachrichten bekommt oder verschickt, sondern täglich Hunderte (etwa in einem Messenger wie Telegram, weil er oder sie dort Kanäle abonniert hat), erreicht ebenfalls einen ansehnlichen Verbrauch.

Relaxed oder verschwitzt: zwischen Telegram und Instagram

Bei Messengern ist der durchschnittliche Verbrauch wirklich sehr unterschiedlich. Unterstellen wir eine Nutzung von 1 Stunde täglich – und das 30 Tage im Monat. Dann kommen wir bei Telegram auf lediglich 18 Wattstunden, bei Instagram aber schon auf 1,1 Kilowattstunden. Bei unserer

Durchschnittsleistung von 100 Watt pro Stunde auf dem Trainingsrad müssen wir für Telegram nur zwölf Minuten in die Pedale treten – für Instagram allerdings stramme elf Stunden! Alle anderen Messenger liegen irgendwo dazwischen.

Hey Siri, wie viel Energie verbrauchst Du?

Assistenten wie Siri, Google Home, Alexa oder Cortana sind Teil des wachsenden Trends des »Internet der Dinge« – und schon in vielen Wohnungen im Einsatz. Ebenso auf unzähligen Mobilgeräten. Doch wie sollte es anders sein: Jedes Mal, wenn wir mit diesen Assistenten interagieren (also eine Frage stellen oder eine Anweisung geben), wird Energie verbraucht, da sie auf komplexe Technologien und Infrastrukturen zurückgreifen müssen, um unsere Anfragen zu verarbeiten.

Von wegen »smart«: Alles muss ins Netz

Was viele nicht wissen: Alexa, Siri, Google Home und Co. nennen sich zwar »smarte Lautsprecher« – aber sie sind nicht smart. Im Gerät selbst verstehen sie gerade mal, wenn wir sie rufen. »Alexa!« oder »Siri!« – da wissen sie: Okay, jetzt wird es ernst. Jetzt muss ich zuhören. Doch alles, was wir dann sagen oder fragen, wird nicht im Gerät verarbeitet, sondern online von Servern. Auf Spracheingabe spezialisierte Systeme versuchen unser Anliegen zu verstehen – und dann die nötigen Schritte einzuleiten. Blitzschnell zwar, deswegen bemerken wir es kaum. Aber: Ohne Internet tut sich nichts.

Einfach mal ausprobieren: Das Smartphone vom Netz nehmen oder zu Hause das WLAN deaktivieren – und der einst so »schlaue« Speaker weiß nicht mehr, was er tun soll …

Das ist ein wichtiger Faktor, der den Energieverbrauch von Assistenten beeinflusst: Alles, was wir tun, führt zu Datenübertragung ins Internet. Jede

Anfrage, die wir an einen Assistenten stellen, muss über das Internet an die jeweils zuständigen Server transportiert werden, damit die entsprechende Antwort bereitgestellt werden kann. Dieser Datenverkehr verursacht unbemerkt Energieaufwand, da die Daten durch eine Reihe von Netzwerken und Servern transportiert werden müssen, um vom Assistenten verarbeitet zu werden.

Siri, Google Home, Alexa, Cortana

Beginnen wir mit Siri, dem Assistenten von Apple. Siri nutzt eine Spracherkennungssoftware, um unsere Anfragen zu verstehen und zu verarbeiten. Wenn wir also mit Siri sprechen, wird unsere Stimme über das Internet an Apples Server gesendet, wo sie in Text umgewandelt und verarbeitet wird. Dies erfordert folglich einen nennenswerten Energieaufwand, da Apples Server ständig aktiv bleiben müssen, um die Anfragen der Benutzer zu bearbeiten. Nach der Verarbeitung sendet Siri dann die Antwort an unser Gerät zurück, was ebenfalls Energie erfordert.

Google Home ist ein weiterer beliebter Assistent, der von Google entwickelt wurde. Google Home nutzt eine ähnliche Spracherkennungstechnologie wie Siri, um unsere Anfragen zu verstehen. Wenn wir mit Google Home sprechen, wird unsere Stimme über das Internet an Googles Server gesendet, wo sie in Text umgewandelt und verarbeitet wird.

Google Home verfügt jedoch über einen größeren Funktionsumfang als Siri, da diese Software in der Lage ist, auf eine Vielzahl von Google-Diensten zuzugreifen. Dies bedeutet, dass Google Home eine höhere Rechenleistung benötigt, um unsere Anfragen zu verarbeiten. Daher ist der Energieverbrauch von Google Home im Vergleich zu Siri wahrscheinlich höher.

Alexa von Amazon ist ein weiterer Assistent, der immer beliebter wird. Alexa nutzt ebenfalls eine Spracherkennungstechnologie, um unsere Anfragen zu verstehen. Wenn wir mit Alexa sprechen, wird unsere Stimme über das Internet an Amazons Server gesendet, wo sie verarbeitet wird. Alexa verfügt über eine ähnliche Funktionalität wie Google Home und ist in der

Lage, auf eine Vielzahl von Amazon-Diensten zuzugreifen. Daher ist der Energieverbrauch von Alexa vermutlich ähnlich hoch wie bei Google Home.

Schließlich haben wir Cortana, den Assistenten von Microsoft, der auch in Microsoft Windows eingebaut ist. Auch Cortana nutzt eine Spracherkennungstechnologie, um unsere Anfragen zu verstehen. Wenn wir mit Cortana sprechen, wird unsere Stimme über das Internet an Microsofts Server gesendet, wo sie verarbeitet wird. Cortana verfügt über eine ähnliche Funktionalität wie Siri und ist in der Lage, auf eine Vielzahl von Microsoft-Diensten zuzugreifen. Daher ist der Energieverbrauch von Cortana wahrscheinlich ähnlich hoch wie bei Siri.

Energiesparmodus soll Aufwand reduzieren

Um den Energieverbrauch von Assistenten zu reduzieren, haben viele Hersteller verschiedene Technologien und Funktionen integriert. Zum Beispiel verfügen viele Assistenten über einen Energiesparmodus, der den Stromverbrauch reduziert, wenn sie nicht aktiv verwendet werden. Einige Assistenten verfügen auch über Funktionen, die es Benutzern ermöglichen, ihre Energieeinstellungen anzupassen, um den Energieverbrauch zu reduzieren.

Der Energieverbrauch von Assistenten hängt jedoch nicht nur von der Hardware und den Funktionen des Assistenten selbst ab, sondern auch von den Diensten, auf die er zugreift. Wenn ein Assistent beispielsweise auf komplexe Cloud-Dienste zugreift, kann der Energiebedarf höher sein als bei einem Assistenten, der nur auf lokale Daten zugreift. Dies bedeutet, dass der Energieverbrauch von Assistenten stark variieren kann, je nach den Funktionen, die sie unterstützen.

Assistenten wie Siri, Google Home, Alexa oder Cortana können sehr nützliche Werkzeuge sein, um unser tägliches Leben zu vereinfachen (auch, um Energie zu sparen: etwa, wenn wir damit unser Smart Home steuern und kontrollieren). Aber jeder Einsatz von Technologie verbraucht Energie, und wir sollten uns bewusst sein, wie wir unsere Assistenten verwenden, um den Energieverbrauch zu minimieren.

Videos und Streaming

Vor nicht allzu vielen Jahren wäre undenkbar gewesen, was heute als selbstverständlich gilt: Wir können überall und jederzeit Videos anschauen, Filme oder Serien abrufen oder auch per Video-Call miteinander sprechen. Möglich wurde das auch deshalb, weil Smartphones, Tablets, Notebooks und Desktop-PCs heute ungeheuer leistungsfähig sind. Denn es braucht schon ordentlich Rechen-Power, um hochwertige Videoinhalte anzuzeigen.

Mehr Rechen-Power als bei der Apollo-Mission

Die meisten von uns unterschätzen das: Ein modernes Smartphone, das wir wie selbstverständlich in der Hosentasche parken, ist im Vergleich zur Computerleistung auf der ersten Apollo-Mission, die 1969 stattfand, um etliche Größenordnungen leistungsfähiger. Tatsächlich haben moderne Smartphones mehr Rechenleistung als die meisten Computer, die in den 1980er- und 1990er-Jahren hergestellt wurden – Großrechner eingeschlossen.

Während der Apollo-Missionen wurden Computer verwendet, die eine Rechenleistung von etwa 1 Megahertz und eine Speicherkapazität von nur 2 Kilobyte besaßen. Im Vergleich dazu haben moderne Smartphones Prozessoren mit einer Taktrate von mehreren Gigahertz und Speicherkapazitäten, die oft etliche Gigabyte (GB) betragen.

Um das Verhältnis der Leistungsfähigkeit von Apollo-Computern und modernen Smartphones zu verdeutlichen, kann man die Anzahl der Gleitkommaoperationen pro Sekunde (Floating Point Operations Per Second (FLOPS)) vergleichen. Während die Computer auf der Apollo-Mission etwa 4000 FLOPS erreichten, schaffen moderne Smartphones leicht mehrere Milliarden FLOPS.

Muss ich mehr sagen? Damals mussten sich Computer aufs Rechnen beschränken. Heute nutzen wir die vorhandene Rechen-Power, um bunte Benutzeroberflächen anzuzeigen – und um Bewegtbilder (Videos) abzuspielen.

Aber nicht nur die Rechenleistung, sondern auch die grafischen Fähigkeiten von Smartphones sind besser denn je. Moderne Smartphones verfügen über eingebaute Grafikprozessoren, die in der Lage sind, selbst hochauflösende Bilder und Videos zu verarbeiten. Dadurch können wir Spiele, Videos und andere aufwendige Anwendungen auf unseren Smartphones nutzen.

Mehr Bandbreite = tolle Videos

Gleichzeitig – und das ist auch die Voraussetzung –, sind die Datenleitungen immer besser geworden. Wo noch vor zwei Jahrzehnten nur wenige Kilobit pro Sekunde durch die Leitung flossen, sind heute etliche Megabyte/Sekunde drin. Einige Glückspilze bringen es dank Glasfaser sogar auf 1 Gigabit/Sekunde und mehr. Ähnliche Temposteigerungen gibt es beim Mobilfunk. Auch hier sind heute 100 Megabit und mehr pro Sekunde möglich. Und das erlaubt uns, nicht nur zu Hause, sondern auch unterwegs Videos in Top-Qualität anzuschauen – oder ganze Filme und Serien.

Was auf dem Smartphone fast am meisten Spaß macht, ist bedauerlicherweise auch mit dem größten Aufwand verbunden: Videos und erst recht Streaming-Inhalte flimmern heute in beeindruckender Qualität über die kleinen Displays unserer Begleiter. Gestochen scharf, oft in besserer Auflösung als Fernsehsender ihr Programm ausstrahlen. Das ist zweifellos schön anzusehen, aber mit enormem Aufwand verbunden. Nicht nur bei der Produktion der Inhalte, sondern auch und vor allem bei der Verteilung.

Videos in Social-Media-Apps oder Streamingdiensten verbrauchen abenteuerliche Mengen an Energie. Sie sind für den größten Anteil des gesamten Energieverbrauchs des Internets verantwortlich. In Kapitel 3 gehen wir ausführlich auf das Thema ein. Dort begründe ich auch, wieso Streaming der »SUV der Internetnutzung« ist.

Gaming und Daddeln

Games sind eine wunderbare Freizeitbeschäftigung: Mehr als 50 Prozent der Deutschen spielen mittlerweile regelmäßig – auf Smartphone, Konsole oder PC. Interessant ist die Frage, wie viel Energie das eigentlich verbraucht.

Ich möchte kein Spielverderber sein – aber wir müssen auch über das Gaming sprechen. Also die kleine Spielerei zwischendurch auf Smartphone oder Tablet, oder die lange Sitzung an der Konsole oder am PC. Das macht vielen Menschen riesigen Spaß. Verständlicherweise. Aber auch hier fällt auf: Der Energiebedarf fürs Gaming ist enorm.

Gaming hat in den letzten Jahren enorm an Beliebtheit gewonnen und ist zu einem der wichtigsten Segmente der Unterhaltungsindustrie geworden. Während Gamer auf der ganzen Welt stundenlang spielen, fragen sich manche vielleicht, wie viel Energie Gaming verbraucht.

Es macht einen Unterschied: Smartphone, Konsole, PC

Gaming auf dem Smartphone, der Konsole und dem PC haben unterschiedliche Energieverbrauchsprofile. Auf Smartphones wird Gaming (»Mobile Gaming« genannt) immer beliebter, da immer mehr Spiele auf diesen Geräten verfügbar sind – und weil sich so auch mal kleine Wartezeiten, etwa beim Arzt oder beim Warten auf die Straßenbahn kurzweilig überbrücken lassen.

Da Smartphones jedoch begrenzte Hardwarekapazitäten haben, verbrauchen sie im Allgemeinen weniger Energie als Konsolen und PCs. Laut einer Schätzung von Google verbraucht ein typisches Smartphone-Spiel etwa 20- bis 50-mal weniger Energie als ein PC-Spiel. Mobile Gaming ist unter Energiesparaspekten also deutlich genügsamer.

Konsolen und PCs hingegen sind wesentlich leistungsfähiger und verbrauchen daher auch mehr Energie. Der Stromverbrauch hängt von verschiedenen Faktoren ab, wie zum Beispiel der Leistung des Prozessors und der Grafikkarte, der Anzahl der angeschlossenen Peripheriegeräte und der Dauer des Spielens.

Eine Studie des Natural Resources Defense Council (NRDC)[5] hat den durchschnittlichen Stromverbrauch von Konsolen und PCs berechnet. Laut der Studie verbraucht eine Xbox One im Durchschnitt 72 Watt, während eine PlayStation 4 etwa 137 Watt verbraucht. PCs verbrauchen noch mehr Strom, abhängig von der verwendeten Hardware (vor allem der verbauten Grafikkarte) und den Einstellungen. Ein durchschnittlicher Gaming-PC verbraucht etwa 140 bis 400 Watt, je nachdem, wie leistungsstark er ist.

Daddeln und genügend Strom erzeugen ... das geht nicht

Gaming ist wirklich eine Klasse für sich. Wer mit einer Spielekonsole wie der Playstation 4 daddelt, verbraucht 137 Watt – ohne Monitor. Das lässt sich bei sportlichem Tritt in die Pedale noch hinbekommen, ist aber ermüdend. Ich bezweifle stark, dass so viel und so gelange gedaddelt würde, wenn die Gamer die nötige Energie selbst erstrampeln müssten. Und sofern ein hochgerüsteter PC mit fetter Grafikkarte am Start ist, ist es sogar praktisch unmöglich. 140 bis 400 Watt – die Obergrenze schaffen selbst Olympioniken nicht lange. Wer hingegen am Smartphone daddelt, muss das Ergometer nicht fürchten. Die nötige Energie zu erzeugen, das schaffen sogar Untrainierte.

Unterschiede bei der Art der Games

Einige Spiele verbrauchen auch mehr Strom als andere. Zum Beispiel benötigen Spiele mit aufwendigen Grafiken und Visualisierungen wie »Crysis 3« oder »Assassin's Creed: Odyssey« mehr Energie als Spiele mit einfacheren Grafiken wie »Minecraft« oder »Stardew Valley«. Der Energieverbrauch von Spielen hängt jedoch auch von der Bildschirmgröße und -auflösung ab: Ein Spiel auf einem großen 4K-Monitor verbraucht beispielsweise deutlich mehr Energie als auf einem kleineren 1080p-Monitor.

Um den Energieverbrauch von Gaming zu reduzieren, gibt es verschiedene Möglichkeiten. Eine Möglichkeit besteht darin, die Bildschirmhelligkeit zu reduzieren oder die Auflösung des Spiels zu verringern. Es ist auch möglich, die Grafikeinstellungen des Spiels zu reduzieren, um die Belastung der Grafikkarte zu verringern.

Optimierte Hardware

Es gibt auch Gaming-Peripheriegeräte, die bezüglich des Energieverbrauchs optimiert sind. Zum Beispiel gibt es Gaming-Mäuse und -Tastaturen, die über Energiesparfunktionen verfügen und den Stromverbrauch reduzieren können, wenn sie nicht in Gebrauch sind.

Ein weiterer Aspekt, der den Energieverbrauch von Gaming beeinflusst, ist die Art der Stromversorgung. Ein Gaming-PC, der mit einem Netzteil betrieben wird, das nicht effizient ist, verbraucht mehr Strom als ein PC mit einem effizienten Netzteil. Es ist wichtig, sicherzustellen, dass die Stromversorgung des Gaming-Systems effizient ist, um den Energieverbrauch zu minimieren.

Es gibt auch verschiedene Initiativen und Bemühungen in der Gaming-Industrie, um den Energieverbrauch zu reduzieren. Zum Beispiel hat die Entertainment Software Association (ESA) gemeinsam mit führenden Gaming-Unternehmen wie Microsoft und Sony die »Green Gaming Task Force«[6] ins Leben gerufen, die sich auf die Entwicklung und Umsetzung von umweltfreundlichen Maßnahmen konzentriert.

Wie hoch fällt der Gesamtverbrauch aus?

Stellt sich die Frage: Kann man sagen, was da in Summe anfällt? So ganz genau lässt sich das nicht sagen, dafür gibt es zu viele Unbekannte. Aber in Kalifornien wurde eine sehr interessante Studie durchgeführt. Zwar bereits im Jahr 2016, aber es ist dennoch interessant. Stolze 5 Prozent des gesamten Stromverbrauchs im US-Bundesstaat Kalifornien gingen auf das Konto von

Gamern. Demnach wurden allein in Kalifornien unfassbare 4,1 Terrawattstunden Energie im Jahr für Gaming verbraucht.

Das ergibt rund 1,5 Millionen Tonnen CO_2-Ausstoß, nur für Zocken, allein in Kalifornien. Interessant auch, wie sich das auf die verschiedenen Plattformen verteilt:

- 66 Prozent Konsolen,
- 31 Prozent Desktop-PCs,
- 3 Prozent Laptops
- und der Rest Mobilgeräte

Das macht die Dimensionen schon sehr deutlich. Der hohe Anteil der Konsolen lässt sich zweifellos dadurch erklären, dass mehr Menschen mit Konsolen am Fernseher als am PC spielen. Der einzelne Gamer-PC verbraucht mehr als eine Konsole.

Zusammenfassend lässt sich festhalten: Gaming auf Konsole und PC verbraucht im Vergleich zum Gaming auf Smartphones deutlich mehr Energie. Der Stromverbrauch hängt von der Hardwareleistung, der Anzahl der Peripheriegeräte und der Dauer des Spielens ab.

Daddeln in der Cloud

Es spielt übrigens auch eine Rolle, ob ein Game mit der Cloud verbunden ist oder nicht.

Wenn ein Spiel nur im Gerät selbst läuft, also keine Daten ins Internet schickt und dort abruft, frisst das Game sozusagen nur bei Ihnen vor Ort Strom, auf der eigenen IT-Hardware. Werden aber ständig Daten ausgetauscht, etwa weil Spiel-Levels nachgeladen werden, weil es Kommunikation mit anderen Spielern gibt, wenn in Multi-Player-Games die aktuellen Positionen der anderen Spieler ausgetauscht werden müssen et cetera, dann werden ununterbrochen Daten ausgetauscht.

Das kostet auch Energie (siehe Kapitel 4) – in den Rechenzentren und Serverfarmen, die nicht auf dem eigenen Stromzähler zu sehen ist, aber auf dem globalen. Die Menge lässt sich nicht genau quantifizieren, kann sich aber auch ganz schön summieren.

Apropos Cloud: Es gibt einen Trend, Spiele in der Cloud zu spielen – bei Streaming-Anbietern wie Steam oder Stadia.

Wenn ich in der Cloud spiele, brauche ich keinen hochgerüsteten Gaming-PC, die perfekt gerenderten (gerechneten) Bilder kommen per Stream zu mir nach Hause. Es reicht ein Tablet, um aufwendigste Spiele zu daddeln … Die Stromrechnung bei mir sinkt.

Aber gerechnet werden muss ja trotzdem, dann beim Gaming-Anbieter. Dort stehen die leistungsfähigen Rechner, in dem Fall Server, die alles berechnen müssen. Die hohen Stromkosten fallen dort an. Hinzu kommen noch die großen Mengen an Videobildern, die über das Internet übertragen werden müssen. Wir wissen: Videos sind der größte Energiefresser im Internet. Dazu gehören dann auch die Gaming-Bilder. Ökologisch ist es definitiv kein Gewinn, in der Cloud zu spielen, sagen Experten.

KAPITEL 2

Deshalb verbraucht das Internet so viel Energie

Wir Menschen sind mitunter merkwürdige Zeitgenossen. Manchmal sind wir unglaublich detailversessen, penibel und sparsam, zuweilen sogar geizig. Wir schalten das Licht im Flur aus, weil sich dort gerade niemand aufhält, oder beschweren uns lauthals, wenn ein Familienmitglied in der Heizperiode das Fenster zu lange öffnet. Wir haben ein gewisses Maß an Motivation, nicht unnötig Energie zu vergeuden. Sparsam zu sein. Viele

Autofahrer schauen regelmäßig auf die Tankanzeige und lassen sich den Durchschnittsverbrauch anzeigen.

Der Blick auf das große Ganze

Bei anderen Gelegenheiten leugnen wir aber jede Verantwortung und interessieren uns nicht für Details, nicht mal für einen groben Überblick. Wer kann zum Beispiel auch nur annähernd sagen, wie viel Kerosin ein Jumbojet tankt, in dem wir gerade sitzen, um von Frankfurt nach Singapur zu fliegen – und wie viel Sprit jeder einzelne (statistisch) Jumbo pro zurückgelegtem Kilometer verbraucht? Ich kenne kaum jemanden, der sich das ernsthaft fragt oder sich dafür interessiert. Obgleich der Energieverbrauch ungleich höher ist als bei einer Energiesparlampe, die im Flur brennt.

Hier die »grausame« Realität: Ein Jumbo 747-400, auch bekannt als Boeing 747-400, hat eine maximale Tankkapazität von rund 216.000 Litern Kerosin. Bei einer Flugstrecke von Frankfurt nach Singapur (circa 10.000 Kilometer) benötigt ein Jumbo 747-400 in der Regel etwa 120.000 bis 140.000 Liter Kerosin. Richtig gelesen: 140.000 Liter Kerosin.

Ein Jumbo 747-400 kann bis zu 500 Passagiere aufnehmen, obwohl es auch Konfigurationen gibt, die weniger Passagiere transportieren. Wenn wir davon ausgehen, dass das Flugzeug mit 400 Passagieren besetzt ist, würde der durchschnittliche Treibstoffverbrauch pro Passagier bei ungefähr 300 bis 350 Litern Kerosin auf der Strecke Frankfurt-Singapur liegen. Das entspricht einem Verbrauch von etwa 3,5 Litern pro Passagier auf 100 Kilometer.

3,5 Liter pro 100 Kilometer: Klingt wenig, denn wer allein im Auto fährt, verbraucht in der Regel deutlich mehr an fossilen Brennstoffen. Sitzt aber die ganze Familie mit vier Personen im Auto, ändert sich am Spritverbrauch nur wenig – aber im Flugzeug sieht die Statistik gleich anders aus: Vier Passagiere verbrauchen 14 Liter Kerosin pro 100 Kilometer.

Wie lange radeln für einen Liter Kerosin?

Auch Kerosin ist am Ende nichts anderes als Energie – zumindest, wenn wir es verbrennen. Ein Liter Kerosin weist einen Brennwert von 10,2 Kilowattstunden auf. Da kommen jetzt einige bestimmt schon beim Rechnen ins Schwitzen. Das bedeutet nämlich, dass man für 3,5 Liter Kerosin, die gerade mal für 100 Kilometer reichen, bereits 356 Stunden in die Pedale treten müsst – bei den unterstellten 100 Wattstunden Leistung. Für die gesamte Strecke Frankfurt-Singapur wären das 35.600 Stunden, das sind 1483 Tage oder 212 Wochen nonstop. Dann wohl lieber Flugzeug ...

Keine Sorge: Es folgen nicht noch mehr Berechnungen. Ich wollte nur ein Beispiel dafür liefern, dass wir uns häufig keine Gedanken machen und den Komfort genießen. Beim Trip in den Urlaub haben wir die Verantwortung delegiert, wir fliegen das Flugzeug ja nicht selbst – wir fliegen nur mit. Da schauen wir nicht auf die Tankuhr und hängen auch nicht den Zapfhahn in den Tankstutzen.

Ähnlich ist es mit dem Internet: Wir steigen ein, nutzen die zahllosen Dienste – aber wir haben kaum oder gar keine Vorstellung davon, wer das Ding eigentlich fliegt, wer es instand hält, und wie viel dieser unsichtbare Riese auf der Strecke Sofa nach Instagram und zurück wohl tankt.

Always on(line)

Einen Unterschied zwischen Jumbojet und Internet gibt es dann doch: Im Jumbojet sitzen wir nur ab und zu, für ein paar Stunden. Das Internet hingegen nutzen die meisten von uns rund um die Uhr. Mal mehr, mal weniger intensiv. Aber ohne es zu merken, sind wir praktisch 24/7 online. Tag und Nacht. Zumindest unser Smartphone und viele andere Geräte; auch wenn wir das nicht immer bemerken.

Irgendwo auf der Welt scheint immer gerade die Sonne. Und selbst wenn nicht, gehen Geräte online, laden Updates, tauschen Daten aus – das Internet ist rund um die Uhr »an« und beschäftigt. Weltweit werden rund um die Uhr astronomische Datenmengen verarbeitet. Das kostet jede Menge Energie. Doch wie viel eigentlich genau? Und wie viel Strom verbraucht das Surfen am Tag?

Beim Kaffeetrinken Siri nach dem Wetter fragen und Onlinebanking per App erledigen, auf dem Weg zur Arbeit Musik von Spotify streamen, dabei auf *Spiegel Online* die neuesten Nachrichten lesen, im Büro mal eben Facebook checken und per WhatsApp zum Feierabendbier verabreden: Das Internet ist aus unserem Alltag nicht mehr wegzudenken.

Doch haben Sie schon einmal überlegt, wie hoch der Energieverbrauch ist, wenn die ganze Welt täglich online ist? Mittlerweile nutzen über vier Milliarden Menschen das Internet fast täglich – Tendenz steigend. Unternehmen unterhalten riesige IT-Abteilungen, Milliarden Menschen sind tagtäglich in sozialen Netzwerken. Entsprechend beträgt der Energieverbrauch viele Milliarden Kilowattstunden im Jahr.

Das Internet: Platz 6 der Energiekonsumenten weltweit

Digitalisierung hier, Digitalisierung dort: Es gibt kaum einen Bereich, der nicht schon digitalisiert wäre – oder noch zu digitalisieren ist. Kein Wunder, dass wir heute ständig mit dem Internet verbunden sind, ob durch soziale Medien, Videokonferenzen, Streaming-Dienste oder einfach durch E-Mails und Messenger.

Den meisten Menschen ist jedoch der enorme Energieverbrauch nicht bewusst, der mit dieser scheinbar immateriellen Infrastruktur, stets verfügbar und gleichzeitig unsichtbar, verbunden ist. Darum wollen wir in diesem und den nächsten Kapiteln den Energieverbrauch des Internets etwas genauer aufschlüsseln und analysieren, um ein besseres Verständnis dafür zu bekommen, wie sich unsere Onlineaktivitäten auf die Umwelt auswirken – und was jeder Einzelne tun kann, um diesen Verbrauch zu reduzieren.

Das Internet verbraucht mehr Energie als Deutschland

Beginnen wir mit den Zahlen, denn die sprechen für sich: Wenn das Internet ein Land wäre, würde es auf dem sechsten Platz in Sachen Stromverbrauch stehen[7] – noch vor Deutschland, das laut der Internationalen Energieagentur (IEA) im Jahr 2021 rund 3,3 Prozent des weltweiten Stromverbrauchs ausmachte; alle Industrien und Haushalte inklusive. In den letzten Jahren ist der Energiebedarf des Internets weiter angestiegen, wobei das jährliche Wachstum in diesem Bereich auf etwa 7 Prozent geschätzt wird.[8]

Während überall Energie eingespart werden soll und muss, ist das Internet – als eigener Wirtschaftszweig betrachtet – ein boomender Wachstumsmarkt mit einem Energiehunger, der mühelos mit der Stahlindustrie mithalten kann (ihn mittlerweile sogar übertrifft). Allerdings mit einem entscheidenden Unterschied: Das Business im und um das Internet explodiert. Der Bedarf an Rechenzentren nimmt weltweit zu. Mit neuen Spielwiesen wie künstlicher Intelligenz (KI) und Metaverse beschleunigt sich der Bedarf weiter.

Jedes Netzwerk besteht aus Routern, Switches und anderen Netzwerkgeräten, die dafür sorgen, dass die Daten korrekt und schnell zu ihrem Ziel gelangen.

Doch schauen wir uns das Internet samt der damit verbundenen Infrastruktur einmal genauer an. Das erleichtert das Verständnis für den enormen Bedarf an Energie.

Je mehr Kommunikation, desto höher der Aufwand

Das Internet ist kein Selbstzweck. Es existiert und wächst so schnell, weil Menschen miteinander kommunizieren wollen. Anfangs per E-Mail, heute per Messenger und Videokonferenzen. Weil wir uns informieren (und desinformieren) wollen. Weil uns das Internet Unterhaltung, Ablenkung und Zerstreuung bietet. Kurz: Weil das Internet heute nahezu alle Belange unseres Lebens berührt oder ermöglicht.

Einige Bereiche werden wir uns in den nächsten Kapiteln ausführlicher anschauen. Etwa das Streaming, weil es beim Energieverbrauch eine enorme Rolle spielt. Oder Kryptowährungen wie Bitcoin, die unanständig viel Energie verbrauchen – ohne einen erkennbaren Zweck zu erfüllen. Ebenso das Cloud-Computing, das heute ein selbstverständlicher Bestandteil der Vernetzung geworden ist. Und last, not least die künstliche Intelligenz: Diese Trend-Technologie schickt sich an, neuer Spitzenreiter in Sachen Energieverbrauch zu werden.

Rasantes Wachstum des Internets

Eines lässt sich festhalten: Das Internet wächst – und zwar immer noch rasant.

Das Internet hat sich in den letzten Jahrzehnten von einem relativ kleinen Netzwerk von Universitäts- und Regierungscomputern zu einem globalen Netzwerk von Milliarden von Benutzern und Geräten entwickelt. Die Verbreitung von Breitband-Internetzugängen, Mobilgeräten und sozialen Netzwerken hat dazu geführt, dass das Internet heute ein unverzichtbarer Bestandteil des täglichen Lebens ist.

Das Internet wurde in den späten 1960er-Jahren als Netzwerk für akademische und militärische Zwecke entwickelt. Es begann als kleines Netzwerk von Computern, das für den Austausch von Daten zwischen Forschern und Regierungsbeamten gedacht war. In den 1980er-Jahren begann das Internet zu wachsen, als mehr Universitäten und Forschungseinrichtungen angeschlossen wurden und die ersten kommerziellen E-Mail- und Usenet-Dienste entstanden.

Das explosive Wachstum des Internets begann in den 1990er-Jahren, als das World Wide Web entwickelt wurde und immer mehr Menschen online gingen. Die Einführung von Breitband-Internetzugängen in den 2000er-Jahren und die Verbreitung von Mobilgeräten wie Smartphones und Tablets in den 2010er-Jahren haben das Internet noch zugänglicher gemacht und zu einem noch schnelleren Wachstum beigetragen.

Rund 4,7 Milliarden Menschen online

Heute nutzen weltweit mehr als 4,7 Milliarden Menschen das Internet. Das sind mehr als 60 Prozent der Weltbevölkerung. In den Industrieländern nutzen fast alle Menschen das Internet, während in den Entwicklungsländern die Internetnutzung noch sehr unterschiedlich ist. Die Internetnutzung wird jedoch voraussichtlich weiter wachsen, da immer mehr Menschen in Entwicklungsländern und ländlichen Gebieten online gehen und der Zugang zu schnellem und zuverlässigem Internet weltweit verbessert wird.

Die Onlinezeit hat sich in den letzten Jahren ebenfalls dramatisch erhöht. Laut einer Studie von GlobalWebIndex aus dem Jahr 2021 verbrachten die Menschen im Durchschnitt 6 Stunden und 54 Minuten pro Tag online, was einem Anstieg von mehr als einer Stunde pro Tag seit 2015 entspricht. Die durchschnittliche Onlinezeit in den Industrieländern war zwar höher als in den Entwicklungsländern, aber auch in den Entwicklungsländern gab es eine starke Zunahme der Onlinezeit.

Übertragene Datenmengen explodieren

Doch nicht nur die Zahl der Nutzer hat stets zugenommen, sondern – auch durch die Häufigkeit und Art der Nutzung – der Umfang der übertragenen Daten. Am Ende ist das die Kernfrage: Die bereitgestellte Infrastruktur muss Daten von A nach B transportieren. Dem Internet ist es egal, ob es sich dabei um E-Mails, Fotos, medizinische Befunde, Videos, Games oder Software handelt. Daten sind Daten.

Wichtigster Treiber des Internetwachstums ist unbestreitbar die Zunahme der übertragenen Datenmengen. Die Datenmenge, die das Internet bewältigt, hat in den letzten Jahren dramatisch zugenommen und wird voraussichtlich weiterwachsen. Laut einem Bericht von Cisco wird der globale Internet-Datenverkehr bis 2023 voraussichtlich auf 7,2 Zettabyte pro Jahr ansteigen. Das entspricht einer jährlichen Wachstumsrate von 25 Prozent und einer Verfünffachung des Datenverkehrs seit 2018.

Die zunehmende Verbreitung von Onlinevideo, Streamingdiensten, Cloud-Computing, sozialen Netzwerken und dem Wachstum des Internets der Dinge (Internet of Things, kurz: IoT) sind einige der Haupttreiber für das Wachstum der Datenmengen im Internet. Insbesondere die Verbreitung von Streamingdiensten wie Netflix, Amazon Prime Video und YouTube hat zu einem enormen Anstieg des Datenverkehrs geführt. Laut dem Global Internet Phenomena Report von Sandvine aus dem Jahr 2020 machte Videostreaming im Jahr 2019 60 Prozent des weltweiten Internet-Datenverkehrs aus. Dazu mehr in Kapitel 3.

Alles immer online: das Internet der Dinge

Auch das Internet der Dinge – also die Tatsache, dass heute alle Geräte mit dem Netz verbunden werden können, vom Küchengerät über die Toilette bis zum Spielzeug und der Beleuchtung – trägt zu einem immer größeren Anteil am Datenverkehr bei.

Wir bekommen das gar nicht so mit, weil nicht immer zu sehen ist, welche Geräte am Netz hängen. Aber auch das Wachstum hier ist beeindruckend: Laut Ericsson Mobility Report von 2020 wird die Anzahl der vernetzten Geräte bis 2026 auf **24,9 Milliarden** ansteigen, was einem durchschnittlichen jährlichen Wachstum von 19 Prozent entspricht. Alles, was wir mit Siri oder Alexa steuern können oder per App überwachen wollen, hängt zwangsweise am Netz. All diese vernetzten Geräte generieren (in der Summe, nicht zwingend die einzelnen Geräte) immense Mengen an Daten, die über das Internet übertragen werden müssen.

Obwohl das Wachstum des Internets viele Vorteile bietet, wie eine verbesserte Kommunikation, die Möglichkeit, schneller und effizienter zu arbeiten und auf eine Fülle von Informationen und Unterhaltung zuzugreifen, hat es auch Herausforderungen mit sich gebracht. Eine besondere Herausforderung ist der Energieverbrauch des Internets, der aufgrund des ständigen Betriebs von Servern und Netzwerkausrüstungen sowie der enormen Datenmengen, die über das Internet übertragen werden, sehr hoch ist.

Neue Technologien wie KI beschleunigen diese Entwicklung.

Es ist daher äußerst wichtig, dass dieses Wachstum mit einem nachhaltigen und effizienten Einsatz von Ressourcen einhergeht, um die Umweltauswirkungen des Internets zu minimieren.

Das Internet ist ein Konstrukt: ein Verbund ungezählter Rechenzentren

Es gibt keinen geheimen Ort, irgendwo auf der Welt, an dem »das Internet« steht. Über diese Vorstellung, der manche tatsächlich anhängen könnten, macht sich eine Episode der absolut sehenswerten Comedy-Serie *The IT Crowd*[9] lustig. Moss, einer der zwei schrulligen Computer-Experten (Nerds) in der Serie, will eine in technischen Dingen eher weniger beschlagenen Kollegin glauben machen, das Internet sei eine riesige schwarze Box, mit vielen blinkenden Lichtern und Tasten versehen, die sich physisch ausschalten lässt – indem man einfach auf einen roten Panikknopf drückt.

Vielleicht ein schöner Gedanke, nur könnte das kaum weiter von der Wahrheit entfernt sein. In der Realität besteht das Internet aus diversen Schichten von Hardware, Software und Diensten, die alle mehr oder weniger reibungslos zusammenarbeiten, um Daten zu transportieren und zu verarbeiten.

Zu den wichtigsten Bestandteilen des Internets – ohne sie geht gar nichts! – gehören zahllose Rechenzentren, die meist riesige Serverfarmen beherbergen, auf denen Daten und Anwendungen gespeichert und ausgeführt werden. Diese Serverfarmen sind miteinander vernetzt und arbeiten eng zusammen, um den Benutzern einen schnellen und zuverlässigen Zugang zu den von ihnen benötigten Informationen zu bieten.

Die Datenübertragung erfolgt über Netzwerke, die aus einem undurchschaubaren Gestrüpp an physischen Kabeln, Satelliten und Funknetzwerken bestehen und sich über große geografische Gebiete erstrecken.

Manche Datenkabel sind Tausende Kilometer lang

Manche Datentrassen, etwa die die Kontinente verbindenden Unterseekabel, sind mehrere Tausend Kilometer lang und verarbeiten abenteuerliche Datenmengen. Die in den Meeren verlegten Datenkabel sind armdick, manche haben sogar den Umfang eines Oberschenkels.

Das meiste davon sind diverse Schutzschichten, um die eigentlichen Datenkabel – früher Kupfer, heute feine Glasfaser – ausreichend vor Kälte, an den Kabeln knabbernden Tieren oder unachtsam ins Wasser geworfenen Ankern zu schützen. Rund 500 solcher Unterseekabel gibt es mittlerweile. Aneinandergereiht könnte man damit 30-mal den Äquator umwickeln. Und es werden immer mehr Kabel.

Die meisten dieser Kabel werden heute von US-Konzernen wie Google, Facebook, Microsoft oder Amazon verlegt – oder von chinesischen Unternehmen wie Huawei. Die haben die Kontrolle über die Strecken, die Kabel selbst und natürlich auch über die Daten, die transportiert werden.

Aktuell bauen die Chinesen eine Datentrasse namens »Peace«, die über 12.000 Kilometer lang ist und Asien mit Pakistan, Afrika und Europa verbindet … die künftig kürzeste Datenroute von Europa nach Asien. Mit gigantischer Kapazität: Die Datenkabel der Chinesen können mühelos 90.000 Stunden Netflix-Inhalte pro Sekunde(!) übertragen. Solche Kabel zu betreiben, ist mit enormem Aufwand und Energiekosten verbunden – und wir merken nichts davon.

Rechenzentren sind der größte Energieverbraucher

Die Wartung und der Betrieb des Internets erfordern erheblichen Aufwand, sowohl in Bezug auf die Entwicklung und den Einsatz der zugrunde liegenden Technologien als auch auf die Verwaltung der riesigen Mengen an Daten, die täglich transportiert werden. Eine große Anzahl von Experten und Unternehmen auf der ganzen Welt arbeitet daran, das Internet kontinuierlich zu verbessern und sicherer zu machen, um den Benutzern ein besseres und sichereres Online-Erlebnis zu bieten.

Ein Großteil des Energieverbrauchs geht auf das Konto der Rechenzentren, die die eigentliche Infrastruktur für das Internet bereitstellen. Diese Anlagen sind riesige, klimatisierte Lagerhäuser, gefüllt mit Servern, Routern und anderen Netzwerkgeräten, die rund um die Uhr laufen, um sicherzustellen, dass wir stets Zugang zu unseren digitalen Ressourcen haben.

Im Jahr 2020 lag der geschätzte weltweite Stromverbrauch durch Rechenzentren bei etwa 200 bis 210 Terawattstunden (TWh) (IEA, 2020). Dies entspricht etwa 1 bis 3 Prozent des globalen Stromverbrauchs. Der Wert variiert je nach Datenquelle und Analysemethode. Laut einer anderen Studie von Anders Andrae und Tomas Edler (2015) verbrauchten Rechenzentren im Jahr 2015 bereits etwa 416 Terawattstunden an Elektrizität, rund 2 Prozent des globalen Stromverbrauchs.

In den letzten Jahren lag das jährliche Wachstum des Energieverbrauchs von Rechenzentren im Durchschnitt bei etwa 6 Prozent (IEA, 2020). Allerdings ist die Entwicklung in diesem Bereich nicht linear, und es gibt unterschiedliche Prognosen für die Zukunft. Einige Studien gehen davon aus, dass sich das Wachstum in den kommenden Jahren verlangsamen könnte, da Fortschritte bei der Energieeffizienz und der Umstellung auf erneuerbare Energien realisiert werden.

Speicherung und Übertragung der Daten

Doch Rechenzentren sind kein Selbstzweck. Ein weiterer Faktor, der zum Energieverbrauch des Internets beiträgt, ist die Übertragung und Speicherung von Daten. Jedes Mal, wenn wir eine Website besuchen, eine E-Mail senden oder ein Video ansehen, werden riesige Datenmengen über Glasfaserkabel, Kupferkabel und sogar Satellitenverbindungen übertragen.

Diese Datenübertragung erfordert nicht nur Energie für die elektronischen Geräte, die die Daten verarbeiten, sondern auch für die Kühlsysteme, die die Hitze, die bei diesem Prozess entsteht, ableiten. Ein Bericht von Greenpeace aus dem Jahr 2017 schätzte, dass die weltweiten Datennetze rund 1,5 Prozent des globalen Stromverbrauchs ausmachten.[10]

Zu guter Letzt tragen auch die Geräte, die wir täglich benutzen, zum Energieverbrauch des Internets bei. Computer, Smartphones, Tablets und andere internetfähige Geräte benötigen Energie, um zu funktionieren und online zu sein. Eine Studie von Ericsson aus dem Jahr 2015 schätzt, dass internetfähige Geräte und ihre Infrastruktur etwa 0,7 Prozent des globalen Stromverbrauchs ausmachten. Dabei wird die Energie sowohl für die Nutzung der Geräte als auch für ihre Herstellung und ihren Transport benötigt.

All diese Faktoren tragen dazu bei, dass das Internet ein immenser Energieverbraucher ist. Tendenz steigend.

Entwicklung des Energieverbrauchs des Internets

Die Dimensionen des für uns in der Regel unsichtbaren Internets sind in jeder Hinsicht ehrfurchtseinflößend. Laut einer Schätzung von Netcraft aus dem Jahr 2021,[11] einem Unternehmen, das sich auf die Analyse der Internet-Infrastruktur spezialisiert hat und in dieser Hinsicht sehr angesehen ist, gibt es weltweit etwa 2,8 Milliarden Websites, die auf rund 1,8 Milliarden Web-Servern gehostet (also betrieben) werden. Es ist jedoch zu beachten, dass viele Websites auf gemeinsam genutzten Servern gehostet werden, was bedeutet, dass die Anzahl der physischen Server niedriger sein kann.

Milliarden von Servern weltweit

Allerdings sind nicht nur Server für Websites nötig. Es werden auch Server für Datenbanken, für Onlinedienste, für Administration und vieles andere mehr genutzt. Laut einer anderen Schätzung aus dem Jahr 2018[12] von dem Forschungs- und Beratungsunternehmen Gartner, gibt es weltweit etwa 10 Millionen Rechenzentren, von denen wiederum alle zahllose Server hosten. Einige dieser Rechenzentren werden von großen Unternehmen wie Google, Amazon und Microsoft betrieben, die auch Cloud-Computing-Dienste anbieten, die auf vielen Servern in ihren eigenen Rechenzentren ausgeführt werden.

Insgesamt ist es schwierig, eine genaue Anzahl von Servern im Internet zu nennen. Aber welchen Teilbereich man sich auch anschaut: Es ist klar, dass es eine sehr große Anzahl von Servern gibt, die eine wichtige Rolle bei der Bereitstellung von Onlinediensten und -inhalten spielen.

Ich gebe zu: Über »das Internet« zu sprechen, ist generell nicht einfach – erst recht, wenn wir uns den Energieverbrauch des Internets anschauen wollen. Welche Rechenzentren gehören unbedingt berücksichtigt? Die bei Cloud-Anbietern auf jeden Fall. Die in Netzwerkknoten natürlich auch. Aber wie sieht es mit Mobilfunkanbietern aus? Zumindest theoretisch kann man mit einem Handy auch telefonieren – streng genommen nicht unbedingt eine Leistung im Internet. Also müsste man zumindest einen Teil des Energieaufwands der Mobilfunkdienste rausrechnen.

Und um es auf die Spitze zu treiben: Wie ist es mit dem Energieaufwand der Kantinen bei Google, Facebook und Co. – gehören die mit reingerechnet oder nicht? Es ist also wahrlich nicht einfach, den genauen Energiebedarf des weltumspannenden Internets zu berechnen. Wir können uns folglich der Realität nur annähern, wenn wir die unterschiedlichen Studien zu diesem Thema untersuchen.

Darum kommen die verschiedenen Studien auch zu teilweise leicht unterschiedlichen Ergebnissen. Da aber auch der Energieverbrauch aller anderen Industrien oder Bereiche unseres Lebens (Verkehr, Ernährung,

Wohnen …) nur taxiert werden kann, ist das in Ordnung. Wir wollen einen groben Überblick.

Und eins lässt sich auf alle Fälle feststellen: Der Energiebedarf des Internets ist in der jüngsten Vergangenheit regelrecht explodiert, insbesondere aufgrund des massiven Anstiegs der Nutzung von Onlinediensten, Streamingdiensten, der Verbreitung von mobilen Geräten und der rasanten Zunahme von Rechenzentren.

Wachstum in den letzten 20 Jahren explodiert

Laut einer Studie von 2021 des Swedish KTH Royal Institute of Technology verbrauchte das Internet im Jahr 2020 etwa 2790 Terawattstunden Strom.[13] Im Jahr 2000 betrug der geschätzte Energieverbrauch des Internets noch etwa 48 Terawattstunden Strom. Das bedeutet, dass der Energieverbrauch des Internets in den letzten 20 Jahren um mehr als das 58-Fache gestiegen ist.

Erstaunlich: Eine Branche, deren Energiebedarf in 20 Jahren um das 58-Fache steigt – und kaum einer redet öffentlich darüber. Ganz so, als wäre der Energieverbrauch des Internets eine Quantité négligeable, also einfach mal so zu vernachlässigen. Dabei müsste ein derart boomendes Segment der Wirtschaft umso genauer betrachtet werden. Denn hier lassen sich rechtzeitig Maßnahmen ergreifen, den unbändigen Hunger nach Energie einzudämmen. In einer Infrastruktur, die einmal da ist (siehe Stahlbau, Verkehr, Wohnen) ist das schwierig, langwierig und teuer.

Die Studie geht auch davon aus, dass der Energieverbrauch des Internets bis 2030 um weitere 50 Prozent auf etwa 4170 Terawattstunden steigen wird. Diese Zunahme wird hauptsächlich auf den Anstieg der Nutzung von Videostreaming-Diensten, die Zunahme von Online-Gaming und die zunehmende Verbreitung von KI- und Blockchain-Technologien zurückzuführen sein.

Zahl der Nutzer und Art der Nutzung

In den letzten Jahren hat sich der Energieverbrauch des Internets also stetig erhöht. Ein Grund dafür ist das rasante Wachstum der Internetnutzung weltweit, sowohl in Bezug auf die Anzahl der Nutzer als auch auf das Datenvolumen.

Es gibt jedoch auch positive Entwicklungen, die darauf hindeuten, dass der Energieverbrauch des Internets in Zukunft möglicherweise langsamer wachsen oder sogar sinken könnte. Einerseits werden Rechenzentren und Netzwerktechnologien immer energieeffizienter. Außerdem gibt es Bestrebungen, den Anteil erneuerbarer Energien in der Versorgung dieser Infrastrukturen zu erhöhen. Andererseits sind auch viele Endgeräte, die wir verwenden, immer energieeffizienter geworden, wobei die Hersteller bestrebt sind, den Energieverbrauch ihrer Produkte weiter zu reduzieren und ihren ökologischen Fußabdruck zu verkleinern.

Wer den Energieverbrauch des Internets – wie hoch auch immer er im Detail sein mag – verstehen und möglichst günstig beeinflussen will, muss sich wohl oder übel mit den verschiedenen Aspekten des Energieverbrauchs beschäftigen, um ein besseres Verständnis für die zugrunde liegenden Prozesse und Technologien zu entwickeln. Wir werden in diesem Buch auch mögliche Lösungen und Ansätze untersuchen, um den Energieverbrauch des Internets zu reduzieren und dessen Umweltauswirkungen zu minimieren. Dabei werden wir sowohl auf politische und wirtschaftliche Rahmenbedingungen eingehen als auch auf technologische Innovationen und individuelle Verhaltensweisen.

Einige der relevanten Themen:

- Die Auswirkungen von Streamingdiensten, Online-Gaming und anderen bandbreitenintensiven Anwendungen auf den Energieverbrauch und mögliche Strategien zur Reduzierung ihres Energieverbrauchs
- Best Practices und Innovationen in der Gestaltung und dem Betrieb von energieeffizienten Rechenzentren

- Die Rolle von Internetdienstanbietern und Telekommunikationsunternehmen bei der Reduzierung des Energieverbrauchs von Datennetzwerken
- Die Bedeutung von Energieeffizienzstandards für Endgeräte und die Rolle von Herstellern, Verbrauchern und Regulierungsbehörden bei der Förderung von energieeffizienten Produkten
- Die Rolle von Bildung und öffentlichem Bewusstsein für die Umweltauswirkungen des Internets und die Bedeutung von Verhaltensänderungen bei der Reduzierung des Energieverbrauchs

Die Rolle von erneuerbaren Energien und Energieeffizienz im Internet

Es gibt noch einen weiteren Aspekt, der schwierig bis kompliziert ist: Wenn wir über den Energiebedarf des Internets sprechen, können wir daraus nicht einfach so den CO_2-Ausstoß ableiten. Denn wir wissen nicht, wo, wann und welche Energieträger zum Einsatz kommen, schon gar nicht global. Also ist auch die Kalkulation des CO_2-Ausstoßes immer eine ungefähre Schätzung, berechnet aus dem Strommix, der weltweit konsumiert wird. Ein Mix von Strom aus Kohle, Gas, Öl, Wasserkraft, Luft, Sonne et cetera.

Insbesondere die großen IT-Konzerne wie Google, Apple, Facebook und Co sind erkennbar bemüht, zumindest in ihren Hauptquartieren und den größten Rechenzentren den nötigen Strom aus regenerativen Quellen zu beziehen – oder sogar komplett selbst herzustellen. Nun könnte man immer noch – und das zu Recht – argumentieren, dass der dort produzierte Strom ja auch anderen Abnehmern zur Verfügung gestellt werden könnte. Wichtig ist aber, dass sich die Konzerne des Problems zumindest annehmen und es nicht ignorieren.

Mittelfristig muss das Ziel sein, den gesamten Energiebedarf des Internets aus regenerativen Quellen zu beziehen.

Eine Möglichkeit, den Energieverbrauch des Internets zu reduzieren und dessen Umweltauswirkungen zu verringern, besteht also unbestreitbar darin, erneuerbare Energien und Energieeffizienzmaßnahmen stärker zu nutzen. Wichtig sind daher:

- Einsatz erneuerbarer Energien in Rechenzentren und Datennetzwerken
- Energieeffizienzmaßnahmen in der Internetinfrastruktur
- Die Rolle von Regulierung und politischen Anreizen bei der Förderung erneuerbarer Energien und Energieeffizienz im Internetsektor
- Fallstudien von Unternehmen und Ländern, die erfolgreich erneuerbare Energien und Energieeffizienz im Internetsektor implementiert haben

Datenschutz und Energieverbrauch: ein Balanceakt

Datenschutz und Sicherheit sind wesentliche Aspekte des Internets, die sowohl für Unternehmen als auch für Verbraucher von größter Bedeutung sind.

Allerdings – und das wird praktisch nie ausgesprochen: Maßnahmen zum Datenschutz und vor allem zur Verschlüsselung von Daten, die notwendig sind, um Daten vertrauensvoll und abhörsicher übertragen zu können, erhöhen den Energieverbrauch. Daher müssen wir auch solche Aspekte betrachten und diskutieren:

- Die Auswirkungen von Datenschutzmaßnahmen und Verschlüsselungstechniken auf den Energieverbrauch des Internets
- Ansätze zur Minimierung des Energieverbrauchs bei der Umsetzung von Datenschutzmaßnahmen und Verschlüsselung
- Fallstudien von Unternehmen und Technologien, die Datenschutz und Energieeffizienz erfolgreich miteinander vereint haben

Cool bleiben: Rechenzentren müssen gekühlt werden

Der enorme Strombedarf von Rechenzentren ist nicht allein auf die unzähligen im Einsatz befindlichen Server zurückzuführen, die immer Strom brauchen, um zu arbeiten. Einen sehr hohen Anteil an den Stromkosten hat die Kühlung der IT-Infrastruktur. Jeder, der schon mal in einem Rechenzentrum gewesen ist, weiß nur zu gut: Da kann man sich im Sommer leicht eine Erkältung holen. Denn damit die Server gut arbeiten können, muss die Umgebung heruntergekühlt werden.

Rechenzentren müssen gekühlt werden, um die Hitze abzuführen, die von den Servern, Speichermedien und anderen Geräten beim Betrieb unweigerlich erzeugt wird. Die Hitzeentwicklung ist dabei ein natürlicher Nebeneffekt der Stromversorgung und der Rechenleistung der Geräte. Wenn die Temperaturen in einem Rechenzentrum zu hoch werden, kann dies die Leistung und Zuverlässigkeit der Geräte beeinträchtigen oder sogar zu Ausfällen führen.

Kühlung ist für 40 Prozent des Strombedarfs verantwortlich

Laut Schätzungen des Bundesverbands der Energie- und Wasserwirtschaft (BDEW) entfallen rund 40 Prozent des Stromverbrauchs von Rechenzentren auf die Kühlung. Das bedeutet, dass von den insgesamt 12,3 Terawattstunden Stromverbrauch von Rechenzentren in Deutschland im Jahr 2020 etwa 4,9 Terawattstunden allein für die Kühlung benötigt wurden.

Um Energie einzusparen, gibt es verschiedene Möglichkeiten, die Kühlung von Rechenzentren zu optimieren. Eine Möglichkeit besteht darin, die Klimaanlagen mit energieeffizienteren Komponenten auszustatten und die Luftströmung zu optimieren. Auch eine höhere Betriebstemperatur im Rechenzentrum kann helfen, den Energieverbrauch zu senken, da dadurch weniger Kühlleistung benötigt wird. Laut einer Studie des Borderstep Instituts aus dem Jahr 2020 könnten allein durch die Erhöhung der Betriebstemperatur im Rechenzentrum von 20 auf 25 Grad Celsius bis zu 20 Prozent der Stromkosten eingespart werden.

Weitere Einsparpotenziale ergeben sich durch den Einsatz von freier Kühlung, bei der die Außenluft genutzt wird, um das Rechenzentrum zu kühlen, anstatt Klimaanlagen zu nutzen. Auch die Nutzung von Abwärme, die von den Servern erzeugt wird, kann helfen, den Energieverbrauch insgesamt zu reduzieren. Hier können beispielsweise Wärmepumpen eingesetzt werden, um die Abwärme zur Beheizung von Gebäuden oder zur Stromerzeugung zu nutzen.

Alternativen zur klassischen Klimaanlage

Insgesamt zeigt sich, dass es zahlreiche Möglichkeiten gibt, den Energieverbrauch in Rechenzentren zu reduzieren, insbesondere durch eine Optimierung der Kühlung. Unternehmen und Betreiber von Rechenzentren sollten sich hierbei nicht nur auf die Effizienz der Klimaanlagen konzentrieren, sondern auch alternative Technologien in Betracht ziehen und die Betriebstemperatur im Rechenzentrum erhöhen. Nur so kann der enorme Energieverbrauch von Rechenzentren in Zukunft reduziert und nachhaltiger gestaltet werden.

Eine weitere Möglichkeit, den Energieverbrauch von Rechenzentren zu reduzieren, ist die Virtualisierung von Servern. Hierbei werden mehrere virtuelle Server auf einem physischen Server betrieben, wodurch insgesamt weniger Hardware benötigt wird. Dadurch können nicht nur Platz und Kosten gespart, sondern auch der Energieverbrauch reduziert werden, da weniger Geräte gekühlt und mit Strom versorgt werden müssen.

Auch das Management und die Steuerung der Energieversorgung im Rechenzentrum spielen eine wichtige Rolle bei der Reduzierung des Energieverbrauchs. Durch eine intelligente Steuerung der Stromversorgung und der Kühlung können Energieverschwendung und unnötiger Stromverbrauch vermieden werden. Hierbei können beispielsweise Lösungen wie das sogenannte Power Capping zum Einsatz kommen, bei dem die maximale Leistungsaufnahme der Server begrenzt wird.

Energieverbrauch lässt sich reduzieren

Insgesamt gibt es zahlreiche Möglichkeiten, den Energieverbrauch von Rechenzentren zu reduzieren und ihre Nachhaltigkeit zu verbessern. Unternehmen und Betreiber von Rechenzentren sollten hierbei nicht nur auf die Effizienz der Kühlung und der Stromversorgung achten, sondern auch alternative Technologien und erneuerbare Energien in Betracht ziehen. Viele Unternehmen setzen bereits auf den Einsatz von erneuerbaren Energien wie Windkraft oder Solarenergie, um ihren Energiebedarf zu decken und ihre CO_2-Bilanz zu verbessern. Auch in Rechenzentren können erneuerbare Energien genutzt werden, um den Energieverbrauch zu reduzieren und die Nachhaltigkeit zu verbessern. Nur so kann der enorme Energieverbrauch von Rechenzentren nachhaltiger gestaltet werden.

Neben den genannten Maßnahmen können auch die Standortwahl und das Design des Rechenzentrums einen Einfluss auf den Energieverbrauch haben. So sollte ein Rechenzentrum beispielsweise möglichst in einem kühlen Klima oder in der Nähe von Wasser oder erneuerbaren Energiequellen gebaut werden, um die Kühlung und Stromversorgung zu erleichtern.

Das ist auch der entscheidende Grund, wieso ich meine Server nicht mehr in Deutschland stehen habe, sondern in Helsinki. Dort ist deutlich weniger Aufwand für die Kühlung nötig, weil die Außenluft verwendet werden kann.

Auch das Design des Rechenzentrums selbst kann den Energieverbrauch beeinflussen. Hierbei sollten beispielsweise die Luftströmungen und die Platzierung der Server so gestaltet werden, dass eine effiziente Kühlung ermöglicht wird. Auch die Verwendung von energieeffizienten Materialien und Komponenten kann helfen, den Energieverbrauch zu senken.

Neben den ökologischen Vorteilen kann die Reduzierung des Energieverbrauchs von Rechenzentren auch ökonomische Vorteile bringen. Durch die Senkung der Stromkosten können Unternehmen Kosten sparen und ihre Wettbewerbsfähigkeit erhöhen. Die Verbesserung der Nachhaltigkeit kann dazu beitragen, das Image eines Unternehmens zu verbessern und die Kundenbindung zu stärken.

Daraus folgt, dass die Reduzierung des Energieverbrauchs von Rechenzentren ein wichtiges Ziel ist, um die Nachhaltigkeit und Effizienz der digitalen Infrastruktur zu verbessern. Bei den zahlreichen Maßnahmen, die Unternehmen und Betreiber von Rechenzentren ergreifen können, bleibt zu hoffen, dass zukünftige Entwicklungen in der Technologie und im Management dazu beitragen werden, den Energieverbrauch von Rechenzentren weiter zu reduzieren, ihre CO_2-Bilanz zu verbessern und eine nachhaltigere digitale Zukunft zu schaffen.

Gesellschaftliche und politische Maßnahmen

Neben den technischen Maßnahmen und dem Design des Rechenzentrums spielt auch das Verhalten der Nutzer eine wichtige Rolle bei der Reduzierung des Energieverbrauchs. So sollten beispielsweise nicht benötigte Server oder Geräte ausgeschaltet werden, um den Stromverbrauch zu reduzieren. Auch die Verwendung von energieeffizienten Geräten und die Optimierung der eigenen IT-Infrastruktur können helfen, den Energieverbrauch zu senken.

Darüber hinaus können politische Maßnahmen dazu beitragen, den Energieverbrauch von Rechenzentren zu reduzieren. So könnten beispielsweise Anreize für den Einsatz erneuerbarer Energien geschaffen oder gesetzliche Vorgaben für die Energieeffizienz von Rechenzentren eingeführt werden. Auch die Verbraucher selbst können durch bewusstes Nutzerverhalten und die Wahl von Anbietern mit einer nachhaltigen Energieversorgung einen Beitrag zur Reduzierung des Energieverbrauchs leisten.

Die Reduzierung des Energieverbrauchs von Rechenzentren stellt eine Herausforderung dar, die nicht nur technische, sondern auch ökonomische, politische und soziale Aspekte umfasst. Eine nachhaltige digitale Zukunft erfordert ein ganzheitliches Konzept, das alle beteiligten Akteure einbezieht und darauf abzielt, den Energieverbrauch zu senken und die Nachhaltigkeit zu verbessern.

Kupfer, Coax und Glasfaser: ein Vergleich der Energieeffizienz

Rechenzentren sind die Herzkammern des Internets: Hier werden Daten gespeichert, Anwendungen gestartet und Entscheidungen gefällt. Doch damit die Server arbeiten, müssen unentwegt Datenpakete hin und her transportiert werden. Je schneller, desto besser. Diese Datenpakete können alles Mögliche enthalten: E-Mails, Fotos, YouTube-Videos, Musik auf Spotify, Websites, einen Like-Daumen aus dem Social-Media-Universum ... im Netz werden alle Daten gleichberechtigt und gleich schnell transportiert (das nennt sich Netzwerkneutralität).

Die Datenleitungen lassen sich mit unseren Blutgefäßen vergleichen: Die Arterien liefern das Blut, die Venen führen es zurück. Im Internet funktionieren Datenleitungen in der Regel in beide Richtungen. Sie werden zur Übertragung der Informationen benötigt. Dabei gibt es drei Arten von Datenleitungen: aus Kupfer, aus Coax oder aus Glasfaser. Insbesondere in puncto Energieeffizienz gibt es erhebliche Unterschiede.

Traditionell: Kupferkabel

Kupferkabel, auch als **Twisted-Pair**-Kabel bekannt, sind seit Langem die Standardlösung für die Datenübertragung in lokalen Netzwerken (LANs) und Telekommunikationssystemen. Kupferkabel sind relativ kostengünstig und einfach zu installieren, bieten jedoch in der Regel niedrigere Bandbreiten und höhere Latenzzeiten im Vergleich zu Coax- und Glasfaserkabeln. DSL-Leitungen basieren auf solchen Kupferkabeln.

Der Energieverbrauch von Kupferkabeln hängt entscheidend von der Länge der Kabel und der übertragenen Datenrate ab. Aufgrund des elektrischen Widerstands des Kupfers entstehen Energieverluste in Form von Wärme, was zu einem höheren Energieverbrauch führt.

Schneller: Coax-Kabel

Coaxiale Kabel (Coax) sind eine weitere weit verbreitete Lösung für die Datenübertragung. Sie bestehen aus einem inneren Kupferleiter, der von einem isolierenden Material und einem äußeren Metallgeflecht umgeben ist. Diese Technik wird vor allem von Kabelanbietern verwendet, die sonst Kabelfernsehen anbieten: Wer über eine solche Datenleitung ins Netz geht, surft meist deutlich schneller als mit Kupferkabel.

Coax-Kabel bieten höhere Bandbreiten und geringere Dämpfung im Vergleich zu Twisted-Pair-Kupferkabeln, was zu einer effizienteren Datenübertragung führt. Dennoch können auch bei Coax-Kabeln Energieverluste durch den elektrischen Widerstand des Kupfers auftreten.

Effizient: Glasfaserkabel

Während Kupfer und Coax Stromimpulse transportieren, setzt die Glasfaser auf Licht – ein völlig anderes Konzept. Dadurch ergeben sich erhebliche Vorteile: die Glasfaser bietet extrem hohe Bandbreiten und gleichzeitig eine nahezu verlustfreie Datenübertragung, selbst über große Entfernung. Es entfallen sämtliche durch elektrischen Widerstand verursachten Energieverluste. Infolgedessen sind Glasfaserkabel deutlich energieeffizienter als Kupfer- und Coax-Kabel (Corcoran & Andrae, 2013). Mit Glasfaser lässt sich der Energieverbrauch um bis zu 50 Prozent reduzieren.

In Bezug auf die Energieeffizienz sind Glasfaserkabel eindeutig die überlegene Wahl im Vergleich zu Kupfer- und Coax-Kabeln. Während genaue Zahlen je nach Anwendung und Umgebung variieren können, deuten Untersuchungen darauf hin, dass Glasfaserkabel den Energieverbrauch um bis zu 50 Prozent oder mehr im Vergleich zu Kupferkabeln reduzieren können. Die höhere Energieeffizienz von Glasfaserkabeln ist auf ihre Fähigkeit zurückzuführen, Lichtwellenleiter zur Datenübertragung zu nutzen, wodurch Energieverluste durch elektrischen Widerstand vermieden werden.

Ein weiterer Vorteil von Glasfaserkabeln ist ihre größere Bandbreite und geringere Dämpfung (die eine schnellere und zuverlässigere Datenübertragung ermöglichen). Diese Eigenschaften tragen dazu bei, den Energieverbrauch insgesamt zu reduzieren, da weniger Energie für die Übertragung und Verstärkung von Signalen aufgewendet werden muss.

Glasfaserausbau

Allerdings kann die Einführung von Glasfaserkabeln höhere Installations- und Wartungskosten mit sich bringen, insbesondere in bestehenden Infrastrukturen, die auf Kupfer- oder Coax-Kabeln basieren. In solchen Fällen muss eine sorgfältige Abwägung der Kosten und Vorteile erfolgen, um eine fundierte Entscheidung über den Umstieg auf energieeffizientere Datenleitungen zu treffen.

Letztendlich sind Glasfaserkabel die energieeffizienteste Lösung für die Datenübertragung. Die zunehmende Verbreitung von Glasfaserkabeln in der Telekommunikationsinfrastruktur wird voraussichtlich dazu beitragen, den Energieverbrauch des Internets zu reduzieren und einen wichtigen Schritt in Richtung nachhaltigerer und umweltfreundlicherer Technologien zu machen.

Die Technische Hochschule Mittelhessen (THM) hat gerade (2022) im Auftrag des Bundesverbands Breitbandkommunikation (BREKO) die Nachhaltigkeit der verschiedenen Internet-Zugangstechnologien untersucht.

Klares Ergebnis: Die Glasfaser ist in jedem Szenario – deutschlandweit, städtische, halbstädtische und ländliche Gebiete – die nachhaltigste aller verglichenen Internet-Zugangstechnologien. Um es deutlich zu sagen: Glasfaser verbraucht drei Mal weniger Strom als kupferbasiertes DSL – wie die meisten es heute haben – und sogar sechs Mal weniger Strom als Koaxialkabel, also das von Helmut Kohl besonders intensiv ausgebaute Fernsehkabelnetz.

Hochgerechnet auf die flächendeckende Versorgung Deutschlands bräuchten reine kupferbasierte Netze (FTTC) 350 Megawatt und TV-Kabelnetze 650 Megawatt. Ein reines Glasfasernetz (FTTH) hätte dagegen nur einen Stromverbrauch von 154 Megawatt. Ein Glasfasernetz wäre doppelt so effizient wie unser bisheriges System.

KAPITEL 3

Der unsichtbare SUV im Netz: Video und Streaming

Stellen Sie sich vor, Sie sitzen in einem gemütlichen Kinosessel: Eine Tüte Popcorn in der Hand, sind Sie bereit, den neuesten Blockbuster anzuschauen. Jetzt stellen Sie sich weiter vor, dass dieses Kino so groß ist, dass es die gesamte Menschheit beherbergen kann, dass es rund um die Uhr geöffnet ist – und immer genau das zeigt, was Sie sehen wollen (und den Film anhält, wenn Sie mal wohin müssen ...). Willkommen in der Welt des Streamings.

Inzwischen ist Streaming für die meisten so selbstverständlich und alltäglich geworden wie das morgendliche Zähneputzen. Ob Netflix, Amazon Prime, Wow, Disney+, YouTube oder Tiktok – wir saugen nahezu rund um die Uhr Daten aus dem Internet, um unsere Lieblingsinhalte zu genießen. Wir schauen schon lange nicht mehr »linear« fern, also das, was das Programm vorgibt (und wann), sondern was wir wollen und wann wir wollen. Das Breitband-Internet macht's möglich.

Dazu direkt ein kleiner Spoiler: Laut aktueller Erhebungen machen Videos – und dazu gehören auch die Inhalte von Streamingdiensten – mittlerweile über 80 Prozent des gesamten Internet-Traffics aus. Und das sind nicht nur Katzenvideos.

Während Sie also Binge-Watching einer neuen Serie betreiben oder ein aufschlussreiches Webinar sehen, haben Sie jemals innegehalten, um sich zu fragen: Was kostet das eigentlich? Und wir reden hier nicht über Ihre monatliche Abonnementgebühr. Was sind die Umweltkosten dieser scheinbar endlosen Datenströme?

In diesem Kapitel werden wir den Vorhang lüften und einen Blick hinter die Kulissen werfen. Wir werden uns auseinandersetzen (müssen) mit den unsichtbaren, aber gewaltigen Energiemengen, die Streaming verbraucht, und aufzeigen, wie unsere unersättliche Lust auf digitale Inhalte die Art und Weise, wie wir Energie verbrauchen, neu definiert.

Video und Streaming boomt

Wie schon zu Anfang des Buches erwähnt: Ich will keineswegs Spielverderber sein. Jeder muss und sollte selbst entscheiden, welche digitalen Dienste er oder sie nutzen möchte – auch wie oft und wie intensiv. Nur ist es bestimmt für viele hilfreich, die genauen Umstände zu kennen – und diese nicht schönzureden.

Genau das ist der Grund, wieso ich Streaming gerne als den »unsichtbaren SUV im Netz« bezeichne. Streamen ist der allgegenwärtige Umweltsünder im Digitalen.

SUV: komfortabel, aber hoher Verbrauch

Denn, um bei der Analogie zu bleiben: Es ist ein bisschen wie im Straßenverkehr. Eigentlich wissen doch alle, dass sogenannte SUVs (Sport Utility Vehicles) alles andere als sparsam sind. Sie beanspruchen viel Platz auf der Straße und im Parkhaus – und verbrauchen eine Menge Sprit. Trotzdem fahren viele Menschen bevorzugt mit solchen Kraftmaschinen durch die Gegend. Nicht nur, aber auch weil ihnen der Verbrauch egal ist – das Image sowieso.

Bei Streaming und Videos im Netz ist es ähnlich. Auch sie nehmen – metaphorisch gesprochen – viel Platz in Anspruch und verbrauchen absurd viel Energie. Aber kaum jemand hat ein schlechtes Gewissen dabei, macht sich Gedanken um den *Impact*. Der Grund liegt auf der Hand: Kaum jemand weiß, wie klimaschädlich Streamen im Grunde genommen ist. Und es drängt sich der Verdacht auf, dass es auch niemand ernsthaft wissen will – so muss niemand seine Gewohnheiten ändern.

Ich habe schon viele Menschen abfällige Bemerkungen über SUVs und SUV-Fahrer machen hören. Aber noch nie – auch und vor allem nicht aus Verbänden wie der Letzten Generation oder Fridays for Future –, dass jemand etwas sagt wie: »Muss es denn unbedingt ein Stream in 4K-Qualität sein? Full-HD reicht doch völlig aus. Denkst Du auch mal ans Klima!?«

Dabei wäre das durchaus vergleichbar.

Man muss es so deutlich sagen: Streaming ist unbestreitbar der SUV im Netz. Mehr Konsum geht kaum. Gemeint ist hier Datenkonsum. Streaming verbraucht immense Datenmengen und damit einen Großteil der Ressourcen im Netz.

Über 80 Prozent des Internet-Traffics sind Videos

Ob es sich um das Anschauen der neuesten Netflix-Serie auf dem Fernseher, das Verfolgen eines Live-Konzerts auf dem Smartphone oder das Anschauen eines Lernvideos auf dem Laptop handelt: Streaming hat zweifellos die Art und Weise revolutioniert, wie wir Inhalte konsumieren. Einfache Handgriffe (es reichen sogar Gesten) öffnen auf unseren Geräten die Tore zu unendlichen Welten der Unterhaltung und Information. Wir können heute nahezu alles streamen: Filme, Serien, Musik, Podcasts, Tutorials, Webinare, Live-Sport und vieles mehr.

Doch während wir die grenzenlosen Möglichkeiten genießen, die uns diese Technologie bietet, sollten wir nicht vergessen, dass sie nicht kostenlos sind – und damit sind nicht nur die Kosten für die monatlichen Abonnements gemeint. Jedes Video, das wir streamen, jede Playlist, die wir abspielen, hat einen Preis, und dieser Preis wird in Form von Energie und Kohlendioxidemissionen gezahlt.

Die Frage ist: Wie viel Energie verbraucht das Streaming wirklich? Wie wirkt sich unser wachsender Appetit auf digitale Inhalte auf den Energieverbrauch und die CO_2-Emissionen aus? Und was können wir tun, um die Auswirkungen zu minimieren?

Die Antworten auf diese Fragen sind nicht einfach. Es ist eine komplexe Gleichung, die viele Variablen berücksichtigen muss: die Art des Inhalts, die Qualität des Streams, die Art des verwendeten Gerätes, die Art des verwendeten Netzwerks und vieles mehr. Darüber hinaus müssen wir auch die Energie berücksichtigen, die für den Betrieb und die Kühlung der Serverzentren benötigt wird, die die Daten speichern und verarbeiten.

Bereits 1 Prozent der weltweiten CO_2-Emissionen durch Streaming

Doch bevor wir uns in diese technischen Details vertiefen, lassen Sie uns einen Schritt zurücktreten und das Gesamtbild betrachten. Es ist klar, dass das Streaming von Videos und Musik einen signifikanten Anteil am gesamten Internet-Traffic und damit am Energieverbrauch des Internets ausmacht. Doch wie sieht das in absoluten Zahlen aus?

Laut einer Studie des französischen Thinktanks »The Shift Project« aus dem Jahr 2019 waren digitale Technologien für etwa 4 Prozent der weltweiten Treibhausgasemissionen verantwortlich.[14] Das entspricht in etwa den Emissionen des gesamten Luftverkehrs. Davon entfiel etwa 1 Prozent auf das Streaming von Videos. Das mag auf den ersten Blick nicht viel erscheinen, aber es entspricht immer noch den Emissionen eines Landes wie Spanien.

1 Stunde Video pro Woche entspricht 3,2 Kilogramm CO_2

Um das in eine andere Perspektive zu setzen: Eine andere Studie, die im *Journal of Industrial Ecology* veröffentlicht wurde, schätzte, dass das Anschauen von 1 Stunde Video pro Woche über 1 Jahr hinweg etwa 3,2 Kilogramm CO_2 ausstößt.[15]

Das entspricht in etwa der Menge an CO_2, die bei der Verbrennung von circa 1,6 Litern Benzin freigesetzt wird. Wenn man bedenkt, dass viele von uns weit mehr als eine Stunde Video pro Woche anschauen, kann man sich leicht vorstellen, wie diese Zahlen sich summieren.

Andere Studien gehen von einer deutlich höheren Belastung aus. Generell muss man (leider) sagen: Die Studienlage zu diesem Aspekt ist nicht sonderlich präzise. Es kursieren in Forschung und Literatur sehr unterschiedliche Werte für den CO_2-Verbrauch beim Video-Streaming, die bis um den Faktor 20 Millionen auseinanderliegen. Der Grund dafür ist, dass sich der tatsächliche Energiebedarf und damit CO_2-Ausstoß nicht präzise berechnen lassen. Es gibt einfach zu viele Unbekannte – und daher muss mit Unbekannten gerechnet werden.

Die Wahrheit – und damit die tatsächliche Belastung – liegt, wie man vernünftigerweise annehmen muss, wohl eher in der Mitte, bei 50 bis 500 kWh/TB, wie manche Meta-Studien ermittelt haben. Wichtig ist aber dieser eine Aspekt: Streaming von Videos erfordert von allen Dienstleistungen im Netz mit den höchsten Energieaufwand.

Diese Zahlen mögen beunruhigend sein. Aber sie werden uns sicher nicht dazu bringen, das Streaming aufzugeben. Stattdessen sollten sie uns dazu anregen, bewusster darüber nachzudenken, wie wir streamen. Wie bei vielen anderen Aspekten unseres Lebens können wir auch hier durch informierte Entscheidungen dazu beitragen, unseren Energieverbrauch und unsere CO_2-Emissionen zu reduzieren. Abgesehen davon kann und muss die Art und Weise, wie Streaming technisch angeboten wird, einfach optimiert werden.

Binge-Watching in konkreten Zahlen

Wenn Sie Binge-Watching mögen (also mehrere Episoden einer Serie am Stück schauen) und das hier für einen bedauerlichen Druckfehler halten, dann muss ich Sie enttäuschen: Ganze 80 Prozent der Energie, die für das Bereitstellen und Aufrechterhalten des Internets aufgewandt wird, entfällt auf den Konsum von Videos und das Streaming von Serien und Filmen.

Eine Stunde Videostreaming, etwa beim Anschauen der neuen Lieblingsserie, die am Wochenende mal eben konsumiert wird, verbraucht etwa halb so viel Strom wie ein Backofen. Und wie viele Stunden benutzen wir den im Schnitt?.

Eine Stunde Videostreaming in Full-HD-Auflösung benötigt 220 bis 370 Wattstunden elektrische Energie, abhängig vom verwendeten Endgerät. Das verursacht etwa 100 bis 175 Gramm Kohlendioxid, also ähnlich der Emissionen eines Kleinwagens bei 1 Kilometer Autofahrt.

Von Ergo-Rädern und Streaming: den Energieaufwand selbst erstrampeln

Es ist eine übliche Erfahrung, dass wir nach einer intensiven Trainingseinheit auf dem Ergorad völlig erschöpft sind und kaum die Energie haben, die Fernbedienung zu heben, geschweige denn einen Film zu streamen.

Aber haben Sie sich jemals gefragt, wie viel Energie Sie tatsächlich erzeugen, wenn Sie auf einem Ergorad strampeln, und ob diese ausreichen würde, um Ihr Lieblingsprogramm zu streamen? Es stellt sich heraus, dass die Beantwortung dieser Frage ein interessanter Weg ist, um die immense Energie, die in unserem digitalen Alltag fließt, zu veranschaulichen.

Ein durchschnittlicher Sportler bringt es auf 0,1 Kilowattstunden

Ein durchschnittlich trainierter Erwachsener kann auf einem Ergorad ungefähr 100 Watt pro Stunde erzeugen – also dauerhaft. Klar, vorübergehend schaffen es die meisten auch, etwas mehr Watt zu erstrampeln. Aber eben nicht auf Dauer. Das bedeutet: Wenn Sie eine Stunde lang intensiv strampeln, erzeugen Sie 0,1 Kilowattstunden Energie.

Nun wenden wir uns dem Energieverbrauch des Streamings zu. In der erwähnten Studie des Thinktanks »The Shift Project« aus dem Jahr 2019 wurde ermittelt, dass das Streamen von HD-Inhalten im Durchschnitt etwa 0,3 Kilowatt pro Stunde verbraucht (siehe oben). Dieser Wert berücksichtigt sowohl den Energieverbrauch des Endgerätes als auch den Energiebedarf der Rechenzentren und Netzwerkinfrastrukturen, die für das Streaming erforderlich sind. Je nach Endgerät ist es sogar deutlich mehr.

Stellen wir nun diese beiden Werte gegenüber: Wenn Sie 1 Stunde lang intensiv auf einem Ergorad strampeln, erzeugen Sie 0,1 Kilowattstunden Energie. Um 1 Stunde lang HD-Inhalte zu streamen, benötigen Sie etwa 0,3 Kilowattstunden. Das bedeutet, dass die Energie, die Sie in 1 Stunde

auf einem Ergorad erzeugen, theoretisch ausreichend wäre, um 20 Minuten lang HD-Inhalte zu streamen!

Es wären schon olympiaverdächtige Leistungen erforderlich, um genügend Energie zu erzeugen, die den Energiebedarf von Infrastruktur und Endgerät sozusagen *live* erzeugen.

1 Stunde Strampeln für 20 Minuten Streaming

Wer in noch besserer 4K-Qualität zu streamen pflegt – was deutlich mehr Datenmengen mit sich bringt und damit auch einen erhöhten Energieverbrauch! –, bräuchte wohl ein Leistungsvermögen und eine Ausdauer, die einer griechischen Gottheit gleichkommt. Ich würde mal sagen: Das schafft niemand, der dieses Buch gerade liest.

Gut, wer auf einem Tablet schaut, anstatt auf dem Fernseher, könnte das sogar schaffen (das spart eine Menge Energie ein). Aber bevor Sie sich freuen und beginnen, Pläne für Ihr eigenes, pedalbetriebenes Heimkino zu schmieden, ist es wichtig, ein paar Dinge zu bedenken. Erstens ist die Energieerzeugung auf einem Ergorad alles andere als konstant. Sie würde im Laufe Ihrer Trainingseinheit wahrscheinlich stark schwanken, abhängig von Ihrer Ausdauer und der Intensität Ihrer Anstrengung.

Zweitens geht bei der Umwandlung von menschlicher Energie in elektrische Energie und bei deren Übertragung immer etwas Energie verloren. (Schon daran zu merken, dass uns beim Strampeln ganz schön warm wird.)

Trotz dieser erheblichen Einschränkungen hilft uns dieser Vergleich, den enormen Energiebedarf unserer digitalen Aktivitäten zu verstehen. Wir nehmen es in der Regel als selbstverständlich hin, dass wir mit einem Klick oder Tippen auf einem Bildschirm Zugang zu einer nahezu unendlichen Menge an digitalen Inhalten haben.

Aber diese Bequemlichkeit hat unbestreitbar ihren Preis in Form von Energieverbrauch. Ein Preis, den wir nicht nur in Form unserer Stromrechnung sehen, sondern auch in Form von Umweltauswirkungen zahlen. Bedenklich, da ein großer Teil der Energie, die wir verbrauchen, immer noch aus fossilen Brennstoffen gewonnen wird.

Streaming verbraucht bereits über 200 Milliarden Kilowattstunden

Das Beispiel macht deutlich, wie viel Energie Streaming verschlingt – und welche Schadstoffe damit verbunden sind: Weltweit verbraucht das Streaming etwa 200 Milliarden Kilowattstunden Energie pro Jahr. Im Durchschnitt konsumiert Videostreaming pro Stunde rund 0,2 bis 0,3 Kilowattstunden (je nachdem, auf welchen Geräten gestreamt wird). Stolze 89 Prozent des Stromverbrauchs fallen zu Hause an (vor allem für den Fernseher), weitere 11 Prozent werden durch Server und die Datenübertragung verursacht.

Und Videostreaming ist heute nicht auf Netflix, Amazon Prime Video, Disney, Wow und Co beschränkt – oder die Mediatheken unserer liebsten Fernsehsender, die ihre Angebote ebenfalls ständig ausbauen. Wir haben auch Videos auf YouTube, auf Instagram, Facebook, Twitter und Co. Videos sind eigentlich überall – sie haben längst Fotos und Texte abgelöst. Wenn immer möglich, konsumieren wir Video. Mit »How tos« lassen wir uns erklären, wie etwas geht. Oder wir schauen uns belanglose Videos auf Instagram oder Tiktok an. Das Netz ist voll davon.

Und das macht auch deutlich, wieso wir uns diesen Bereich genauer anschauen müssen. Videos und Streaming sind ohnehin schon sehr präsent – und dennoch ein Wachstumsmarkt mit hoher Dynamik. Es gibt immer mehr Videos, in immer besserer Qualität. Längst wird schon in 8K gedreht (und gestreamt) statt in 4K, dabei ist das in puncto Sehgenuss nur selten gewinnbringend. Die Daten werden trotzdem durchs Netz gejagt.

Um zu verstehen, wieso Streaming und Videos so viel Energie verbrauchen, lohnt sich ein Blick zurück – auf die Entwicklung der Technologie.

Video killed the radio star

»Video killed the radio star"[16] – so hat die Popgruppe *The Buggles* Ende der 1970er-Jahre musikalisch geklagt (und damit ironischerweise die Charts gestürmt), als vor allem amerikanische Musik-Labels plötzlich damit begannen, für alle neuen Songs aufwendige Videos zu produzieren. Aufwendig bebilderte Musik, die zu Marketingzwecken im Fernsehen laufen sollte.

Der unverzügliche Untergang des Radios wurde damit zwar nicht eingeläutet (wie von den *Buggles* prophezeit), aber doch zweifellos die Bedeutung des Radios als wichtigstes Ausspielmedium für Musik unterminiert. Ironischerweise hat der neu gegründete Fernsehsender MTV im Jahr 1981 dann mit genau diesem Song seine Sendungen gestartet.

Jungen Menschen muss man heute erklären, was MTV überhaupt ist (oder besser: war). Sie kennen den Sender und die Abkürzung nicht – und können sich wohl erst recht kaum vorstellen, dass Menschen jemals sehnsüchtig darauf gewartet haben, dass ihr Lieblingssong im Radio läuft, um dann umständlich auf Kassette aufgenommen zu werden. Und mit dem Gedanken »Hoffentlich quatscht der Moderator nicht rein …« können sie wohl auch nichts anfangen.

Audios und Videos werden heute gestreamt

So ist das nun mal: Die Medienwelt befindet sich in einem ständigen Wandel. Musik kommt heute wie selbstverständlich als Stream aus dem Smartphone oder den Boxen. Jeder Song der Welt nur einen Mausklick oder ein Fingertippen entfernt: Wann man möchte, so oft man möchte. Spotify und Co machen es möglich.

Streaming ist der Trend schlechthin in den letzten Jahren. Schallplatten, CDs, Kassetten, DVDs, Floppy-Disks – praktisch alle physikalischen Medien und Datenträger sind im Blitztempo in Vergessenheit geraten. Jüngere Menschen kennen sie nicht mal, weil sie in einer Welt der ständigen Verfügbarkeit groß geworden sind. Wer Musik oder Hörbücher mag, findet so ziemlich alles im Netz, rund um die Uhr. Aber längst nicht mehr nur Musik, sondern auch Videos, Filme, Serien, Software – einfach alles.

Kulturell nicht unbedingt ein Fortschritt (im Gegenteil), doch für die Industrie interessant – und für uns Konsumenten reizvoll, weil diese Entwicklung die totale Kontrolle bedeutet.

Das alles wäre für dieses Buch kein Thema, wenn Streaming nicht auch einen enormen Energieverbrauch bedeuten würde. Streaming ist für das Internet eine enorme Belastung – vor allem das Streaming von Videoinhalten. Bevor wir das genauer betrachten, schauen wir uns aber erst mal an, wie sich Streaming als Technologie entwickelt hat. Denn es ist wichtig, das rasante Wachstum zu verstehen – nur so lässt sich die nicht zu unterschätzende Bedeutung dieses Bereiches für den Energieverbrauch richtig einordnen.

Die Anfänge des Streamings (1990er-Jahre)

Die Entwicklung des Streamings von Audio und Video im Internet ist eine facettenreiche und faszinierende Geschichte, die von den Anfängen des Internets bis in die Gegenwart reicht. Wagen wir einen Blick auf die Entwicklung des Streamings.

Die Wurzeln des Streamings von Audio und Video im Internet reichen bis in die frühen 1990er-Jahre zurück. Damals gab es jedoch noch keine geeigneten Technologien für das Streaming in Echtzeit. Eine der ersten Streaming-Technologien war das »Real-Time Messaging Protocol« (RTMP), das von der Firma Macromedia (später von Adobe übernommen) entwickelt wurde. RTMP ermöglichte es (und ist bei Videos heute noch die führende Technologie), Audio- und Videodaten in Echtzeit über das Internet zu übertragen, ohne dass sie vollständig heruntergeladen werden mussten.

Ein erster Schritt war getan. Ein weiterer wichtiger Meilenstein in der Entwicklung des Streamings war die Einführung des RealPlayer von RealNetworks im Jahr 1995. Der RealPlayer war einer der ersten Mediaplayer, die das Streaming von Audio- und Videodateien im Internet ermöglichten.

Der Erfolg des RealPlayers führte zu einer Reihe von konkurrierenden Technologien wie Microsofts Windows Media Player und Apples Quick-

Time. Damals ein Durchbruch – auch wenn Audios noch nicht gerade nach Hi-Fi klangen und Videos eher die Größe von Briefmarken hatten – weshalb gerne höhnisch vom »Mäusekino« die Rede war. An Videos in 4K-Qualität, wie heute üblich, wagte damals niemand zu denken.

Das Problem: Wer Videos in 4K anschaut, verursacht laut Borderstep Institut einen 3-fach höheren CO_2-Ausstoß als in Full-HD. Bei dieser 4-mal höheren Bildauflösung müssen deutlich mehr Daten übertragen werden.

Die Weiterentwicklung des Streamings (2000er-Jahre)

In den frühen 2000er-Jahren gab es eine Reihe von technologischen Fortschritten, die das Streaming von Audio und Video im Internet deutlich verbesserten. Dazu gehörten unter anderem die Einführung von Flash Video und H.264, einem Videokompressionsstandard, der die Qualität von gestreamten Videos erheblich verbesserte.

In dieser Zeit entstanden auch einige der ersten Streaming-Plattformen, wie zum Beispiel YouTube, das 2005 gegründet wurde und heute eine der größten Videostreaming-Plattformen der Welt ist. Im Audiobereich gab es ebenfalls Entwicklungen, wie die Einführung von Podcasts und Internetradiosendern, die das Streaming von Audioinhalten im Internet populär machten. Heute ist eine Welt, vor allem eine digitale Welt, ohne Streaming nicht mehr vorstellbar.

Der Aufstieg von Streaming-Diensten (2010er-Jahre)

Die 2010er-Jahre waren geprägt von einer rasanten Zunahme der Beliebtheit von Streamingdiensten für Audio und Video. Unternehmen wie Netflix, Amazon Prime Video, Spotify und Apple Music begannen, das Streaming von Filmen, TV-Serien, Musik und anderen Inhalten zu revolutionieren. Diese Dienste ermöglichten es den Nutzern, auf riesige Bibliotheken von Inhalten zuzugreifen, ohne physische Medien wie DVDs oder CDs kaufen zu müssen.

Das Streaming von Audio und Video hat sich im Laufe der letzten Jahre kontinuierlich entwickelt und nimmt sowohl weltweit als auch in Deutschland stetig zu. Laut Statista (2021) wurden im Jahr 2020 weltweit rund 1,1 Billionen Stunden (unvorstellbar!) Videoinhalte gestreamt. In Deutschland lag die Zahl bei etwa 38 Milliarden Stunden.

Im Bereich des Audiostreamings gab es ebenfalls einen starken Anstieg. Laut IFPI (International Federation of the Phonographic Industry)[17] wurden im Jahr 2020 weltweit 443 Milliarden Musik-Streams verzeichnet. In Deutschland hat der Bundesverband Musikindustrie (BVMI) im selben Jahr 139 Milliarden Audiostreams gezählt. Diese Zahlen verdeutlichen wohl zweifellos das enorme Wachstum des Streamings von Audio- und Videoinhalten in den letzten Jahren.

Der Einfluss auf klassische Datenträger

Mit dem Aufstieg von Streamingdiensten hat sich der Konsum von Medieninhalten grundlegend verändert. Klassische Datenträger wie DVD, CD und Blu-ray haben an Bedeutung verloren, da immer mehr Menschen auf digitale Inhalte über Streaming-Plattformen zugreifen. Umwelttechnisch klingt das erst mal vielversprechend: Millionen von CDs, DVDs und Blu-Ray Discs, die nicht hergestellt und irgendwann wieder entsorgt werden müssen. Und da sie mit Aluminium beschichtet sind, stellen die Scheiben sogar Sondermüll dar.

Ein Bericht des BVMI zeigt, dass in Deutschland der Umsatz mit physischen Tonträgern im Jahr 2020 um 20,3 Prozent gesunken ist, während die Umsätze im Bereich Streaming um 24,1 Prozent gestiegen sind. Ähnliche Entwicklungen sind auch in anderen Ländern zu beobachten. Laut einer Studie von Nielsen Music/MRC Data sind die Verkäufe von physischen Tonträgern in den USA im Jahr 2020 um 15 Prozent gesunken, während der Umsatz mit Musikstreaming um 17 Prozent gestiegen ist.

Die Zukunft des Streamings

Das Ende der Fahnenstange ist damit längst nicht erreicht. Experten erwarten, dass Streaming-Technologien und -Plattformen in den kommenden Jahren sogar noch weiter an Bedeutung gewinnen werden. Neue Technologien wie der Mobilfunkstandard 5G und die Weiterentwicklung von Videokompressionsstandards wie AV1 oder H.266/VVC werden das Streaming von Audio und Video in noch höherer Qualität ermöglichen – und dazu beitragen, dass immer mehr Menschen auf Streamingdienste zugreifen.

Auch die zunehmende Verbreitung von Smart-TVs und internetfähigen Geräten wie Smartphones und Tablets wird das Wachstum des Streamings von Audio und Video weiter vorantreiben. Im Zuge dieser Entwicklungen ist es wahrscheinlich, dass klassische Datenträger wie CDs, DVDs und Bluray Discs weiter an Bedeutung verlieren und irgendwann Geschichte werden.

So viel Strom verbrauchen Videos und Streaming

Streaming von Filmen und Serien hat in den letzten Jahren enorm an Popularität gewonnen – und dieser Trend wird sich zweifellos weiter fortsetzen. Eine Studie des Fraunhofer-Instituts für Umwelt-, Sicherheits- und Energietechnik (UMSICHT) aus dem Jahr 2019 hat ergeben, dass das Streamen von Videoinhalten in Deutschland bereits 2018 etwa 2,4 Terawattstunden Strom verbraucht hat. Das entspricht etwa 0,8 Prozent des gesamten Stromverbrauchs in Deutschland.

Fast jeder Dritte streamt regelmäßig

In Deutschland nutzen bereits mehr als 34 Millionen Menschen kostenpflichtige Streaming-Angebote (Stand: 2022) und verbringen in Summe weit mehr als 1 Milliarde Stunden pro Quartal in und auf diesen Diensten. Diese Zahlen hat die »Gesellschaft für Konsumforschung« (GfK) im Jahr 2022 für Deutschland ermittelt.

Die Nutzung von Streamingdiensten nimmt in Deutschland stetig zu. Vor allem junge Menschen nutzen Streamingdienste als Hauptquelle für Unterhaltung. Im Jahr 2022 nutzten rund 70 Prozent der 14- bis 29-Jährigen in Deutschland mindestens einen kostenpflichtigen Streamingdienst.

Streamingdienste haben die Fernsehbranche in Deutschland grundlegend verändert. In den letzten Jahren haben viele Menschen ihr traditionelles Fernseh-Abo (Kabel, Satellit) gekündigt und sind stattdessen auf Streamingdienste umgestiegen.

Die zunehmende Nutzung von Streamingdiensten hat sogar Auswirkungen auf die Film- und Fernsehbranche. Die Film- und Fernsehstudios müssen sich auf die Bedürfnisse der Streamingdienste einstellen und ihre Inhalte so produzieren, dass sie für die Zielgruppe der Streamingdienste interessant sind.

Nimmt man noch die kostenlos erreichbaren Mediatheken der Fernsehsender dazu, kommen noch beeindruckendere Zahlen dabei heraus: Rund 30 Prozent der Deutschen nutzen Videostreaming-Dienste und Mediatheken mindestens einmal pro Woche, 34 Prozent sogar täglich.

Übertragene Datenmengen explodieren

Die Begeisterung für Streaming und Mediatheken bleibt nicht ohne Folgen. Denn durch die vielen Videos und Streaminginhalte, die wir uns anschauen, explodieren die im Internet übertragenen Datenmengen. Im Jahr 2019 wurden in Deutschland etwa 57 Milliarden Gigabyte über das Festnetz transportiert (DSL, Kabel, Glasfaser), eine satte Verdopplung gegenüber 2016 (VATM & Dialog Consult, 2019). Im Jahr 2022 waren es in Deutschland bereits rund 122 Milliarden Gigabyte an Daten, die über das Internet übertragen wurden. Eine Steigerung von jährlich rund 20 Prozent. Der Großteil der Daten wird für Streaming, Videokonferenzen und Online-Gaming verwendet.

Die Menge macht das Gift. Für das Streamen eines einzelnen Videos oder einer Episode wird in der Regel nur wenig Energie benötigt. Allerdings führt der zunehmende Konsum von Videos und Streaming dazu, dass die Datentrassen immer größer und breiter werden. Wir kennen das von zu Hause: Früher hat ein Modem ausgereicht. Doch dann mussten die Bandbreiten (also das, was man pro Sekunde an Daten übertragen kann) immer höher werden. Nicht, weil wir plötzlich mehr E-Mails verschicken – nicht mal, weil wir mehr Webseiten anschauen. Sondern schlicht und ergreifend, weil wir so viele Videos anschauen und Streamingdienste nutzen.

Diese Veränderung des Konsums führt dazu, dass der Energiebedarf und – laut Borderstep Institut – auch die Treibhausgasemissionen durch Videostreaming »in Summe deutlich angestiegen sind«. Und – aufgrund unseres zu erwartenden zunehmenden Konsums – auch weiter ansteigen werden.

Der konkrete Energieverbrauch

Der Energieverbrauch beim Streaming von Filmen und Serien hängt von verschiedenen Faktoren ab, wie der Art des Gerätes, der Übertragungsqualität, der Länge des Videos und der Anzahl der Nutzer. Bei der Betrachtung der Geräte zeigt sich, dass der Energieverbrauch beim Streaming auf Mobilgeräten wie Smartphones oder Tablets in der Regel – wenig überraschend – deutlich niedriger ausfällt als bei der Betrachtung auf großen Bildschirmen wie Fernsehern.

Dies liegt vor allem daran, dass Mobilgeräte in der Regel eine geringere Bildschirmgröße und damit eine niedrigere Auflösung haben. Laut einer Studie des Umweltbundesamtes (UBA) aus dem Jahr 2019 verbraucht das Streaming von Filmen auf Smartphones etwa 0,01 Kilowatt pro Stunde, während das Streaming auf Fernsehern je nach Größe und Auflösung 0,1 Kilowatt und mehr pro Stunde verbraucht.

Ein weiterer Faktor, der den Energieverbrauch beeinflusst, ist die Übertragungsqualität. Je höher die Auflösung des Videos, desto mehr Daten müssen übertragen werden und desto höher ist der Energieverbrauch. Eine

Studie des UBA aus dem Jahr 2019 zeigte, dass das Streaming von Videos in Ultra-HD-Auflösung (4K), wie es bei modernen Streamingdiensten heute gern angeboten wird (nicht aber in Mediatheken, denn noch senden europäische Fernsehsender in der Regel bestenfalls in Full-HD) bis zu 8-mal mehr Energie verbraucht als das Streaming von Videos in Standardauflösung.

Was sich jedem erschließt: Auch die Länge des Videos beeinflusst natürlich den Energieverbrauch. Eine längere Betrachtungsdauer bedeutet einen höheren Stromverbrauch, da mehr Daten übertragen werden müssen. Laut einer Schätzung des UBA aus dem Jahr 2020 verbraucht das Streamen von Filmen und Serien im Durchschnitt etwa 0,3 Kilowatt pro Stunde.

Die Gründe für den hohen Energieverbrauch beim Streaming von Filmen und Serien liegen in der Art der Datenübertragung und der damit verbundenen Infrastruktur. Um eine hohe Übertragungsqualität und Geschwindigkeit zu gewährleisten, werden große Datenmengen über das Internet übertragen, was einen hohen Energiebedarf erfordert. Dabei ent-

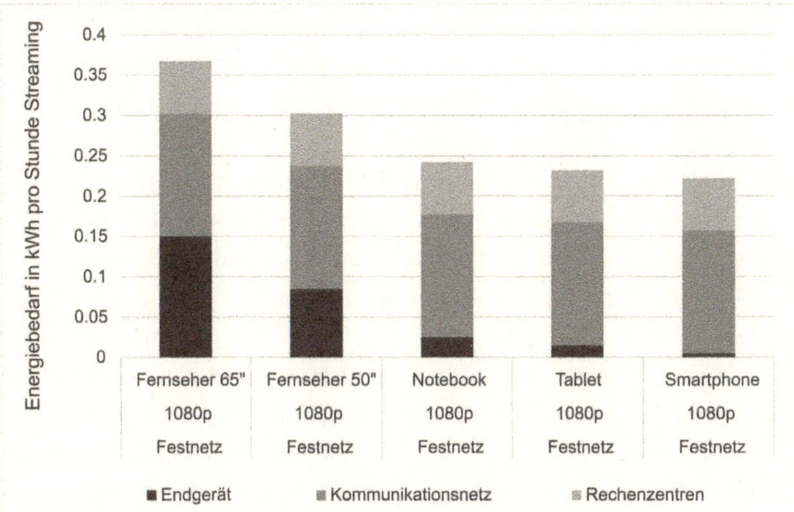

So setzt sich der Energiebedarf beim Streamen konkret zusammen

steht auch eine hohe CO_2-Emission, da ein großer Teil des Stroms immer noch aus fossilen Brennstoffen wie Kohle oder Gas gewonnen wird.

Energieverbrauch hängt vor allem vom Endgerät ab

Ich möchte niemandem sein Vergnügen am Streamen verderben. Ich bin selbst begeisterter Nutzer von Streamingdiensten und Mediatheken – und wusste auch lange nicht, wie viel Energie das verbraucht. Allerdings: Wer weiß, welcher Energieaufwand damit verbunden ist und wie sich möglicherweise Energie einsparen lässt, ohne dass es Einfluss auf das Seherlebnis hat, der kann das zumindest in Erwägung ziehen.

So mache ich es: Seitdem ich mir Klarheit verschafft habe und weiß, dass es deutlich weniger Energieaufwand bedeutet, wenn ich mir Serien auf einem Tablet anschaue als auf dem großen Monitor oder Fernseher, bevorzuge ich – etwa beim Sport (Ergometer, Bike, Crosstrainer) – das Streamen auf dem Tablet. Keinerlei Komforteinbußen – im Gegenteil. Aber deutlich geringerer Stromverbrauch.

Augenöffnend ist eine weitere Übersicht vom Borderstep Institut. Die Experten haben genau aufgeschlüsselt, welcher Anteil des gesamten Energieverbrauchs auf mein Endgerät (Fernseher, Tablet, Smartphone) entfällt sowie auf die Server der Streamingbetreiber und die Kommunikation (also die Übertragung der Daten vom Streaminganbieter meines Vertrauens an mich).

Die Abbildung zeigt deutlich, wie sich der gesamte Energiebedarf durch die Wahl des Endgerätes ändert. Abhängig davon, ob ich auf Fernseher oder Mobilgerät schaue, fällt der Energiebedarf beim Videostreaming in Full-HD-Auflösung (1080p) sehr unterschiedlich aus.

Während beim Streamen am Fernsehgerät bei großen Bildschirmen mehr als ein Drittel des Energiebedarfs (0,36 Kilowattstunden) durch das Fernsehgerät verursacht wird, liegt der Anteil des Endgerätes am Energiebedarf bei der Nutzung von Smartphone oder Tablet bei nur 2 bis 6 Prozent. Der Anteil für den Energiebedarf für Server und Kommunikation liegt bei einer einmal gewählten Auflösung natürlich gleich.

Wie die dargestellten Ergebnisse zeigen, ist der Energiebedarf und damit die CO_2-Emission deutlich abhängig von der gewählten Auflösung und den verwendeten Endgeräten.

Smartphone am günstigsten

Wer ein Smartphone benutzt, um sich Streams anzuschauen, bekommt zwar nicht die »große Show« präsentiert, spart dafür aber eine Menge Energie. Laut Borderstep Institut beträgt der Energiebedarf beim Videostreaming auf einem Smartphone oder Tablet in SD-Auflösung (das sind 720 Bildzeilen, auf dem Smartphone in der Regel völlig ausreichend) pro Stunde lediglich 65 Wattstunden beziehungsweise 75 Wattstunden (entsprechend etwa 30 bis 35 Gramm CO_2).

Wer sich dieselben Inhalte zu Hause auf einem großen Monitor anschaut – und wer würde das nicht verstehen: Die exzellente Auflösung bei den großen Streamingdiensten macht sich vor allem bei Hollywood-Produktionen durchaus bemerkbar und kommt auf einem schönen großen Monitor zur vollen Entfaltung –, der muss mit einer deutlich höheren Strombilanz leben.

Um das derzeit »schlimmste« Szenario mal auszusprechen: Ein Film oder Video in 8K-Qualität auf einem 65"-Fernsehgerät verursacht pro Stunde einen Energiebedarf von 1860 Wattstunden. Das entspricht etwa 880 Gramm CO_2 – pro Stunde.[18]

All diese Angaben beziehen sich auf Videostreaming im Festnetz. Im Mobilfunknetz fällt bei der aktuellen Technologie ein deutlich höherer Energiebedarf an. In Kapitel 5 schauen wir uns das Thema Mobilfunk noch genauer an.

Doch nicht ganz so schlimm? Fraunhofer-Gesellschaft entlastet Netflix und Co

Bereits 2019 soll Videostreaming mehr CO_2-Emissionen erzeugt haben als ganz Spanien, sagen Berechnungen, die 2019 ermittelt und publiziert wurden. Doch nicht alle Forschungen gehen von derart schädlicher Wirkung aus. Eine Studie der Fraunhofer-Gesellschaft kommt zu durchaus anderen Ergebnissen: Wenn diese Studien stimmen, wäre Streaming weniger klimaschädlich als gedacht.

Die bereits erwähnte 2019 veröffentlichte Studie des französischen Thinktanks »The Shift Project« hat ermittelt, dass eine halbe Stunde Streaming für rund 1,6 Kilogramm CO_2 verantwortlich ist, was einer Autofahrt von 6,2 Kilometern entspräche. Das Fraunhofer-Institut für System- und Innovationsforschung (ISI) in Karlsruhe hingegen kritisiert die Berechnungen der Franzosen – und kommt zu anderen Ergebnissen, die Streaming in einem besseren Licht dastehen lassen.

Die Forscher vom Fraunhofer-Institut kritisieren, dass die Franzosen von möglichst ungünstigen Bedingungen ausgegangen seien, was dann zwangsweise zu hohen Emissionen führen muss. Allerdings hat das Borderstep Institut durchaus vergleichbar hohe Emissionen berechnet – und es ist klug, von den ungünstigsten Bedingungen auszugehen, weil es die durchaus geben kann.

Doch laut den Forschern des ISI seien die kommunizierten Zahlen erheblich zu hoch – auch wenn eingeräumt wird, dass Streaming negative Auswirkungen auf die Umweltbilanz habe. Deshalb hat das Fraunhofer-Institut für Zuverlässigkeit und Mikrointegration (IZM) in Berlin in Kooperation mit dem Öko-Institut und dem deutschen Umweltbundesamt eine Studie vorgelegt, die nicht auf geschätzten, sondern auf tatsächlich gemessenen Werten beim Streaming basiert. Dazu haben die Forscher konkrete Daten in Rechenzentren ermittelt – wo möglich.

Entscheidend ist danach, wie die Streams nach Hause oder aufs Endgerät kommen – ein Aspekt, der auch bei der Studie des Borderstep Instituts eine große Rolle spielt. Wer zum Beispiel per Glasfaser mit dem Internet verbunden ist und WLAN oder Kabel nutzt, erzeugt beim Streamen etwa 2 Gramm CO_2 pro Stunde. Ist die letzte Meile aber ein Kupferkabel (DSL), wie in Deutschland bislang mehrheitlich üblich, entstehen 4 Gramm CO_2 pro Stunde. Eine Halbierung der Belastung, nur durch einen anderen Transportweg.

Es hilft immer, die Dinge in Relation zu setzen: Ein durchschnittlicher Pkw erzeugt rund 167 Gramm CO_2 pro Kilometer. Wer beim Autofahren lediglich 2 bis 4 Gramm CO_2 emittiert, wie bei einer Stunde Streaming, käme also nur wenige Meter weit.

Deutlich schlechter sieht die Klimabilanz aus, wenn Videos über das Mobilfunknetz übertragen werden: Der Datentransport durch die Luft und per Funk und das über weite Strecken ist deutlich energieintensiver. Hier kann der CO_2-Ausstoß laut Forschung durchaus bis zu 90 Gramm pro Stunde betragen. Dazu mehr in Kapitel 5.

Welche Schlüsse wir ziehen müssen

Zusammenfassend kann festgestellt werden, dass der Energiebedarf durch Videostreaming zu einem großen Anteil in den Rechenzentren und Kommunikationsnetzen anfällt und damit für den Nutzer weder transparent ist noch durch ihn in irgendeiner Weise beeinflusst werden kann (außer durch die gewählte Bildauflösung). Die Größenordnung der CO_2-Emissionen durch Videostreaming liegt für eine Stunde in HD-Auflösung im Festnetz zwischen 100 und 175 Gramm und ist vergleichbar mit 1 Kilometer Fahrt in einem Kleinwagen mit Verbrennungsmotor.

Beim Pkw betragen die CO_2-Emissionen pro Kilometer zwischen etwa 100 und 300 Gramm, je nach Fahrzeugart und Fahrweise. Die CO_2-Emissionen von Videostreaming sind also eher gering im Vergleich zu vielen anderen Freizeitaktivitäten, insbesondere wenn diese mit motorisierter Mobilität verbunden sind.

Außerdem hat der Nutzer über die Wahl des Endgerätes und der Auflösung einen deutlichen Einfluss auf Energiebedarf und CO_2-Emissionen. Wird zum Beispiel mit SD-Auflösung auf einem Smartphone, Tablet oder Notebook gestreamt, so wird dabei weniger Energie benötigt als beim klassischen Fernsehen oder DVD-Abspielen auf einem 50"-Fernsehgerät.

Die Datenmengen, die für Videostreaming übertragen werden, steigen in Deutschland jährlich etwa um 26 Prozent (Cisco, 2018a). Das liegt einerseits an der zunehmenden Nutzung von Videostreaming-Diensten, aber auch an der steigenden Auflösung und damit der zunehmenden Datenmenge pro Video.

Da der Energiebedarf in den Kommunikationsnetzen und Rechenzentren langsamer wächst als die Datenmengen, kann geschlussfolgert werden, dass der Energiebedarf pro Gigabyte beim Videostreaming kontinuierlich abnimmt. Grob geschätzt kann für 2020 angenommen werden, dass sich der Energiebedarf in den Kommunikationsnetzen und Rechenzentren pro Stunde Streaming in Full-HD gegenüber 2018 um etwa 25 Prozent reduziert hat.

Umstieg auf regenerative Energiequellen

Der Energieverbrauch beim Streaming von Filmen und Serien ist ein wichtiger Faktor, der von den Nutzern und Anbietern gemeinsam angegangen werden muss. Nutzer können hierbei durch die Reduzierung der Übertragungsqualität und der Betrachtungsdauer dazu beitragen, den Energieverbrauch zu senken. Anbieter können ihrerseits auf energieeffiziente Technologien und erneuerbare Energien setzen, um den Energieverbrauch bei der Datenübertragung zu reduzieren. Auch politische Maßnahmen wie die Förderung erneuerbarer Energien oder die Einführung von gesetzlichen Vorgaben für den Energieverbrauch bei der Datenübertragung können dazu beitragen, den Energieverbrauch beim Streaming von Filmen und Serien zu senken.

Es ist jedoch auch wichtig zu betonen, dass der Energieverbrauch beim Streaming von Filmen und Serien im Vergleich zu anderen Bereichen wie der Produktion von Hardware oder der Nutzung von Cloud-Diensten vergleichsweise gering ist. Entscheidend ist, einen ganzheitlichen Blick auf den Energieverbrauch der digitalen Infrastruktur zu haben und Maßnahmen zu ergreifen, die den gesamten Lebenszyklus der Produkte und Dienstleistungen berücksichtigen.

Eine positive Entwicklung ist jedoch, dass viele Anbieter von Video- und Streamingdiensten bereits auf energieeffiziente Technologien und erneuerbare Energien setzen, um den Energieverbrauch zu reduzieren. Beispielsweise hat Netflix angekündigt, bis 2022 vollständig auf erneuerbare Energien umzusteigen, um den Energieverbrauch zu senken. Auch andere Anbieter wie YouTube oder Amazon Prime Video setzen vermehrt auf energieeffiziente Technologien.

Um den Energieverbrauch beim Streaming weiter zu senken, gibt es vielversprechende technologische Entwicklungen. So wird beispielsweise an neuen Kompressionsstandards gearbeitet, die eine höhere Effizienz bei der Datenübertragung ermöglichen. Auch die Verwendung von Blockchain-Technologien oder Peer-to-Peer-Netzwerken könnte dazu beitragen, den Energieverbrauch zu senken, indem die Übertragung dezentralisiert und effizienter gestaltet wird.

Eine weitere Möglichkeit, den Energieverbrauch beim Streaming von Filmen und Serien zu reduzieren, besteht darin, auf lokale Speicherung und Wiedergabe zu setzen. Hierbei werden die Daten zunächst heruntergeladen und lokal auf dem Gerät gespeichert, bevor sie abgespielt werden. Dies kann den Energieverbrauch senken, da die Datenübertragung reduziert wird. Allerdings geht dies auch auf Kosten der Flexibilität, da die Nutzer nicht mehr spontan auf eine Vielzahl von Inhalten zugreifen können.

Disc oder Stream: Was ist klimatechnisch nachhaltiger?

Vielleicht hat sich der ein oder andere zumindest insgeheim die Frage gestellt, ob das Anschauen von Filmen auf DVD/Blu-ray oder das Streamen derselben Inhalte klimafreundlicher ist. Eine völlig berechtigte Frage, die sich in diesem Zusammenhang fast zwingend stellt – aber gar nicht so einfach beantworten lässt.

Im Wohnzimmer ein eigenes Regal für die Lieblingsfilme auf DVD? Das hat heute kaum noch jemand. Denn die Frage der Bequemlichkeit ist schnell geklärt: Streamen ist zweifellos bequemer, als eine DVD zu kaufen oder auszuleihen. Aber die Frage lautet ja: Was ist klimatechnisch nachhaltiger: Streamen – oder eine DVD kaufen? Ganz so einfach, wie das auf den ersten Blick erscheinen mag, ist es nämlich gar nicht.

Die Antwort lautet: Kommt drauf an. Wird ein Film auf DVD gepresst und per Post zugestellt, nur einmal angeschaut und dann irgendwann womöglich wieder entsorgt, spricht eine Menge dafür, dass die Klimabilanz für die DVD negativ ausfällt. Der Energieaufwand für Produktion und Zustellung der Disc ist höher, als einmal einen Film als Stream anschauen.

Aber einen Film auf DVD schaut man sich vielleicht mehrmals an. Da wird die Energiebilanz der DVD schon besser. Erst recht, wenn man die DVD, an seine Freunde oder Familie weitergibt. Das spart enorm viele Streamingdaten ein.

Wird ein Film 5- oder 10-mal auf DVD angeschaut, ist die Klimabilanz besser ist als beim Streaming. Es sei denn, die DVD wird jedes Mal mit einem Auto über lange Distanzen geholt und gebracht – wie früher, als es noch Videotheken gegeben hat. Dafür weiß die Forschung: Wer streamt, schaut mehr – weil die Inhalte so einfach verfügbar sind.

Was zeigt: Es ist einigermaßen kompliziert. Aber generell könnte man sagen: Je öfter ein Film auf DVD angeschaut wird, desto besser für die Klimabilanz.

Wie geht es mit dem Streaming weiter?

Streamingdienste sind derart populär, dass sie wohl nicht wieder verschwinden werden. Im Gegenteil: Es gibt mehrere Studien und Prognosen zur Entwicklung des Streamings von Filmen und Serien, und sie gehen alle von einem deutlichen Wachstum aus (und damit einem zunehmenden Energieverbrauch durch eben diese Nutzung).

1. **Zunehmende Beliebtheit von Streaming**: Streamingdienste haben in den letzten Jahren an Beliebtheit gewonnen, und dieser Trend wird voraussichtlich anhalten. Eine Studie von Grand View Research[19] prognostiziert, dass der globale Markt für Videostreaming bis 2027 auf 184,3 Milliarden US-Dollar anwachsen wird, angetrieben durch

technologische Innovationen und die zunehmende Verbreitung von Highspeed-Internet.

2. **Steigende Qualität**: Mit der zunehmenden Verbreitung von 4K-Fernsehern und -Monitoren und der Entwicklung von 8K-Technologien wird erwartet, dass immer mehr Menschen Streamingdienste in hoher Qualität nutzen werden. Dies könnte den Datenverbrauch und damit den Energieverbrauch pro Stunde Streaming erhöhen.
3. **Wachstum in Entwicklungsländern**: In vielen Entwicklungsländern wird erwartet, dass das Wachstum des Videostreamings besonders stark sein wird, da immer mehr Menschen Zugang zum Internet erhalten. Dies könnte den globalen Energieverbrauch von Streaming weiter erhöhen.
4. **Verbesserungen in der Energieeffizienz**: Gleichzeitig wird erwartet, dass technologische Innovationen die Energieeffizienz von Rechenzentren und Netzwerken verbessern werden. Dies könnte dazu beitragen, den Anstieg des Energieverbrauchs durch Streaming einzudämmen.

Videostreaming auf Social Media

Die digitale Revolution hat unser Leben in vielfältiger Weise verändert und bietet uns neue Möglichkeiten zur Interaktion und Informationsbeschaffung. Ein Bereich, der in diesem Zusammenhang in den letzten Jahren besonders dramatisch gewachsen ist, ist die Nutzung von Videos auf Social-Media-Plattformen.

Mit der Weiterentwicklung der Internetgeschwindigkeit und der mobilen Technologie ist das Teilen und Anschauen von Videos so einfach wie nie zuvor. Laut »Digital 2023 Report« von Datareportal schauen mittlerweile fast 4,15 Milliarden Menschen – [20] also mehr als die Hälfte der Weltbevölkerung! – regelmäßig Videos auf Plattformen wie YouTube, Facebook, Instagram, Tiktok und Snapchat.

Das zeigt die enorme Verbreitung und Beliebtheit von Videoinhalten. Aber was bedeutet das für unseren Energieverbrauch und unsere Umwelt?

In den vergangenen Jahren haben sich Social-Media-Videos von einer netten Beigabe zu einem zentralen Aspekt des Onlinelebens entwickelt. Sie sind eine treibende Kraft für Nutzerinteraktionen, mit Milliarden von Menschen, die sie täglich zum Lernen, zur Unterhaltung, zum Teilen von Momenten und zum Aufbau von Gemeinschaften nutzen.

Wie alles, was im digitalen Raum geschieht, kann das nicht ohne Konsequenzen bleiben, was Energiekonsum und CO_2-Ausstoß betrifft. Schauen wir uns zunächst einmal an, welche Rolle Videos auf diesen Plattformen überhaupt spielen, dann quantifizieren wir den Videokonsum auf den fünf wichtigsten Social-Media-Diensten und schließlich betrachten wir den Energieaufwand, der damit einhergeht.

Es ist wichtig darauf hinzuweisen, dass die hier zugrunde gelegten Daten nur einen Teil des Gesamtbildes darstellen. Der tatsächliche Energieverbrauch von Social-Media-Videos hängt von einer Vielzahl von Faktoren ab, einschließlich der verwendeten Technologie, der Art der Inhalte, der Länge der Videos und dem Verhalten der Nutzer. Ich kann hier nur eine grobe Einschätzung abliefern; vor allem, weil die Social-Media-Dienste selbst sehr zurückhaltend mit der Herausgabe konkreter Daten sind.

Die Rolle von Videos auf Social Media

Fest steht: Seitdem es Smartphones gibt, hat sich die Art und Weise, wie Menschen Inhalte konsumieren, komplett verändert. In diesem Zusammenhang hat sich vor allem die Rolle von Videos auf Social-Media-Plattformen rapide entwickelt und erweitert. Die Bedeutung von Videos auf Social Media ist heute beispiellos und übersteigt bei Weitem die Rolle, die sie noch vor einigen Jahren spielten.

Bildung und Informationsvermittlung

Eines der markantesten Beispiele für die Wichtigkeit von Videos auf Social Media ist ihre Rolle in der Bildung und Informationsvermittlung. Videos auf Plattformen wie YouTube, Instagram und Tiktok haben sich zu einer bedeutenden Informationsquelle entwickelt, von der Millionen von Menschen auf der ganzen Welt profitieren. Wer hätte nicht schon mal nachgeschaut, wie sich eine Mango schälen lässt, ein verstopfter Abfluss gereinigt wird oder wie der Dreisatz funktioniert.

Ob es sich um Lernmaterialien, Nachrichten, Berichte, Dokumentationen oder Anleitungen für alltägliche Aufgaben handelt: Die Bandbreite der verfügbaren Bildungs- und Informationsinhalte ist enorm.

Ein entscheidender Aspekt dieses Trends ist die Leichtigkeit, mit der sich Videoinhalte teilen lassen. Dies fördert die Verbreitung von Informationen und macht sie einem breiteren Publikum zugänglich. Gleichzeitig bietet es jedoch auch die Möglichkeit für das rasche Ausbreiten von Fehlinformationen und Desinformationen, was zu einer größeren Verantwortung für Plattformen und Nutzer führt, die Authentizität und Genauigkeit der Informationen zu überprüfen – aber das ist Thema für ein eigenes Buch.

Unterhaltung

Unterhaltung ist unbestreitbar ein grundlegender Bestandteil der Social-Media-Erfahrung, und Videos spielen dabei eine zentrale Rolle. Von viralen Memes und lustigen Clips über Musikvideos und Comedy-Sketches bis hin zu Gaming-Streams und Vlogs – Videoinhalte bieten eine reiche und vielfältige Unterhaltungslandschaft. Für viele Menschen sind Social-Media-Videos zur primären Form der Unterhaltung geworden, oft auf Kosten traditionellerer Medien wie Fernsehen und Kino.

Marketing und Werbung

Die Marketing- und Werbeindustrie hat die Kraft der Social-Media-Videos voll und ganz angenommen. Unternehmen aller Größen und aus allen Branchen nutzen Videoinhalte, um ihre Marken und Produkte zu bewerben und eine stärkere Bindung zu ihren Zielgruppen aufzubauen. Videos können Geschichten auf eine Weise erzählen, die andere Medienformen nicht können, und bieten somit eine effektive Methode, um Aufmerksamkeit zu erregen, Emotionen zu wecken und Kaufentscheidungen zu beeinflussen.

Zusätzlich zum direkten Marketing durch Unternehmen, haben Influencer-Marketing und gesponserte Inhalte aufgrund ihrer Glaubwürdigkeit und des hohen Engagements, das sie erzeugen, an Bedeutung gewonnen. Influencer nutzen Videos, um Produkte und Dienstleistungen zu empfehlen, Tutorials zu erstellen und Markengeschichten zu erzählen, und dies hat sich als äußerst wirksam erwiesen, um Markenbewusstsein und Kundentreue zu fördern.

Gemeinschaftsbildung und soziale Interaktion

Das bewegte Bild übt einen besonderen Reiz aus. Videos auf Social Media spielen eine entscheidende Rolle bei der Förderung sozialer Interaktionen und der Bildung von Gemeinschaften. Sie ermöglichen es Nutzern, ihre Erfahrungen, Ideen und Perspektiven zu teilen und so Beziehungen und Netzwerke aufzubauen. Gleichzeitig fördern sie den Dialog und die Diskussion, da Nutzer Kommentare hinterlassen, Inhalte teilen und auf andere Beiträge reagieren können.

Durch die Schaffung virtueller Gemeinschaften auf der Grundlage gemeinsamer Interessen, Erfahrungen oder Ziele bieten Videos auf Social Media eine Plattform für Solidarität, Unterstützung und Zusammenarbeit. Sie können auch als Werkzeug für sozialen Wandel und Aktivismus dienen, indem sie dazu beitragen, Bewusstsein zu schaffen, Unterstützung zu mobilisieren und Aktionen zu koordinieren.

Geschäftsentwicklung und Monetarisierung

Nicht zuletzt haben Videos auf Social Media neue Geschäftsmodelle und Monetarisierungsmöglichkeiten geschaffen. Viele Content-Ersteller verdienen jetzt ein Einkommen durch ihre Videos, sei es durch Werbeeinnahmen, gesponserte Inhalte, Crowdfunding oder den Verkauf von Produkten und Dienstleistungen. Plattformen wie YouTube und Tiktok haben Partnerprogramme eingeführt, die es Content-Erstellern ermöglichen, einen Teil der Werbeeinnahmen zu verdienen, die ihre Videos generieren.

Abschließend lässt sich sagen, dass die Rolle von Videos auf Social Media vielfältig und komplex ist. Sie haben die Art und Weise, wie wir lernen, uns unterhalten, Geschäfte machen, Informationen verbreiten und soziale Beziehungen aufbauen, grundlegend verändert. Sie sind zu einem festen Bestandteil unseres digitalen Lebens geworden, der tiefgreifende Auswirkungen auf unsere Gesellschaft, Wirtschaft und Umwelt hat. Wie wir mit diesen Auswirkungen umgehen, wird eine der zentralen Herausforderungen der kommenden Jahre sein.

Quantifizierung des Videokonsums auf Social Media

Es lässt sich erahnen, welche enormen Mengen an Videos auf Social Media zur Verfügung stehen – und angeschaut werden. Das exponentielle Wachstum von Social Media hat den Weg für den massiven Konsum von Onlinevideos geebnet. Doch wie viele Videos sind es genau? Eine Übersicht:

- **YouTube**
  Beginnen wir mit YouTube, der weltweit größten Video-Sharing-Plattform. Nach Angaben von Google, dem Mutterunternehmen von YouTube, werden auf YouTube jeden Tag mehr als 1 Milliarde Stunden Video angesehen. Das sind mehr als 100.000 Jahre an Videomaterial, das jeden Tag konsumiert wird. Dieser beeindruckende Wert unterstreicht die massive Popularität von YouTube und die zentrale Rolle, die es bei der globalen Verbreitung von Videoinhalten spielt.
  Laut der Plattform sind mehr als 2 Milliarden eingeloggte Nutzer jeden Monat auf YouTube aktiv und die durchschnittliche mobile YouTube-Sitzung dauert mehr als 40 Minuten. In Bezug auf Europa veröffentlichte Statista 2020, dass YouTube 447 Millionen monatlich aktive Nutzer in Europa hatte, wobei Deutschland mit etwa 47 Millionen monatlich aktiven Nutzern zu den führenden Ländern gehört.
- **Facebook**
  Facebook, das größte Social-Networking-Unternehmen der Welt, hat ebenfalls einen bedeutenden Anteil am Videokonsum. Laut Facebook werden auf der Plattform jeden Tag etwa 8 Milliarden Video-Views

gezählt. Die durchschnittliche Länge der auf Facebook angesehenen Videos liegt bei 10 Sekunden, was darauf hindeutet, dass Nutzer eher kurze und prägnante Inhalte bevorzugen.
In Europa hat Facebook etwa 410 Millionen aktive Nutzer pro Monat, wobei Deutschland mit etwa 32 Millionen Nutzern zu den führenden Ländern gehört. Es ist jedoch wichtig zu beachten, dass nicht alle diese Nutzer täglich Videos ansehen, da die Nutzung von Videoinhalten auf Facebook von Nutzer zu Nutzer variiert.

- **Instagram**
  Instagram, ebenfalls im Besitz von Facebook, hat sich zu einer weiteren wichtigen Plattform für den Videokonsum entwickelt. Instagram veröffentlicht keine spezifischen Zahlen zum Videokonsum, aber das Unternehmen gab bekannt, dass die Zeit, die Nutzer mit dem Ansehen von Videos auf Instagram verbringen, von 2016 bis 2017 um mehr als 80 Prozent gestiegen ist.
  Laut Instagram gibt es mehr als 1 Milliarde aktive Nutzer auf der Plattform, von denen 500 Millionen täglich die Stories-Funktion nutzen, eine Funktion, die hauptsächlich für das Teilen von kurzen Videoinhalten genutzt wird. In Bezug auf Europa hat Instagram laut Statista 2020 etwa 121 Millionen monatlich aktive Nutzer, wovon Deutschland etwa 21 Millionen Nutzer beherbergt.
- **Tiktok**
  Tiktok, die virale Kurzvideo-App, hat in den letzten Jahren ein exponentielles Wachstum erlebt. Nach Angaben des Unternehmens verbringen Nutzer durchschnittlich etwa 52 Minuten pro Tag auf der App, wobei mehr als 90 Prozent der Nutzer die App täglich mehrmals öffnen. Es gibt keine genauen Zahlen zur Anzahl der Videos, die auf Tiktok angesehen werden, aber angesichts der Tatsache, dass die Plattform im Monat 1 Milliarde aktive Nutzer hat, sind die Zahlen mit Sicherheit hoch.
  Laut DataReportal hat Tiktok in Europa im Monat etwa 100 Millionen aktive Nutzer und Deutschland ist mit etwa 10,5 Millionen Nutzern einer der größten Märkte in Europa.

- **Snapchat**
  Snapchat ist eine weitere Plattform, auf der das Teilen von kurzen Videos eine zentrale Rolle spielt. Nach Angaben von Snapchat werden auf der Plattform jeden Tag mehr als 4 Milliarden Snaps (Fotos oder kurze Videos) erstellt. Es gibt keine spezifischen Zahlen zur Anzahl der angesehenen Videos, aber angesichts der Tatsache, dass es über 238 Millionen täglich aktive Nutzer gibt, ist es wahrscheinlich, dass die Anzahl hoch ist.
  In Europa hat Snapchat laut Statista etwa 60 Millionen täglich aktive Nutzer, wobei Deutschland mit etwa 5 Millionen Nutzern zu den führenden Märkten gehört.

Zusammenfassend lässt sich sagen, dass der Konsum von Social-Media-Videos enorm ist und weiter wächst. Angesichts der massiven und wachsenden Popularität von Videoinhalten auf diesen Plattformen ist es von entscheidender Bedeutung, die Auswirkungen dieses Phänomens auf unseren Energieverbrauch und die Umwelt zu verstehen und Maßnahmen zu ergreifen, um den Fußabdruck zu minimieren.

Energieaufwand von Videos auf Social Media

Der bequeme Zugang zu und Konsum von Social-Media-Videos geht auf Kosten der Umwelt. Der Energieaufwand, der durch das Anschauen von Videos auf Social Media entsteht, ist erheblich und stellt eine bedeutende Belastung für unser Energiesystem dar.

Energieverbrauch der einzelnen Plattformen

Es ist schwierig, den genauen Energieverbrauch der einzelnen Social-Media-Plattformen zu bestimmen, da die Unternehmen selten spezifische Daten dazu veröffentlichen. Darüber hinaus hängt der Energieverbrauch von einer Vielzahl von Faktoren ab, einschließlich der Art des Videos, seiner

Länge, der Qualität, in der es gestreamt wird, und des Gerätetyps, auf denen es angesehen wird.

Dennoch können wir einige grobe Schätzungen anhand verfügbarer Daten vornehmen. Laut der bereits mehrfach erwähnten Studie des französischen Thinktanks »The Shift Project« aus dem Jahr 2019, die sich mit dem Energieverbrauch des OnlineVideo-Streamings befasst, erzeugt das Anschauen von HD-Videos auf YouTube etwa 0,2 Gramm Kohlendioxid pro Minute, das entspricht etwa 72 Gramm pro Stunde.

Da auf YouTube jeden Tag mehr als 1 Milliarde Stunden Videos angesehen werden, würde das einem täglichen Kohlendioxidausstoß von etwa 72.000 Tonnen entsprechen. Das ist dann doch erheblich!

Für andere Plattformen sind die Zahlen noch schwerer zu ermitteln, da sie weniger Daten über ihren Energieverbrauch veröffentlichen und die Art der Videos, die sie hosten, unterschiedlich ist. Zum Beispiel hostet Instagram hauptsächlich kurze Videos und Fotos, während Tiktok und Snapchat ausschließlich kurze Videos hosten. Diese Unterschiede in der Art der gehosteten Inhalte können zu Unterschieden im Energieverbrauch führen.

Regionale Unterschiede

Regional gesehen variiert der Energieverbrauch danach, wo die Rechenzentren und Netzinfrastrukturen sich befinden und wie effizient sie sind. In Europa wird der Großteil des Internets über effiziente Rechenzentren und Netzinfrastrukturen betrieben, die mit Strom aus erneuerbaren Quellen gespeist werden. Daher ist der Energieverbrauch und damit der Kohlendioxid-Ausstoß von Videos auf Social Media in Europa niedriger als in Regionen, in denen weniger effiziente Technologien verwendet werden oder der Strom aus kohlenstoffintensiven Quellen stammt (wie etwa in China).

Laut der IEA hat der Informations- und Kommunikationstechnologiesektor in Europa im Jahr 2020 etwa 104 Terawattstunden Strom verbraucht. Dies umfasst den Energieverbrauch von Rechenzentren und Netzinfrastrukturen sowie anderen Geräten und Technologien. Es ist jedoch schwierig, daraus den spezifischen Energieverbrauch von Social-Media-

Videos abzuleiten, da dieser Wert auch den Energieverbrauch anderer digitaler Dienste und Anwendungen umfasst.

Zukunftsaussichten und Wachstumsraten

Angesichts der rasant wachsenden Popularität von Videos auf Social Media ist zu erwarten, dass der Energieverbrauch in den kommenden Jahren weiter steigen wird. Laut Cisco wird der Videoverkehr bis 2022 82 Prozent des gesamten Internetverkehrs ausmachen, im Vergleich zu 73 Prozent im Jahr 2017. Dies deutet auf einen starken Anstieg des Energieverbrauchs hin.

Zusammenfassend lässt sich sagen, dass der Energieverbrauch von Videos auf Social Media erheblich ist und wahrscheinlich weiter zunehmen wird. Es ist daher dringend notwendig, dass die Branche und die politischen Entscheidungsträger Maßnahmen ergreifen, um die Energieeffizienz zu verbessern und den Übergang zu erneuerbaren Energien zu beschleunigen.

Gleichzeitig müssen wir als Nutzer unseren Konsum bewusster gestalten und überlegen, welche Art von digitalen Inhalten wir konsumieren und wie oft wir sie konsumieren. Nur so können wir sicherstellen, dass der Konsum von Social-Media-Videos nachhaltig und umweltfreundlich ist.

Kohlenstoffausstoß und Umweltauswirkungen

Angesichts des steigenden Energieverbrauchs, der mit dem Streaming von Videos auf Social Media verbunden ist, ist es unerlässlich, die daraus resultierenden Kohlenstoffemissionen und Umweltauswirkungen zu betrachten. Diese Auswirkungen sind in erster Linie durch den CO_2-Ausstoß gekennzeichnet, der durch den Energieverbrauch von Rechenzentren und Netzinfrastrukturen entsteht. Zudem gibt es weitere Aspekte, die in Betracht gezogen werden sollten, wie die Herstellung und Entsorgung von Hardware und der Verbrauch von Ressourcen für den Bau und Betrieb von Rechenzentren.

Kohlenstoffausstoß

Die Emissionen, die durch das Streaming von Videos auf Social Media entstehen, hängen stark von der Quelle des Stroms ab, der zur Speisung der Rechenzentren und der Netzinfrastruktur verwendet wird. Wie bereits erwähnt, schätzte »The Shift Project«, dass das Anschauen von HD-Videos auf YouTube etwa 0,2 Gramm CO_2 pro Minute ausstößt, basierend auf dem globalen Durchschnittsmix von Energiequellen.

Einige Unternehmen haben jedoch Anstrengungen unternommen, um ihren Kohlenstoff-Fußabdruck zu reduzieren, indem sie erneuerbare Energiequellen nutzen. Zum Beispiel gab Google, das Mutterunternehmen von YouTube, bekannt, dass es ab 2020 vollständig auf erneuerbare Energien umsteigen will. Dies würde bedeuten, dass der CO_2-Ausstoß von YouTube-Videos wesentlich geringer wäre, wenn Google sein Ziel erreicht.

Trotz dieser Bemühungen bleibt die Kohlenstoffintensität des Internets insgesamt hoch. Nach Schätzungen der IEA lag der CO_2-Ausstoß des Informations- und Kommunikationstechnologiesektors im Jahr 2020 bei etwa 730 Millionen Tonnen, das entspricht etwa 1,4 Prozent der globalen CO_2-Emissionen.

Umweltauswirkungen

Neben dem CO_2-Ausstoß hat das Streaming von Videos auf Social Media auch andere Umweltauswirkungen. Rechenzentren und Netzinfrastrukturen benötigen große Mengen an Ressourcen und Materialien für ihre Herstellung und Betrieb. Dies schließt seltene Erden und andere wichtige Metalle ein, die in der Hardware verwendet werden, sowie Wasser und Land, das für den Bau und Betrieb der Anlagen benötigt wird.

Zudem hat die Herstellung und Entsorgung der Hardware, die für das Streaming von Videos benötigt wird, erhebliche Umweltauswirkungen. Laut einer Studie der Vereinten Nationen aus dem Jahr 2017 entstehen durch die Herstellung von Elektronik jedes Jahr etwa 50 Millionen Tonnen Elektronikschrott. Dieser Schrott enthält oft giftige Substanzen, die bei unsachgemäßer Entsorgung in die Umwelt gelangen können.

Darüber hinaus kann die hohe Nachfrage nach Energie, die durch das Streaming von Videos entsteht, zu einem Anstieg der Energiepreise und einer erhöhten Belastung des Energienetzes führen, insbesondere während der Stoßzeiten. Dies kann wiederum die Versorgungssicherheit gefährden und zusätzliche Infrastrukturinvestitionen erfordern, die weitere Umweltauswirkungen haben können.

Zukunftsaussichten und Wachstumsraten

Angesichts der rasant wachsenden Popularität von Videos auf Social Media ist zu erwarten, dass die damit verbundenen Kohlenstoffemissionen und Umweltauswirkungen in den kommenden Jahren weiter steigen werden.

Laut dem Greenpeace-Bericht »Clicking Clean« aus dem Jahr 2017[21] wird erwartet, dass der Energieverbrauch des Internets bis 2025 auf 20 Prozent des weltweiten Stromverbrauchs ansteigen wird, was erhebliche Auswirkungen auf die Umwelt haben könnte.

Allerdings gibt es auch positive Entwicklungen. Viele Unternehmen investieren zunehmend in erneuerbare Energien und energieeffiziente Technologien, um ihren Energieverbrauch und ihre Kohlenstoffemissionen zu reduzieren. Zudem gibt es wachsende Bemühungen, die Herstellung und Entsorgung von Elektronik nachhaltiger zu gestalten und die Lebensdauer der Produkte zu verlängern.

Maßnahmen zur Reduzierung des Energieverbrauchs

Trotz der erheblichen Umweltauswirkungen, die mit dem Streaming von Videos auf Social Media verbunden sind, gibt es eine Reihe von Maßnahmen, die ergriffen werden können, um den Energieverbrauch und die damit verbundenen CO_2-Emissionen zu reduzieren. Diese Maßnahmen reichen von technologischen Innovationen über politische Strategien bis hin zu Verhaltensänderungen der Nutzer. Sie alle haben das Potenzial, zu einem nachhaltigeren Gebrauch von Social Media beizutragen.

Technologische Innovationen

Eine der wichtigsten Maßnahmen zur Reduzierung des Energieverbrauchs von Videos auf Social Media ist die Weiterentwicklung und Anwendung von energieeffizienten Technologien. Dazu gehören unter anderem verbesserte Codec-Technologien für die Videokompression, energieeffiziente Hardware und fortschrittliche Algorithmen für die Datenverarbeitung und -übertragung.

Beispielsweise kann durch den Einsatz effizienter Videocodecs, wie dem H.265 (HEVC) oder dem kommenden H.266 (VVC), die benötigte Datenrate für das Streaming von Videos erheblich reduziert werden, was wiederum den Energieverbrauch verringert. Zudem ermöglichen energieeffiziente Server und Netzwerkgeräte eine Reduzierung des Energieverbrauchs in Rechenzentren und der Netzinfrastruktur.

Darüber hinaus können fortschrittliche Algorithmen und künstliche Intelligenz dazu beitragen, den Energieverbrauch durch intelligente Datenverarbeitung und -übertragung zu reduzieren. Dies kann beispielsweise durch prädiktive Datenübertragung, bei der die Datenübertragung auf Zeiten mit geringer Netzlast verschoben wird, oder durch adaptive Videostreaming-Technologien, bei denen die Qualität des Videos an die Netzwerkbedingungen und die Fähigkeiten des Endgerätes angepasst wird, erreicht werden.

Audiostreaming und Podcasts

Doch wir streamen nicht nur Filme und Serien, sondern auch Musik und Podcasts. Damit wären wir beim Thema Audiostreaming: eine Technologie, die es uns ermöglicht, Musik und andere Audioinhalte direkt über das Internet zu hören, ohne dass wir diese zuerst herunterladen müssen. Egal ob zu Hause, unterwegs oder beim Training – die Möglichkeit, auf Millionen von Songs und Podcasts zuzugreifen, ist nun buchstäblich in unseren Händen.

Diese Technologie hat die Art und Weise, wie wir Musik hören und konsumieren, revolutioniert und bietet uns ein Maß an Komfort und Auswahlmöglichkeiten, das wir uns vor wenigen Jahrzehnten kaum hätten vorstellen können. Wer hätte noch vor ein paar Jahren gedacht, dass es irgendwann möglich sein könnte, auf so ziemlich jeden denkbaren Track einfach so zugreifen zu können – ohne im Keller Tausende von Platten und CDs zu horten.

Doch wie bei jeder technologischen Innovation stellt sich auch hier die Frage nach den Auswirkungen auf unsere Umwelt, insbesondere in Bezug auf den Energieverbrauch.

Audiostreaming ist genügsamer

Im Vergleich zum Streaming von Videos verbraucht Audiostreaming deutlich weniger Energie. Der Hauptgrund dafür ist die Dateigröße: Audiodateien sind wesentlich kleiner als Videodateien, was bedeutet, dass weniger Daten übertragen werden müssen.

Zudem erfordert die Wiedergabe von Audioinhalten weniger Rechenleistung. Beim Streaming eines Videos muss beispielsweise der Prozessor sowohl die Audiodaten als auch die Videodaten verarbeiten und auf dem Bildschirm darstellen. Beim Streaming von Audioinhalten fällt die Videokomponente weg, was zu einem geringeren Energieverbrauch führt.

Allerdings sollte nicht übersehen werden, dass auch das Audiostreaming Energie verbraucht, obwohl dieser Verbrauch im Vergleich zum Videostreaming deutlich geringer ausfällt. Die Server, die die Musik und Podcasts hosten, die Netzwerke, die diese Daten übertragen, und die Geräte, die wir zum Abspielen dieser Inhalte verwenden, benötigen alle Energie. Es ist wichtig, diesen Energieverbrauch zu verstehen und zu quantifizieren, um zu erkennen, welchen Einfluss unser Streaming-Verhalten auf die Umwelt hat und wie wir diesen Einfluss möglicherweise reduzieren können.

Übersicht über verschiedene Audiostreaming-Dienste und Podcast-Plattformen

Spotify ist wahrscheinlich der bekannteste Audiostreaming-Dienst. Gegründet im Jahr 2006, hat Spotify den Übergang zur Streamingkultur angeführt und bietet heute Zugang zu über 70 Millionen Songs und 2,2 Millionen Podcasts. Mit über 345 Millionen monatlich aktiven Nutzern, davon 155 Millionen zahlende Abonnenten bis Ende 2020, ist Spotify ein Gigant der Branche.

Die technische Infrastruktur von Spotify beruht auf der Verwendung von OGG Vorbis, einem offenen und patentfreien Codec, für die Musikdateien. Die Bitrate, die die Qualität und damit auch die Dateigröße und den Energieverbrauch bestimmt, variiert je nach Abonnement und Gerätetyp. Für kostenlose Nutzer auf Mobilgeräten beträgt sie beispielsweise 96 kbps (Kilobit pro Sekunden), während Premium-Nutzer bis zu 320 kbps genießen können.

Apple Music ist ein weiterer wichtiger Player im Audiostreaming-Markt. Apple Music startete 2015 und hat seitdem seinen Service stetig erweitert. Im Jahr 2021 gab Apple bekannt, dass sie über 60 Millionen zahlende Abonnenten haben. Anders als Spotify bietet Apple Music keine kostenlose Option an, nur eine dreimonatige kostenlose Testversion.

Apple verwendet für seinen Dienst den AAC (Advanced Audio Codec), der als effizienter und qualitativ hochwertiger Codec bekannt ist. Die Bitrate bei Apple Music ist standardmäßig auf 256 kbps eingestellt, unabhängig von der Art des Abonnements.

Darüber hinaus gibt es eine Vielzahl anderer Streamingdienste wie **Deezer**, **Amazon Music**, **YouTube Music**, **Tidal** und **Pandora**, die jeweils eigene Angebote und verschiedene technische Spezifikationen haben. Sie alle tragen zum Gesamtenergieverbrauch des Audiostreamings bei, obwohl ihr Marktanteil kleiner ist als der von Spotify und Apple Music.

Podcasts haben in den letzten Jahren eine enorme Popularität erlangt, und die meisten der genannten Streamingdienste haben sie in ihr Angebot aufgenommen. Neben diesen Plattformen gibt es auch spezielle Podcast-Anbieter wie **iTunes**, **Google Podcasts** oder **Podcast Addict**, die ein breites

Spektrum an Podcasts anbieten. Während die Energieverbrauchsmuster ähnlich sind wie beim Musik-Streaming, gibt es einige spezifische Aspekte bei Podcasts, auf die ich in einem späteren Unterkapitel eingehen werde.

Die folgenden Abschnitte beschäftigen sich eingehender mit den technischen Aspekten des Audiostreamings und der Quantifizierung ihres Energieverbrauchs, um ein besseres Verständnis davon zu erhalten, wie diese Dienste funktionieren und welche Auswirkungen sie auf unsere Umwelt haben.

Die Technologie hinter dem Audiostreaming

Audiostreaming erfordert eine Kombination aus spezialisierten Servern, Netzwerken und Client-Geräten, um Musik und andere Audioinhalte nahtlos und in Echtzeit zu liefern. Die Grundidee hinter Streaming ist, dass Daten in einem kontinuierlichen (möglichst unterbrechungsfreien) Strom gesendet und sofort abgespielt werden können, ohne dass die gesamte Datei heruntergeladen werden muss. Dies bietet erhebliche Vorteile in Bezug auf den Speicherbedarf und die unmittelbare Verfügbarkeit von Inhalten.

Ein zentraler Aspekt von Audiostreaming ist der **Codec**, ein Programm zur Codierung und Decodierung von Daten. Codecs komprimieren Audiodateien, um die Dateigröße zu reduzieren und den Datenfluss über Netzwerke zu erleichtern. Beim Decodieren dekomprimieren sie die Dateien, damit sie abgespielt werden können. Unterschiedliche Codecs bieten verschiedene Balancepunkte zwischen Dateigröße und Audioqualität.

Spotify verwendet beispielsweise den Codec **OGG Vorbis**, während Apple Music auf den **AAC** (Advanced Audio Codec) setzt. AAC gilt allgemein als effizienter als MP3 und liefert eine bessere Klangqualität bei gleicher Bitrate. Während die spezifischen Energieraten je nach Codec, Bitrate und anderen Faktoren variieren, sind die allgemeinen Prinzipien der Energienutzung für alle Streamingdienste ähnlich.

Zusätzlich zu den Streamingoptionen bieten viele Dienste auch **Downloadoptionen** an. Benutzer können spezifische Tracks oder Alben herunterladen und offline hören. Obwohl dies zunächst mehr Energie verbraucht, da eine größere Datenmenge auf einmal heruntergeladen wird, kann es insgesamt energieeffizienter sein, wenn man denselben Track mehrmals hören möchte, da die Daten nicht jedes Mal erneut über das Netzwerk gesendet werden müssen.

Es ist auch wichtig zu wissen, dass die Energieeffizienz beim Streaming von einem breiten Spektrum von Faktoren beeinflusst wird, einschließlich der verwendeten Netzwerktechnologie (zum Beispiel WLAN, 4G, 5G), der Signalstärke, dem Gerätetyp und sogar der Lautstärke, bei der die Musik abgespielt wird. Alle diese Faktoren tragen zum Gesamtenergieverbrauch des Audiostreamings bei und können je nach Nutzungsszenario erheblich variieren.

Quantifizierung des Energieverbrauchs von Audiostreaming-Diensten

Die genaue Quantifizierung des Energieverbrauchs von Audiostreaming-Diensten ist eine komplexe Aufgabe. Sie erfordert die Berücksichtigung verschiedener Komponenten des Streamingprozesses, einschließlich der Energie, die zum Betrieb der Server benötigt wird, die die Audioinhalte hosten, der Netzwerkinfrastruktur, die die Daten überträgt, und der Endgeräte (wie Smartphones oder Computer), die zum Abspielen der gestreamten Inhalte verwendet werden.

Energieverbrauch Server und Netzwerk

Die Audiodateien, die wir streamen, werden auf Servern gespeichert, die rund um die Uhr laufen, um jederzeit Zugang zu den Inhalten zu ermöglichen. Diese Server verbrauchen eine beträchtliche Menge an Energie, nicht nur für den Betrieb selbst, sondern auch für Kühlungssysteme, um eine Überhitzung zu verhindern.

Nach Schätzungen von »The Shift Project« (2019) kann der Energieverbrauch von Rechenzentren, die Streamingdienste hosten, bis zu 100 Wattstunden pro gestreamter Stunde Audio betragen.

Die Übertragung der gestreamten Daten über das Netzwerk verbraucht ebenfalls Energie. Die genaue Menge hängt von verschiedenen Faktoren ab, einschließlich der Art des Netzwerks (zum Beispiel drahtlos, verkabelt, 4G,

5G) und der Entfernung, die die Daten zurücklegen müssen. »The Shift Project« schätzt, dass der Netzwerkenergieverbrauch etwa 0,3 Kilowatt pro gestreamter Stunde beträgt.

Endgerät-Energieverbrauch

Schließlich verbrauchen die Geräte, die wir zum Abspielen der gestreamten Inhalte verwenden, ebenfalls Energie. Dies umfasst das Laden der Batterie des Gerätes, die Verarbeitung der gestreamten Daten und die Wiedergabe des Audios über die Lautsprecher oder Kopfhörer. Obwohl dieser Energieverbrauch im Vergleich zu den beiden vorherigen Kategorien geringer ist, trägt er doch zur Gesamtbilanz bei.

Besonderheiten und Energieverbrauch von Podcasts

Podcasts unterscheiden sich von Musik-Streaming in einigen Schlüsselaspekten, die sich auf ihren Energieverbrauch auswirken können.

Erstens ist die Natur der Inhalte anders. Während Musik-Streaming oft aus kurzen Tracks besteht, die immer wieder abgespielt werden, sind Podcasts in der Regel länger und werden seltener wiederholt. Das bedeutet, dass für die gleiche Zeit, in der jemand Musik streamt, ein Podcast-Hörer möglicherweise weniger Daten über das Netzwerk sendet. Dadurch könnte der Energieverbrauch für das Netzwerk und die Server geringer sein.

Zweitens werden Podcasts oft in einer niedrigeren Qualität gestreamt als Musik. Da Sprache weniger komplexe Frequenzen hat als Musik, können sie in einer niedrigeren Bitrate codiert werden, ohne dass die Hörqualität stark beeinträchtigt wird. Das reduziert die Datenmenge und damit den Energieverbrauch für Server, Netzwerk und Endgerät.

Außerdem werden Podcasts oft heruntergeladen und offline gehört. Das bedeutet, dass die Daten nur einmal über das Netzwerk gesendet werden, im Gegensatz zum wiederholten Streaming desselben Inhalts. Dies kann den Energieverbrauch für das Netzwerk und die Server weiter reduzieren.

Allerdings sind dies allgemeine Tendenzen und der tatsächliche Energieverbrauch kann je nach individuellem Verhalten variieren. Jemand, der denselben Podcast immer wieder streamt oder nur bei hoher Bitrate hört, könnte einen höheren Energieverbrauch haben.

Wichtig ist auch, dass trotz dieser Unterschiede der Energieverbrauch von Podcasts nicht vernachlässigbar ist. Die zunehmende Beliebtheit von Podcasts, insbesondere bei jüngeren Generationen, bedeutet, dass sie einen immer größeren Anteil am Gesamtenergieverbrauch von Audiostreaming-Diensten ausmachen.

Strategien zur Reduzierung des Energieverbrauchs von Audiostreaming

Angesichts der zunehmenden Bedeutung von Audiostreaming ist es entscheidend, nach Strategien zu suchen, um dessen Energieverbrauch zu reduzieren. Hier sind einige Ansätze, die dazu beitragen können:

Verbesserung der Codec-Effizienz

Die effiziente Codierung von Audiodateien spielt eine Schlüsselrolle bei der Reduzierung des Energieverbrauchs. Forschung und Entwicklung in diesem Bereich können dazu beitragen, Codecs zu schaffen, die eine bessere Balance zwischen Audioqualität und Dateigröße bieten.

Energieeffiziente Netzwerke und Server

Die Energieeffizienz von Netzwerken und Servern kann durch den Einsatz neuer Technologien und durch Optimierung verbessert werden. Beispielsweise können energieeffiziente Hardware, verbessertes Power-Management* und energieeffiziente Kühlsysteme den Energieverbrauch von Servern reduzieren. Auf der Netzwerkseite kann der Übergang zu 5G-Netzwerken, die eine höhere Datenübertragungsrate bei gleichzeitig niedrigerem Energieverbrauch bieten, zu Energieeinsparungen führen.

* Also die »intelligente« Steuerung von Servern, Kühlungssystemen und anderen Ressourcen im Rechenzentrum.

Förderung von Downloads für häufig gehörte Inhalte

Wie bereits erwähnt, kann das Herunterladen von Inhalten, die oft gehört werden, energieeffizienter sein als das ständige Streaming. Streamingdienste könnten Benutzer dazu ermutigen, ihre Lieblingsalben oder -podcasts herunterzuladen, insbesondere in Gebieten mit schwacher Netzwerkabdeckung.

Bewusstsein schaffen und Bildung

Letztendlich spielt auch das Bewusstsein der Verbraucher eine entscheidende Rolle. Viele Menschen sind sich nicht bewusst, dass Streaming Energie verbraucht, und könnten bereit sein, ihr Verhalten zu ändern, wenn sie besser darüber informiert wären. Zum Beispiel könnten sie sich dafür entscheiden, Musik in einer niedrigeren Qualität zu streamen, wenn sie unterwegs sind, oder sie könnten Inhalte herunterladen, wenn sie zu Hause über Wi-Fi verbunden sind, um den Energieverbrauch zu reduzieren.

Im Kontext von Podcasts könnten ähnliche Strategien angewendet werden, wobei die Betonung auf dem Herunterladen von Inhalten für Offline-Hören und dem Streamen bei niedrigerer Qualität liegen könnte.

Durch die Kombination dieser Strategien und ständige technologische Innovationen können wir den Energieverbrauch von Audiostreaming minimieren und einen nachhaltigeren Zugang zu digitalen Medien fördern.

Direkter Vergleich: Streaming versus CD

Wenn wir über die Digitalisierung und den Energieverbrauch sprechen, fällt oft das Schlagwort »Entmaterialisierung«. Die Idee ist einfach: Indem wir physische Produkte durch digitale Alternativen ersetzen, also zum Beispiel die CD durch das Streaming, können wir Ressourcen einsparen und den Energieverbrauch reduzieren.

Aber ist das wirklich der Fall? Um diese Frage zu beantworten, wollen wir uns das Beispiel von Musik und Audiostreaming genauer anschauen.

Energieverbrauch des Audiostreamings

Um den Energieverbrauch von Audiostreaming zu analysieren, müssen wir wie bereits beschrieben verschiedene Komponenten betrachten: die Server, die die Audiodateien hosten, die Netzwerkinfrastruktur, die die Daten überträgt, und die Endgeräte, auf denen wir die Musik abspielen.

Laut einer Studie von »The Shift Project« aus dem Jahr 2019 liegt der Energieverbrauch von Rechenzentren, die Streamingdienste hosten, bei etwa 0,3 Kilowatt pro gestreamter Stunde. Das mag auf den ersten Blick nicht viel erscheinen, doch wenn man bedenkt, dass Milliarden von Menschen weltweit Musik streamen, summiert sich der Energieverbrauch schnell.

Die Netzwerkinfrastruktur trägt mit geschätzten 0,2 Kilowattstunden pro gestreamter Stunde zum Energieverbrauch bei.[22] Dabei muss man bedenken, dass es Unterschiede zwischen den verschiedenen Netzwerktypen gibt, beispielsweise zwischen 4G und 5G, oder drahtgebundenen und drahtlosen Verbindungen.

Schließlich müssen wir auch den Energieverbrauch der Endgeräte berücksichtigen, auf denen wir die Musik abspielen. Hier variieren die Zahlen je nach Gerätetyp, Nutzungsdauer und weiteren Faktoren stark, was eine genaue Quantifizierung schwierig macht.

Energieverbrauch der CD-Produktion

Im Gegensatz zum Audiostreaming erfordert die CD-Produktion eine Vielzahl von physischen Prozessen, die alle Energie verbrauchen: das Pressen der CDs, das Drucken der Cover, das Verpacken, der Transport und schließlich der Verkauf in einem Laden oder online.

Eine Studie des Fraunhofer-Institut für Umwelt-, Sicherheits- und Energietechnik UMSICHT aus dem Jahr 2015 analysierte den gesamten Lebenszyklus einer Audio-CD. Sie kam zu dem Ergebnis, dass die Herstellung und der Vertrieb einer CD etwa 1,5 Kilowattstunden an Energie verbrauchen. Darin enthalten sind die Energie für die Herstellung des Kunststoffs, das Pressen der CD, das Drucken des Covers, das Verpacken und der Transport zum Einzelhandel.

Dies ist nur ein Teil des Bildes. Ein CD-Player verbraucht Energie, wenn er die CD abspielt. Wenn wir das in die Gleichung einbeziehen, erhöht sich der Energieverbrauch noch weiter.

Vergleich und Diskussion

Wenn wir diese Zahlen betrachten, scheint es zunächst, dass Audiostreaming pro Stunde deutlich weniger Energie verbraucht als das Herstellen und Abspielen einer CD. Dies ist jedoch eine Vereinfachung, da viele Faktoren berücksichtigt werden müssen.

Erstens, die Lebensdauer einer CD. Eine CD kann jahrzehntelang abgespielt werden, während Streaming jedes Mal Energie verbraucht, wenn ein Lied abgespielt wird. Wenn man also eine CD viele Male abspielt, könnte ihr Energieverbrauch pro Stunde deutlich niedriger sein als das Streaming.

Zweitens, die Art und Weise, wie wir Musik konsumieren, hat sich verändert. Früher haben wir ein Album gekauft und es immer wieder angehört. Heute streamen wir oft verschiedene Songs und Playlists und hören selten ein Album in voller Länge. Dies könnte dazu führen, dass wir mehr Stunden Musik streamen, als wir früher auf CD gehört haben.

Drittens, Streaming hat den Musikverbrauch demokratisiert und für viele Menschen weltweit zugänglich gemacht, die vorher keinen Zugang zu CDs hatten. Schon gar nicht zu einem derart üppigen Fundus. Das führt unbestreitbar zu einer Zunahme des Konsums und damit des Gesamtenergieverbrauchs, auch wenn der Verbrauch pro Stunde geringer ist.

Schließlich müssen wir aber auch andere Umweltaspekte berücksichtigen. CDs erzeugen Plastikmüll und ihre Produktion und Entsorgung können giftige Chemikalien freisetzen. Streaming hingegen erhöht die Nachfrage nach Rechenzentren, die oft in Gebieten mit billiger, aber umweltschädlicher Kohleenergie gebaut werden.

Die Frage, ob Audiostreaming oder CDs umweltfreundlicher sind, ist überaus komplex und hängt von vielen Faktoren ab. Fest steht jedoch, dass sowohl die Digitalisierung als auch der physische Musikverbrauch erhebliche Mengen an Energie verbrauchen und daher Strategien zur Reduzierung dieses Verbrauchs erforderlich sind.

KAPITEL 4

Cloud-Computing: Die Datenwolke ist auch eine Energiewolke

Was anfangs nur für Unternehmen gedacht war, hat sich zu einem Standard für uns alle entwickelt: Cloud-Computing. Wir nutzen heute alle Cloud-Dienste, teilweise ohne es zu bemerken – vielleicht sogar, ohne es zu wollen. Wer macht sich schon Gedanken darüber, wo eigentlich die E-Mails abgelegt werden, wo die Urlaubsfotos gespeichert sind, wo all

die Daten der Fitness-Apps – von all den Apps, die wir benutzen, mal ganz zu schweigen.

Cloud-Computing, was sich frei als »Rechnen in der Datenwolke« übersetzen lässt, mag auf den ersten Blick esoterisch klingen. Die Wolke, von der wir hier sprechen, ist jedoch keine, die wir am Himmel sehen, sondern eine metaphorische Wolke.

Es ist eine Daten-Wolke, die unzählige Server und Rechenzentren repräsentiert, die über das Internet miteinander verbunden sind. All diese Server und Rechenzentren bilden zusammen das Rückgrat des Cloud-Computings, das heute ein zentraler Bestandteil unseres digitalen Lebens ist. Hier mal eine kleine Auswahl an Beispielen: Cloud-Dienste, die die meisten von uns regelmäßig verwenden.

1. **Gmail (Google Mail)**: Ein Cloud-basierter E-Mail-Dienst von Google. Sie können Ihre E-Mails von jedem Gerät aus abrufen und müssen sich keine Sorgen um den Speicherplatz auf Ihrem eigenen Gerät machen.
2. **Google Fotos**: Ein Cloud-basierter Dienst zum Speichern und Teilen von Fotos und Videos. Sie können Ihre Medien von jedem Gerät aus abrufen und müssen sich keine Sorgen machen, dass Ihr Telefonspeicher voll wird.
3. **iCloud**: Ein Cloud-Dienst von Apple, der zur Speicherung von Fotos, Videos, Dokumenten und App-Daten verwendet wird. iCloud wird auch verwendet, um iPhone- und iPad-Backups zu erstellen und zu speichern.
4. **Fitbit**: Ein Fitness-Tracker, der Gesundheits- und Fitnessdaten in der Cloud speichert. Sie können Ihre Daten von jedem Gerät aus abrufen und analysieren.
5. **Spotify**: Ein Musik-Streamingdienst, der Musik in der Cloud speichert. Sie können auf Millionen von Songs zugreifen, ohne sie auf Ihrem Gerät speichern zu müssen.

6. **Adobe Creative Cloud**: Eine Sammlung von Anwendungen und Diensten von Adobe, die in der Cloud gespeichert sind. Dazu gehören Programme wie Photoshop, Illustrator und InDesign.
7. **Slack**: Eine Cloud-basierte Kommunikationsplattform, die in Unternehmen zur Zusammenarbeit und Kommunikation verwendet wird.
8. **Trello**: Ein Cloud-basiertes Projektmanagement-Tool. Sie können Aufgaben und Projekte verwalten und mit anderen zusammenarbeiten, unabhängig von Ihrem Standort.
9. **Evernote**: Eine Cloud-basierte Anwendung zur Notizenerstellung. Sie können Notizen erstellen, speichern und von jedem Gerät aus darauf zugreifen. Hervorragend ist die Suche, die sogar Inhalte von PDFs durchforstet.
10. **Google Docs**: Ein Cloud-basierter Textverarbeitungsdienst. Mehrere Benutzer können gleichzeitig an einem Dokument arbeiten, wobei Änderungen in Echtzeit gespeichert und synchronisiert werden.
11. **Zoom**: Ein Cloud-basierter Videokonferenzdienst. Sie können von überall aus an Meetings teilnehmen und müssen keine spezielle Hardware oder Software installieren.

12. **WhatsApp**: Ein Cloud-basierter Messaging-Dienst. Ihre Nachrichten und Anrufe werden über die Cloud übertragen, und Sie können von verschiedenen Geräten aus auf Ihre Nachrichten zugreifen.

Die Idee hinter dem Cloud-Computing

Die ersten Ansätze dessen, was heute als Cloud-Computing bekannt ist, lassen sich bis in die 1960er-Jahre zurückverfolgen, als der Informatiker John McCarthy vorschlug, dass »Computing möglicherweise einmal als öffentlicher Versorgungsbetrieb organisiert wird«. Damals noch recht vage – aber doch weitsichtig.

Die wahre Geburtsstunde des Cloud-Computings, wie wir es heute kennen, ging mit dem Aufkommen des Internets einher. Ohne Internet wären Cloud-Dienste nicht denkbar. Erst das Internet ermöglichte die Vernetzung von Rechnern und Servern in einem Umfang, dass die Idee einer »Wolke« von rechenleistungsbereitstellenden Ressourcen Wirklichkeit werden konnte.

Die Idee hinter dem Cloud-Computing ist einfach: Anstatt dass jedes Unternehmen oder jeder Einzelne seine eigenen physischen Server und Rechenkapazitäten besitzt und wartet, werden diese Ressourcen von darauf spezialisierten Anbietern bereitgestellt und über das Internet zugänglich gemacht.

Um es praktisch zu verdeutlichen: Stellen Sie sich vor, Sie hätten Ihren eigenen Generator zu Hause, um Strom zu erzeugen. Klar, Sie wären Herr über die Stromerzeugung und müssten nicht jeden Monat Geld an einen Betreiber überweisen. Aber es wäre doch schon auch ziemlich unpraktisch, oder?

Stattdessen beziehen wir alle unseren Strom aus dem Netz, der von spezialisierten Kraftwerken erzeugt wird. Ähnlich verhält es sich mit dem Cloud-Computing: Anstatt eigene Server zu besitzen, nutzen wir die »Stromerzeugung« von Rechenzentren, die speziell für diesen Zweck gebaut wurden.

Eines der frühesten und bekanntesten Beispiele für Cloud-Computing war das E-Mail-System. Betrachten Sie beispielsweise Google Mail (Gmail), das 2004 eingeführt wurde. Anstatt E-Mails auf dem eigenen Computer zu speichern und zu verwalten, wurden diese nun auf den Servern von Google gespeichert und konnten von jedem Gerät aus abgerufen werden, das eine Internetverbindung hat. Das machte das E-Mail-Management erheblich einfacher und effizienter.

Seitdem hat das Cloud-Computing einen langen Weg zurückgelegt und ist heute tief in unserem täglichen digitalen Leben verwurzelt. Vom Speichern unserer Fotos auf Diensten wie iCloud oder Google Fotos, über das Streamen von Filmen auf Netflix, bis hin zur Nutzung komplexer Software-as-a-Service (SaaS) Anwendungen wie Salesforce oder Microsoft Office 365: Die Cloud ist überall. Und während wir auf diese Dienste zugreifen, arbeiten im Hintergrund riesige Rechenzentren rund um die Uhr, um diese Dienste am Laufen zu halten.

So funktioniert Cloud-Computing

Um das Cloud-Computing besser zu verstehen, können wir es uns wie ein gigantisches, unsichtbares Netzwerk vorstellen, das unseren Planeten umspannt. In diesem Netzwerk sind unzählige Computer, Server und Datenbanken miteinander verbunden, die rund um die Uhr arbeiten, um unsere digitalen Anforderungen zu erfüllen. Von der Übermittlung einer einfachen E-Mail bis hin zur Verarbeitung komplexer Datenanalysen: Es gibt kaum etwas, was man heute nicht in der Cloud erledigen kann.

Technisch betrachtet ist die Cloud ein Verbund von Rechenzentren. In den Rechenzentren geht die Post ab: Hier werden Daten gespeichert, Anwendungen und Analysen durchgeführt, Anfragen bearbeitet – all die Arbeit gemacht, die anfällt, wenn wir auf die Cloud zugreifen.

Rechenzentren sind das Herz der Cloud

Nüchtern betrachtet sind Rechenzentren im Wesentlichen große Gebäude, die mit Tausenden, manchmal sogar Zehntausenden von Servern bestückt sind. Sie sind das Herzstück der Cloud und ermöglichen uns den Zugriff auf unsere Daten und Anwendungen von überall auf der Welt. Jedes Mal, wenn Sie ein Dokument in Google Drive speichern, einen Film auf Netflix streamen oder eine Datei von Dropbox herunterladen, werden Ihre Anforderungen von einem Rechenzentrum verarbeitet.

Rechenzentren sind darauf ausgelegt, eine enorme Menge an Daten schnell und effizient zu verarbeiten. Sie sind mit High-End-Servern ausgestattet, die eine erhebliche Rechenleistung bieten und so konzipiert sind, dass sie rund um die Uhr ohne Unterbrechung laufen. Darüber hinaus sind sie mit Stromversorgungssystemen, Kühlungssystemen und mehreren Internetverbindungen ausgestattet, um eine kontinuierliche Verfügbarkeit zu gewährleisten.

Die Rechenzentren der Cloud-Anbieter sind auf der ganzen Welt verteilt. Sollte ein Rechenzentrum ausfallen, können die anderen die Aufgaben übernehmen und die Dienste ohne Unterbrechung weiterlaufen (zumindest im Idealfall). Darüber hinaus ermöglicht es den Nutzern, ihre Daten in der Nähe ihres physischen Standorts zu speichern, was die Latenzzeit verringert (die Zeit zwischen Anfrage und Antwort) und die Geschwindigkeit erhöht.

In einem Rechenzentrum sind die Server üblicherweise in sogenannten Racks organisiert, wobei jedes Rack mehrere Server enthält. Jeder dieser Server kann wiederum mehrere virtuelle Maschinen (VMs) hosten (wie eine WG), die nach außen jeweils wie eigenständige Server auftreten (obwohl sie es technisch nicht sind).

Virtualisierung: Alles wird geteilt

Das ist ein weiterer wichtiger Aspekt des Cloud-Computings: die Virtualisierung. Durch die Virtualisierung können die physischen Ressourcen eines

Servers – wie CPU, Speicher und Speicherplatz – in mehrere virtuelle Maschinen (VMs) aufgeteilt werden. Jede dieser virtuellen Maschinen kann ein eigenes Betriebssystem und eigene Anwendungen ausführen, unabhängig von den anderen. Dies ermöglicht eine effiziente Nutzung der Hardware-Ressourcen und eine hohe Skalierbarkeit.

Stellen Sie sich die Virtualisierung wie ein Mehrfamilienhaus vor. Das Gebäude selbst repräsentiert den physischen Server. Jede Wohnung in dem Gebäude ist eine virtuelle Maschine, die ihren eigenen Bereich hat und unabhängig von den anderen Wohnungen funktioniert. Die Bewohner der Wohnungen teilen sich die Ressourcen des Gebäudes (wie Strom, Wasser und Heizung), ähnlich wie virtuelle Maschinen die Ressourcen des Servers teilen.

On Demand: jederzeit und von überall

Ein weiterer wichtiger Aspekt des Cloud-Computing ist das Konzept des »On-Demand«-Zugriffs. Dies bedeutet, dass Benutzer die Dienste und Ressourcen, die sie benötigen, bei Bedarf abrufen können. Benötigt ein Unternehmen beispielsweise zusätzliche Serverkapazität, um einen Anstieg der Nachfrage zu bewältigen, kann es diese Ressourcen sofort aus der Cloud beziehen, anstatt neue Hardware kaufen und einrichten zu müssen.

Ein gutes Beispiel für On-Demand-Ressourcen ist der Streamingdienst Netflix. Bei Netflix werden Filme und Serien nicht auf den Geräten der Benutzer gespeichert, sondern in der Cloud. Wenn ein Benutzer einen Film oder eine Serie ansehen möchte, sendet sein Gerät eine Anforderung an die Netflix-Server, die den Inhalt dann über das Internet streamen. Dies ermöglicht es Netflix, eine riesige Bibliothek von Inhalten anzubieten, ohne dass die Benutzer Speicherplatz auf ihren Geräten benötigen.

Um den On-Demand-Service zu erfüllen, müssen Cloud-Anbieter in der Lage sein, Ressourcen dynamisch zuzuweisen und freizugeben. Dies wird durch spezielle Software erreicht, die als Hypervisor bezeichnet wird. Der Hypervisor ist das Herzstück der Virtualisierung und ermöglicht es, die Hardware-Ressourcen eines Servers in mehrere virtuelle Maschinen aufzuteilen. Er ist auch dafür verantwortlich, die Ressourcen dynamisch zwischen den virtuellen Maschinen zu verteilen, je nachdem, welche virtuellen Maschinen gerade aktiv sind und welche Ressourcen benötigen.

Cloud-Computing hat die Art und Weise, wie wir Technologie nutzen und auf sie zugreifen, grundlegend verändert. Durch die Bereitstellung von Ressourcen auf Abruf, gepaart mit der Fähigkeit zur Skalierung, hat es Unternehmen und Einzelpersonen eine nie dagewesene Flexibilität und Effizienz ermöglicht. Gleichzeitig hat es jedoch auch neue Herausforderungen mit sich gebracht, insbesondere in Bezug auf den Energieverbrauch und die Umweltauswirkungen, die wir im folgenden Abschnitt diskutieren werden.

Der Energiebedarf von Rechenzentren

So viel zum Hintergrund, der deutlich macht: Cloud-Dienste anzubieten ist sehr aufwendig. Um die gewaltige Aufgabe des Cloud-Computing zu bewältigen, sind Rechenzentren mit Tausenden von Hochleistungsservern ausgestattet. Jeder dieser Server ist ein technologisches Meisterwerk, das darauf ausgelegt ist, unglaubliche Mengen an Daten zu speichern, zu verarbeiten und zu übertragen. Allerdings sind diese technischen Wunderwerke nicht gerade energieeffizient. Tatsächlich verbrauchen Rechenzentren enorme Mengen an Energie.

Stromverbrauch: 2030 bereits 8 Prozent des weltweiten Strombedarfs

Laut dem US Department of Energy (DOE) sind Rechenzentren in den USA für etwa 2 Prozent des gesamten Stromverbrauchs des Landes verantwortlich. Weltweit betrachtet sind die Zahlen ähnlich. Eine Studie von Anders Andrae, einem Forscher bei Huawei Technologies, schätzt, dass Rechenzentren bis 2030 etwa 8 Prozent des weltweiten Stromverbrauchs ausmachen könnten.

Die Server in den Rechenzentren sind die Hauptverbraucher dieser Energie. Sie benötigen Strom, um zu funktionieren, und sie benötigen eine Menge davon. Ein einzelner, absolut typischer Server kann zwischen 500 und 1200 Watt an Leistung verbrauchen, je nach Auslastung. In einem großen Rechenzentrum mit Tausenden von Servern summiert sich dieser Verbrauch schnell.

Die Server sind jedoch nicht die einzigen Energieverbraucher in einem Rechenzentrum. Eine erhebliche Menge an Energie wird auch für die Kühlung der Server aufgewendet. Server erzeugen bei der Verarbeitung von Daten eine enorme Menge an Wärme. Wenn diese Wärme nicht abgeführt wird, können die Server überhitzen und ausfallen. Aus diesem Grund sind Rechenzentren mit ausgeklügelten Kühlsystemen ausgestattet, die die Wärme von den Servern abführen und sie auf einer sicheren Betriebstemperatur halten.

Die Cloud arbeitet 24/7

Rechenzentren laufen rund um die Uhr. Im Gegensatz zu vielen anderen Arten von Infrastrukturen, die ihren Energieverbrauch in Zeiten geringer Nachfrage drosseln können, müssen Rechenzentren ständig in Betrieb sein, und das unter Volllast, um die kontinuierliche Verfügbarkeit von Cloud-Diensten zu gewährleisten. Dies trägt verständlicherweise weiter zur hohen Energieintensität von Rechenzentren bei.

Die Notwendigkeit, diese riesigen Mengen an Energie zu liefern, stellt eine erhebliche Herausforderung dar. Viele Rechenzentren befinden sich in oder in der Nähe von Großstädten, wo der Zugang zu ausreichenden Energiemengen ein Problem sein kann. Andere Rechenzentren, insbesondere solche, die in abgelegenen oder ländlichen Gebieten gebaut werden, müssen oft ihre eigene Energieinfrastruktur schaffen.

Beispiel: Facebook benötigt 40 Megawatt

Ein Beispiel für die Herausforderungen, die mit der Stromversorgung von Rechenzentren verbunden sind, ist das Prineville Data Center von Facebook in Oregon, USA. Um die enormen Energieanforderungen dieses Rechenzentrums zu erfüllen, musste Facebook in Zusammenarbeit mit der lokalen Versorgungsgesellschaft Pacific Power eine komplett neue 500-Kilovolt-Übertragungsleitung bauen. Diese Leitung liefert die 40 Megawatt an Energie, die das Prineville Data Center benötigt.

Dieser enorme Energiebedarf von Rechenzentren hat sowohl ökonomische als auch ökologische Auswirkungen. Auf der ökonomischen Seite stellen die Energiekosten einen erheblichen Anteil der Betriebskosten eines Rechenzentrums dar. Daher suchen Unternehmen, die Rechenzentren betreiben, ständig nach Wegen, um den Energieverbrauch zu reduzieren und die Energieeffizienz zu erhöhen.

Ein CO_2-Fußabdruck wie die Luftfahrtindustrie

Auf der ökologischen Seite trägt der hohe Energieverbrauch von Rechenzentren zu den Treibhausgasemissionen und dem Klimawandel bei.

Einer der Schlüsselberichte zu diesem Themenkomplex stammt von der Internationalen Energieagentur (IEA) und trägt den Titel »The Carbon Footprint of ICT: No Easy Answers« (2021). Laut dieses Berichts macht die Informations- und Kommunikationstechnologie (IKT) insgesamt etwa 3,6 Prozent des weltweiten Stromverbrauchs aus und produziert etwa 1,4 Prozent der weltweiten CO_2-Emissionen. Ein Fußabdruck, der vergleichbar ist mit dem der Luftfahrtindustrie (rund 2 Prozent).

Innerhalb dieser Zahlen macht Cloud-Computing einen erheblichen Teil aus. Gemäß eines Berichts von Andrae & Edler (2015) »On Global Electricity Usage of Communication Technology: Trends to 2030«[23] wird geschätzt, dass Rechenzentren, die sowohl traditionelle als auch Cloud-Computing-Dienste hosten, etwa 1 Prozent des weltweiten Stromverbrauchs ausmachen. In Bezug auf CO_2-Emissionen hängt dies stark von der

Art der zur Erzeugung des Stroms verwendeten Energiequellen ab. In Regionen, in denen überwiegend Kohle zur Stromerzeugung verwendet wird, ist der CO_2-Fußabdruck erheblich größer als in Regionen, in denen erneuerbare Energien vorherrschen.

Laut eines Berichts von Belkhir & Elmeligi (2018), »Assessing ICT global emissions footprint: Trends to 2040 & recommendations«, ist der CO_2-Ausstoß von Cloud-Computing und Rechenzentren insgesamt im Vergleich zu anderen Bereichen der IKT relativ hoch – und nimmt weiterhin zu.

Ein weiterer Faktor, der berücksichtigt werden muss, ist die Effizienzsteigerung in der Cloud-Computing-Technologie. Unternehmen wie Google und Microsoft, die große Cloud-Dienste betreiben, haben in den letzten Jahren erhebliche Fortschritte bei der Verbesserung der Energieeffizienz ihrer Rechenzentren gemacht. Laut dem Nachhaltigkeitsbericht von Google (2022) hat das Unternehmen seine Energieeffizienz in den letzten fünf Jahren um 20 Prozent verbessert.

Cloud-Computing hat also definitiv einen signifikanten, aber auch komplexen Einfluss auf den Energieverbrauch und die CO_2-Emissionen. Während die Branche immer effizienter wird, steigt auch die Nachfrage nach Cloud-Diensten, was zu einer höheren Gesamtenergienutzung führt.

Maßnahmen zur Energieeffizienz

Die Infrastruktur von Rechenzentren ist erstaunlich komplex und umfasst alles von den physischen Servern, die die Daten speichern und verarbeiten, über die Netzwerke, die den Datenaustausch ermöglichen, bis hin zu den Kühlsystemen, die die Betriebstemperaturen regeln. Alle diese Komponenten verbrauchen Energie und tragen zum Gesamtenergiebedarf eines Rechenzentrums bei.

Wie bereits erwähnt, sind die Server in den Rechenzentren die Hauptverbraucher dieser Energie. Deshalb sind sie oft das Hauptziel von Energieeffizienzmaßnahmen. In den letzten Jahren haben Hersteller von Serverhardware und Betriebssystemen erhebliche Fortschritte bei der Energieeffizienz ihrer Produkte gemacht. Zum Beispiel haben Prozessoren, die Herzstücke der Server, im Laufe der Jahre immer effizienter gearbeitet, sodass sie bei gleicher Leistung weniger Energie verbrauchen.

Eine weitere Strategie zur Energieeinsparung bei Servern ist die Virtualisierung. Bei der Virtualisierung wird eine einzelne physische Maschine in mehrere virtuelle Maschinen aufgeteilt, die jeweils ihre eigenen Betriebssysteme und Anwendungen ausführen können. Auf diese Weise können mehrere Aufgaben auf einem einzigen Server laufen, anstatt auf mehreren physischen Servern. Dies führt zu einer besseren Auslastung der Server und damit zu einer Reduzierung des Energieverbrauchs.

Kühlsysteme: Einspareffekte durch Standortwahl

Neben den Servern verbrauchen auch die Kühlsysteme in Rechenzentren eine erhebliche Menge an Energie. Um die Betriebstemperaturen zu regulieren, verwenden die meisten Rechenzentren Klimaanlagen oder Kühler, die kühle Luft in das Rechenzentrum einblasen und heiße Luft herausziehen. Einige fortschrittliche Rechenzentren verwenden jedoch innovative Kühltechniken, um den Energieverbrauch zu senken.

Zum Beispiel verwendet das Google-Rechenzentrum in Hamina, Finnland, Seewasser aus dem nahe gelegenen Finnischen Meerbusen zur Kühlung seiner Server. Dieses System ist nicht nur energieeffizienter als traditionelle Klimaanlagen, sondern hat auch den Vorteil, dass es keine schädlichen Kältemittel verwendet, die zum Klimawandel beitragen können.

Aber selbst mit den energieeffizientesten Servern und Kühlsystemen benötigen Rechenzentren immer noch eine erhebliche Menge an Energie. Deshalb setzen viele Unternehmen, die Rechenzentren betreiben, zunehmend auf erneuerbare Energiequellen, um ihren Energiebedarf zu decken.

Ich habe meinen Server für schieb.de (und einige andere Dienste) zum Beispiel ganz bewusst von Frankfurt nach Helsinki, Finnland verlegt. Aus einem einfachen Grund: Aufgrund der deutlich niedrigeren Temperaturen in Finnland kann die meiste Zeit des Jahres die kühle Außenluft zur Kühlung der Server im Rechenzentrum verwendet werden. Das reduziert den Strom- und Energiebedarf, da die Kühlung nicht über eine Klimaanlage erfolgt, sondern allein durch Ventilation.

Google verwendet 100 Prozent regenerative Energie

Energie einsparen, um Kosten zu senken und um die Umwelt zu entlasten: Das ist das Ziel vieler Unternehmen. Zum Beispiel hat Google sich verpflichtet, bis 2020 100 Prozent seiner Energie aus erneuerbaren Quellen zu beziehen. Das Unternehmen hat bereits langfristige Verträge zur Beschaffung von Wind- und Solarenergie abgeschlossen und investiert in die Entwicklung von erneuerbaren Energietechnologien. Zwar werden aktuell erst rund 60 Prozent des Strombedarfs aus regenerativen Quellen bezogen, doch für den Rest investiert Google in Projekte, die für eine Kompensation des CO_2-Footprints sorgen.

Ähnlich hat auch Amazon angekündigt, dass es bis 2025 100 Prozent erneuerbare Energie für seine AWS- Rechenzentren nutzen will. Das Unternehmen hat bereits mehrere Wind- und Solarparks in Betrieb genommen und plant, in den kommenden Jahren noch mehr zu bauen.

Obwohl diese Maßnahmen ermutigend sind, bleibt die Tatsache, dass Rechenzentren nach wie vor eine erhebliche Menge an Energie verbrauchen und zur globalen Erwärmung beitragen. Daher ist es entscheidend, dass sowohl die Industrie als auch die Politik weiterhin Strategien zur Energieeffizienz und zur Umstellung auf erneuerbare Energien fördern.

Der zukünftige Energiebedarf von Rechenzentren und seine Auswirkungen

Während wir in einer immer stärker digitalisierten Welt leben (mit den entsprechenden Umweltfolgen), steigt die Nachfrage nach Cloud-Diensten – und damit auch der Energiebedarf von Rechenzentren kontinuierlich an. Wie erwähnt prognostiziert eine Studie von Nature Communications, dass Rechenzentren bis 2030 etwa 8 Prozent des weltweiten Stromverbrauchs ausmachen könnten. Das ist eine gewaltige Menge an Energie und sie hat sowohl ökologische als auch ökonomische Auswirkungen.

Auf der ökologischen Seite stellt der zunehmende Energieverbrauch von Rechenzentren eine Herausforderung für die Bekämpfung des Klimawandels dar. Wie bereits erwähnt, könnten die CO_2-Emissionen von Rechenzentren bis 2030 auf über 300 Millionen Tonnen pro Jahr steigen. Das entspricht etwa 2 Prozent der globalen CO_2-Emissionen– gleichauf mit der globalen Luftfahrtindustrie.

Luft- und Wasserverschmutzung

Zusätzlich zu den CO_2-Emissionen trägt der Energieverbrauch von Rechenzentren auch zur Luft- und Wasserverschmutzung bei. Viele Stromerzeugungsanlagen, insbesondere Kohlekraftwerke, emittieren schädliche Schadstoffe wie Schwefeldioxid und Stickoxide, die zur Bildung von saurem Regen beitragen können. Außerdem wird bei der Stromerzeugung häufig eine erhebliche Menge an Wasser verbraucht und verschmutzt.

Auf der ökonomischen Seite stellen die Energiekosten einen erheblichen Anteil der Betriebskosten eines Rechenzentrums dar. Daher suchen Unternehmen, die Rechenzentren betreiben, ständig nach Wegen, um den Energieverbrauch zu reduzieren und die Energieeffizienz zu erhöhen. Dies kann durch den Einsatz energieeffizienter Hardware, die Verbesserung der Betriebspraktiken oder den Umstieg auf erneuerbare Energien geschehen.

Grund zur Hoffnung

Trotz dieser Herausforderungen gibt es auch Grund zur Hoffnung. Die Technologie und die Praktiken rund um Rechenzentren entwickeln sich ständig weiter und es werden ständig neue Möglichkeiten zur Energieeinsparung entdeckt.

Zum Beispiel verfolgt das US Department of Energy‘s Advanced Research Projects Agency-Energy (ARPA-E) ein Programm namens

»ENergy-efficient Light-wave Integrated Technology Enabling Networks that Enhance Datacenters« (ENLITENED),[24] das darauf abzielt, die Energieeffizienz von Rechenzentren durch die Nutzung von photonischen Schaltungen und Netzen zu verbessern.

Zudem wird erwartet, dass die zunehmende Verbreitung von künstlicher Intelligenz (KI) in Rechenzentren zu erheblichen Energieeinsparungen führen wird. KI kann dazu beitragen, den Energieverbrauch zu optimieren, indem sie die Serverauslastung vorhersagt, die Kühlung effizienter steuert und sogar erkennt, wann Hardware ausgetauscht werden muss, um die Effizienz zu erhöhen.

Neben den technologischen Fortschritten wird auch die Rolle der Gesetzgebung bei der Gestaltung des zukünftigen Energiebedarfs von Rechenzentren immer wichtiger. Regierungen auf der ganzen Welt erlassen zunehmend Gesetze und Verordnungen, die Unternehmen dazu verpflichten, den Energieverbrauch und die CO_2-Emissionen ihrer Rechenzentren zu reduzieren.

Zum Beispiel hat die Europäische Union eine Reihe von Richtlinien und Standards für die Energieeffizienz von Rechenzentren erlassen, darunter den Code of Conduct for Energy Efficiency in Data Centres und die Energy Star-Zertifizierung für Rechenzentren. Diese Maßnahmen haben dazu beigetragen, die Energieeffizienz in europäischen Rechenzentren zu verbessern und den Energieverbrauch zu senken.

Trotz der enormen Herausforderungen und der ungewissen Zukunft gibt es also Grund zur Hoffnung. Mit den richtigen Technologien, Praktiken und Vorschriften können wir den Energiebedarf von Rechenzentren steuern und dazu beitragen, eine nachhaltige digitale Zukunft zu schaffen.

Der individuelle Verbrauch und die persönliche Verantwortung

Manchmal neigen wir dazu, Themen wie den Energieverbrauch vor allem auf einer makroskopischen Ebene zu betrachten – und dabei zu übersehen, wie unsere individuellen Entscheidungen und Verhaltensweisen dazu beitragen können.

Deshalb schauen wir uns in diesem Abschnitt den individuellen Energieverbrauch bei der Nutzung von Cloud-Diensten an und diskutieren, was wir als Einzelperson tun können, um unseren digitalen CO_2-Fußabdruck zu verringern.

Beginnen wir mit einem einfachen Beispiel. Stellen Sie sich vor, Sie schauen einen zweistündigen Film auf einem Streamingdienst wie Netflix. Laut einer Studie des Carbon Trust könnte dies etwa 6 Kilogramm CO_2 verursachen. Das mag nicht viel erscheinen: Aber auf ein Jahr hochgerechnet, wenn wir jeden Tag einen Film schauen, entspricht das fast dem CO_2-Ausstoß eines Hin- und Rückflugs von Frankfurt nach New York! Diesen Effekt haben wir in Kapitel 3 schon näher beleuchtet.

Oder nehmen wir ein anderes Beispiel: E-Mail. Eine einzige E-Mail verbraucht sehr wenig Energie und erzeugt daher auch nur eine sehr geringe Menge an CO_2. Aber wenn wir bedenken, dass weltweit täglich etwa 300 Milliarden E-Mails versendet werden, summiert sich das auf enorme Mengen.

Der *Guardian* hat das wie folgt hochgerechnet: Wenn jede Person in Großbritannien nur eine E-Mail weniger pro Tag versenden würde, ließe sich damit die gleiche Menge an CO_2 einsparen, wie 81.152 Flüge von London nach Madrid verursachen.[25]

Ähnlich verhält es sich mit Suchmaschinenanfragen. Wie in Kapitel 1 bereits vorgerechnet, verbraucht jede Google-Suche, die wir durchführen, laut Google selbst etwa 0,0003 Kilowattstunden Strom. Das klingt nach sehr wenig. Aber bedenken Sie, dass Google täglich mehr als 3,5 Milliarden Suchanfragen verarbeitet. Das entspricht mehr als 1 Million Kilowattstunden Stromverbrauch pro Tag, nur für Suchanfragen!

Weniger Cloud-Nutzung spart Energie ein

Es ist klar, dass sich unsere individuellen Aktionen, obwohl sie klein erscheinen mögen, im großen Maßstab summieren und einen erheblichen Einfluss auf den Energieverbrauch und den CO_2-Ausstoß haben können. Die gute Nachricht ist, dass wir als Verbraucher eine Menge Einfluss darauf haben, wie wir diese Dienste nutzen und wie viel Energie wir dabei verbrauchen.

Eine offensichtliche Möglichkeit, unseren Energieverbrauch zu reduzieren, besteht darin, weniger zu streamen und weniger E-Mails zu senden. Aber das ist natürlich einfacher gesagt als getan, besonders in unserer heutigen digitalisierten Welt, in der wir immer mehr auf diese Dienste angewiesen sind.

Eine andere Möglichkeit besteht darin, diese Dienste bewusster zu nutzen. Zum Beispiel könnten wir versuchen, weniger Daten zu verwenden, indem wir Videos in niedrigerer Qualität streamen oder unnötige E-Mails löschen. Oder wir könnten versuchen, die Dienste zu Zeiten zu nutzen, in denen der Stromverbrauch geringer ist, wie zum Beispiel nachts.

Konzerne müssen mit gutem Beispiel voran

Darüber hinaus können wir auch bewusstere Entscheidungen darüber treffen, welche Dienste wir nutzen. Einige Unternehmen, wie Google und Apple, haben sich verpflichtet, ihren Energieverbrauch zu reduzieren und mehr erneuerbare Energie zu nutzen. Sie müssen also mit gutem Beispiel vorangehen. Indem wir dann gezielt diese Dienste auswählen und nutzen, unterstützen wir ihre Bemühungen, nachhaltiger zu werden.

Zuletzt, aber nicht weniger wichtig, können wir auch Druck auf Unternehmen und Regierungen ausüben, um sie zu nachhaltigeren Praktiken zu ermutigen. Als Verbraucher haben wir eine Menge Macht, und wenn wir diese nutzen, können wir etwas bewirken.

Abschließend lässt sich sagen, dass der Energieverbrauch von Cloud-Diensten ein komplexes und multifaktorielles Problem ist, das eine Vielzahl von Lösungen erfordert, von technologischen Innovationen über politische Regulierung bis hin zu Veränderungen im Verbraucherverhalten. Aber wenn wir alle zusammenarbeiten, können wir einen Weg zu einer nachhaltigeren und umweltfreundlicheren digitalen Zukunft finden.

Initiativen und Innovationen für die Zukunft

Die Herausforderung des Energieverbrauchs durch Rechenzentren und Cloud-Computing ist zweifellos sehr komplex. Aber es gibt auch gute Neuigkeiten: Unternehmen, Forscher und politische Entscheidungsträger auf der ganzen Welt sind sich der Herausforderungen bewusst und arbeiten an innovativen Lösungen, um die Energieeffizienz zu steigern und den CO_2-Fußabdruck der digitalen Welt zu verringern.

Google und Microsoft

Eines der bemerkenswertesten Beispiele ist sicherlich das Engagement von Google. Das Unternehmen hat vor einer Weile seine Vision für die Zukunft seiner Rechenzentren präsentiert, in der es sich verpflichtet, bis spätestens 2030 rund um die Uhr kohlenstofffreie Energie zu nutzen. Um dieses ambitionierte Ziel zu erreichen, investiert Google in erneuerbare Energien, verbessert seine Energieeffizienz und setzt auf fortschrittliche KI und maschinelles Lernen, um seinen Energieverbrauch zu optimieren.

Auf diese Weise hat Google bereits eine beeindruckende Effizienzsteigerung erreicht. Die KI-gesteuerte Kühlungssteuerung hat zu einer 30-prozentigen Reduzierung des Energieverbrauchs für die Kühlung der Rechenzentren geführt.

Microsoft hat ähnliche Bemühungen unternommen: Der Konzern hat angekündigt, bis 2030 kohlenstoffnegativ zu sein und bis 2050 das CO_2 aus der Atmosphäre zu entfernen, das das Unternehmen seit seiner Gründung im Jahr 1975 ausgestoßen hat. Microsoft investiert in erneuerbare Energieprojekte und nutzt eine Vielzahl von Technologien, um den Energieverbrauch seiner Rechenzentren zu optimieren, einschließlich modernster KI und IoT (Internet der Dinge).

Green Digital Standard in der EU

In Europa hat die Europäische Kommission den Green Digital Standard[26] ins Leben gerufen, eine Initiative zur Förderung der Nachhaltigkeit in der digitalen Wirtschaft. Der Standard soll Unternehmen dabei helfen, ihren digitalen CO_2-Fußabdruck zu messen und zu verringern, und er soll Kunden dabei helfen, informierte Entscheidungen über die Nutzung von Cloud-Diensten zu treffen.

Neben diesen großen Unternehmen und Regierungsinitiativen gibt es auch zahlreiche kleinere, aber ebenso wichtige Initiativen. Zum Beispiel hat das schwedische Start-up EcoDataCenter das weltweit erste klimapositive Rechenzentrum eröffnet. Sie nutzen erneuerbare Energie, fortschrittliche Kühltechnologien und eine enge Integration mit dem lokalen Energienetz, um nicht nur ihren eigenen Energieverbrauch zu minimieren, sondern auch überschüssige Energie an das Netz zurückzuliefern.

Ein weiteres interessantes Beispiel ist die »Open Compute Project Foundation«, eine Non-Profit-Organisation, die von Facebook, Intel und Rackspace gegründet wurde. Sie zielt darauf ab, die Energieeffizienz in Rechenzentren zu verbessern, indem sie Open-Source-Hardware-Designs und Best Practices teilt. Durch die Zusammenarbeit konnte sie beeindruckende Verbesserungen erzielen, einschließlich einer 38-prozentigen Reduzierung des Energieverbrauchs und einer 50-prozentigen Reduzierung der Materialkosten.

Energieeffiziente Rechenzentren im Fokus

Forscher arbeiten an bahnbrechenden neuen Technologien, die die Art und Weise, wie Rechenzentren funktionieren, revolutionieren könnten. Ein spannendes Beispiel ist die photonische Verarbeitung, bei der Licht anstelle von Elektrizität zur Datenübertragung und -verarbeitung verwendet wird. Das könnte den Energieverbrauch künftig drastisch reduzieren und die Leistung der Rechenzentren erhöhen. Allerdings muss man dabei bedenken: Die Nutzung der Cloud-Dienste explodiert und macht den Einspareffekt zumindest teilweise zunichte.

Trotz der enormen Herausforderungen, die der Energieverbrauch von Cloud-Diensten darstellt, gibt es durchaus Gründe für Optimismus. Durch Innovationen, Zusammenarbeit und Engagement können wir den Weg zu einer nachhaltigeren und effizienteren digitalen Zukunft ebnen.

Während wir uns dieser Reise anschließen, können wir alle einen Beitrag leisten, indem wir bewusste Entscheidungen über die Nutzung von Cloud-Diensten treffen und Unternehmen unterstützen, die sich für Nachhaltigkeit einsetzen.

Wie man den Energieverbrauch durch Cloud-Dienste minimiert

Die fortgeschrittene Technologie und die steigende Abhängigkeit von Cloud-Diensten haben uns unbestreitbare Vorteile gebracht – und werden es auch in Zukunft tun. Dennoch besteht die Notwendigkeit, die Umweltauswirkungen, insbesondere den Energieverbrauch, zu verstehen und zu minimieren. Deshalb möchte ich im Folgenden einige Strategien und Empfehlungen vorstellen, wie jeder Einzelne dazu beitragen kann, den Energieverbrauch durch die Nutzung von Cloud-Diensten zu senken.

Effiziente Nutzung der Cloud

Einer der wesentlichen Schritte zur Reduzierung des Energieverbrauchs ist die effiziente Nutzung der Cloud. Cloud-Dienste können die Energieeffizienz durch die Konsolidierung von Daten und Anwendungen verbessern, aber eine ineffiziente Nutzung kann dennoch zu unnötigem Energieverbrauch führen.

1. **Nutzung nach Bedarf:** Viele Cloud-Dienste bieten flexible Optionen, die es Benutzern ermöglichen, nur das zu nutzen, was sie benötigen. Vermeiden Sie es, Ressourcen zu buchen, die Sie nicht benötigen (auch wenn sie kostenlos sind), oder diese länger als nötig zu

halten oder zu aktivieren. Wenn Sie zum Beispiel einen virtuellen Server für ein Projekt benötigen, schalten Sie diesen aus oder löschen Sie ihn, sobald Sie mit Ihrem Projekt fertig sind. Durch die Begrenzung der Nutzung auf das Nötigste können Sie die Energie, die für den Betrieb dieser Dienste benötigt wird, reduzieren.

2. **Datenmanagement:** Eine effiziente Datenspeicherung und -verwaltung kann dazu beitragen, den Energieverbrauch zu reduzieren. Löschen Sie unnötige Daten und behalten Sie nur die wichtigen. Je mehr Daten gespeichert werden, desto mehr Energie wird benötigt, um sie zu speichern und zu verarbeiten.
3. **Optimierung von Anwendungen:** Die Optimierung von Anwendungen und Prozessen kann dazu beitragen, den Energieverbrauch spürbar zu reduzieren. Erreichen lässt sich das durch die Verwendung effizienterer Algorithmen, die Verringerung des Datenverkehrs oder die Begrenzung der CPU-Nutzung.

Verantwortungsbewusste Auswahl von Cloud-Anbietern

Doch nicht alle Cloud-Anbieter sind gleich, wenn es um Energieeffizienz und Nachhaltigkeit geht. Die einen bemühen sich redlich und ehrlich, andere lässt das Thema kalt. Daher ist es wichtig, bei der Auswahl eines Anbieters unter anderem auch auf deren Nachhaltigkeitsbemühungen zu achten – und sich zu trauen, danach zu fragen.

1. **Energieeffizienz:** Einige Anbieter haben erhebliche Anstrengungen unternommen, um die Energieeffizienz ihrer Rechenzentren zu verbessern. Dies kann durch verschiedene Technologien erreicht werden, wie zum Beispiel effizientere Server, verbesserte Kühlungssysteme oder fortschrittliches Energiemanagement.
2. **Erneuerbare Energie:** Ein weiterer wichtiger Faktor ist der Einsatz von erneuerbaren Energien. Einige Cloud-Anbieter, wie zum Beispiel Google und Microsoft, haben sich verpflichtet, 100 Prozent erneuer-

bare Energie für ihre Rechenzentren zu verwenden. Durch die Wahl solcher Anbieter können Sie dazu beitragen, die CO_2-Emissionen zu reduzieren.

3. **Nachhaltigkeitsberichte:** Viele Unternehmen veröffentlichen Nachhaltigkeitsberichte, in denen sie ihre Bemühungen zur Verringerung des Energieverbrauchs und der CO_2-Emissionen darlegen. Durch die Überprüfung dieser Berichte können Sie eine informierte Entscheidung darüber treffen, welchen Anbieter Sie wählen.

Energieeffiziente Geräte

Auch die Geräte, die Sie für den Zugriff auf Cloud-Dienste verwenden, spielen eine Rolle beim Energieverbrauch. Durch die Verwendung von energieeffizienten Geräten können Sie den Energieverbrauch reduzieren.

1. **Effiziente Geräte:** Wenn Sie ein neues Gerät kaufen, achten Sie auf dessen Energieeffizienz. Viele Geräte haben Energieeffizienzlabels, die anzeigen, wie viel Energie sie verbrauchen. Wählen Sie möglichst Geräte mit höherer Energieeffizienz.
2. **Energiesparmodi:** Viele Geräte haben Energiesparmodi, die den Energieverbrauch reduzieren, wenn das Gerät nicht aktiv genutzt wird. Stellen Sie sicher, dass diese Modi aktiviert sind.
3. **Gerätewartung:** Regelmäßige Wartung und Updates können dazu beitragen, die Energieeffizienz eines Gerätes zu erhalten. Stellen Sie sicher, dass Ihre Geräte gut gewartet sind und alle notwendigen Updates installiert sind.

Verringerung der Internetnutzung

Der Internetverkehr ist eine weitere wichtige Quelle für den Energieverbrauch. Durch die Verringerung der Internetnutzung können Sie den Energieverbrauch reduzieren.

1. **Offline-Arbeiten:** Wann immer es möglich ist, arbeiten Sie offline. Das Herunterladen von Dokumenten, E-Mails oder anderen Daten und das Arbeiten ohne ständige Internetverbindung kann den Datenverkehr und somit den Energieverbrauch reduzieren.
2. **Videostreaming reduzieren:** Videostreaming verbraucht eine große Menge an Daten und Energie. Versuchen Sie, Ihr Videostreaming zu reduzieren, oder wählen Sie eine niedrigere Qualität, wenn dies für Ihre Bedürfnisse ausreichend ist.
3. **Werbung blockieren:** Onlinewerbung erhöht den Datenverkehr und somit den Energieverbrauch. Durch die Verwendung eines Werbeblockers können Sie den Datenverkehr und somit den Energieverbrauch reduzieren.

Abschätzung der Energieeinsparungen

Die Menge an Energie, die durch die Umsetzung dieser Empfehlungen eingespart werden kann, hängt von vielen Faktoren ab, einschließlich Ihrer aktuellen Nutzungsgewohnheiten, der Energieeffizienz Ihrer Geräte und der Energieeffizienz Ihres Cloud-Anbieters.

Nehmen wir an, Sie können durch die effizientere Nutzung der Cloud, die Verwendung von energieeffizienteren Geräten und die Verringerung Ihrer Internetnutzung Ihre Cloud-Nutzung um 20 Prozent reduzieren. Dies würde zu einer ähnlichen Reduzierung Ihres Energieverbrauchs führen, abhängig von der Energieeffizienz Ihrer Geräte und dem Energiemix Ihres Cloud-Anbieters.

Wenn Ihr Gerät beispielsweise 100 Watt verbraucht und Sie es 8 Stunden pro Tag verwenden, würde dies zu einem Energieverbrauch von 0,8 Kilowattstunden pro Tag führen. Eine Reduzierung um 20 Prozent würde zu einer Einsparung von 0,16 Kilowattstunden pro Tag oder etwa 58 Kilowattstunden pro Jahr führen.

Angenommen, der Strom für Ihr Gerät und die Cloud-Dienste stammt aus dem Netz, das im Durchschnitt 0,527 Kilogramm CO_2 pro Kilowattstunde emittiert (basierend auf dem globalen Durchschnitt), würde diese Einsparung zu einer Reduzierung der CO_2-Emissionen um etwa 30 Kilogramm pro Jahr führen.

Wenn Sie einen Cloud-Anbieter wählen, der erneuerbare Energie verwendet, könnten Sie die CO_2-Emissionen noch weiter reduzieren. Angenommen, Sie könnten 50 Prozent Ihrer Cloud-Nutzung auf einen Anbieter verlagern, der erneuerbare Energie verwendet, könnte dies zu einer zusätzlichen Reduzierung der CO_2-Emissionen um etwa 15 Kilogramm pro Jahr führen, abhängig vom Energiemix des Anbieters.

Durch die Beachtung dieser Empfehlungen kann jeder Einzelne einen bedeutenden Beitrag zur Verringerung des Energieverbrauchs und der CO_2-Emissionen leisten. Dies ist allerdings nur ein Teil der Lösung. Um eine nachhaltige Zukunft zu erreichen, sind auch strukturelle Änderungen notwendig, einschließlich einer erhöhten Energieeffizienz, der Umstellung auf erneuerbare Energien und der Entwicklung nachhaltigerer Technologien und Praktiken.

Werbung im Netz

Man kann nicht über den Energieverbrauch des Internets sprechen, ohne das Thema Werbung zu berücksichtigen. Wenn wir ehrlich sind: Die meisten Dienste existieren eigentlich nur, um Werbung zu verteilen. Facebook, Instagram, Tiktok – ohne Werbung wären sie nicht zu finanzieren. Der Anteil an Werbung – direkt und als Werbung bei den Plattformen gebucht oder indirekt, weil bei den Influencern gebucht – lässt sich nicht zuverlässig quantifizieren. Aber bei nüchterner Betrachtung kann man wohl sagen: Ohne Werbung gäbe es die Netzwerke gar nicht. Daher ist die Werbung eigentlich für 100 Prozent des Internet-Traffics und den damit verbundenen Energieaufwand verantwortlich. (Eine Einschätzung, die vermutlich einige nicht teilen wollen.)

Bereitstellen, Verteilen und Auswerten von Werbung

Aber konzentrieren wir uns auf die Werbung an sich. Um Reklame anzuzeigen, ob in der Timeline bei Instagram oder auf einer Webseite, muss zunächst ein Algorithmus bestimmen, welche Werbung für welchen Nutzer am relevantesten ist. Dies geschieht in Echtzeit und basiert auf einer Vielzahl von Daten, die vorab über den Nutzer gesammelt wurden (aufwendig). Dieser Prozess verbraucht Energie – sowohl für die Datenverarbeitung, um die Entscheidung zu treffen, als auch für die Datenübertragung, um die Werbung an den Nutzer zu senden.

Sobald die Werbung ausgewählt und geladen ist, verbraucht sie weiterhin Energie. Bewegte Bilder und Videos verbrauchen deutlich mehr Energie als statische Bilder oder Textanzeigen. Zudem erfordert die Übertragung der Werbung an den Nutzer – insbesondere bei mobilen Endgeräten, die oft auf Datennetze angewiesen sind – zusätzliche Energie. Da kommt unterm Strich einiges zusammen.

Schließlich wird die Wirksamkeit der Werbung überwacht und analysiert. Dies erfordert wiederum eine Menge Energie für die Datenverarbeitung und -übertragung.

Ich glaube, der Punkt wird deutlich: Insgesamt bedeutet die Bereitstellung und Anzeige von Werbung einen erheblichen Energieaufwand.

Darüber hinaus gibt es auch indirekte Auswirkungen von Werbung auf die Energieeffizienz. Beispielsweise können aufdringliche Werbeformate dazu führen, dass Nutzer zusätzliche Software wie Ad-Blocker installieren. Diese können zwar dazu beitragen, die Menge der geladenen Werbung zu reduzieren (gut!), aber sie benötigen auch Energie für ihren Betrieb und ihre Aktualisierung.

Maßnahmen zur Verbesserung der Energieeffizienz

Angesichts des erheblichen Energieverbrauchs von Werbung im Netz gibt es verschiedene Ansätze, um die Energieeffizienz zu verbessern. Einerseits können Werbetreibende versuchen, die Energieeffizienz ihrer Werbung zu verbessern, indem sie weniger datenintensive Formate wählen oder ihre Zielgruppen genauer definieren, um weniger »Verschwendung« zu erzeugen. Auch die Optimierung von Algorithmen, um die Relevanz von Werbung zu verbessern, kann helfen, unnötige Datenübertragungen zu vermeiden.

Andererseits können auch die Betreiber von Cloud-Diensten und Rechenzentren Maßnahmen ergreifen, um ihre Energieeffizienz zu verbessern. Dazu gehören beispielsweise die Verbesserung der Kühlung von Servern, der Einsatz von erneuerbaren Energien und die Verbesserung der Auslastung von Servern, um Leerlaufzeiten zu vermeiden.

Letztlich ist das alles aber nur ein Herumdoktern an den Symptomen – und bedeutet, dass Werbung als notwendiges Übel akzeptiert wird. Würden wir uns stattdessen darauf einigen, dass Werbung ein in jeder Hinsicht inakzeptabler Preis ist – weil sie Lebenszeit kostet, Kinder und Jugendliche fehlleitet und Energie verschwendet (um nur einige Aspekte zu nennen) –, ließe sich die Werbung aus den Plattformen verbannen. Allerdings müssten dann alle bereit sein, für die Nutzung der Dienste Geld zu bezahlen. Das wird wohl nie passieren.

Schlau, aber extrem energiehungrig: künstliche Intelligenz

Zum Ende dieses Kapitels müssen wir noch auf ein Thema zu sprechen kommen, das noch vor wenigen Monaten kaum jemanden interessiert hätte. Denn bis November 2022 war künstliche Intelligenz (KI) etwas, das vielleicht in Hollywoodfilmen, in Laboren von Universitäten oder Rechenzentren großer Unternehmen vorkam – aber ganz sicher nicht im normalen Leben von uns allen.

Doch das hat sich so enorm wie rasant verändert. Spätestens, seitdem das kalifornische Unternehmen OpenAI im November 2022 seinen Chatbot ChatGPT für die Allgemeinheit geöffnet hat, gibt es kein Halten mehr: Künstliche Intelligenz ist zu einem Dauerthema geworden. Überall wird über die Chancen und vor allem Risiken gesprochen. Es gibt stündlich neue Anwendungen oder Apps, die uns – KI sei Dank! – ein ganz neues Leben versprechen.

Kurz: KI ist ein absoluter Hype. Allerdings – und das möchte ich betonen!: KI ist keine Mode. KI ist gekommen, um zu bleiben, sage ich immer (was ich damit meine, ist nachzulesen in *Der Digitalschock: Was vom Hype bleiben wird – so verändern ChatGPT, Bard & Co unseren Alltag* (Redline Verlag)). Wir werden in Zukunft mit KI leben müssen (und wollen).

Allerdings ist KI – meist in riesigen Rechenzentren angesiedelt und daher in diesem Kapitel über Cloud-Computing verankert – eine enorm rechenintensive Anwendung. KI verbraucht mehr Energie als so ziemlich jede andere Anwendung vor ihr. Das ist ein Thema, denn der Einsatz von KI explodiert – und damit auch der Energiebedarf.

Wieso KI eine der energieintensivsten Anwendungen ist

Warum KI so viel Energie verbraucht?

Da hilft vielleicht eine Analogie. Stellen Sie sich vor, Sie würden einen menschlichen Mitarbeiter einstellen, dessen einzige Aufgabe es ist, Ihre E-Mails zu sortieren. Der Mitarbeiter arbeitet rund um die Uhr, niemals müde, niemals hungrig, niemals ein Krankheitstag. Klingt doch großartig, oder?

Aber warten Sie, da ist ein Haken. Ihr neuer Mitarbeiter benötigt eine ständige Zufuhr an Energie, 24 Stunden am Tag, 7 Tage die Woche, und verbraucht dabei mehr Energie, als Sie sich jemals hätten vorstellen können. Seltsam, nicht wahr?

Doch genauso verhält es sich mit der künstlichen Intelligenz, die wir in unseren Alltag einbinden.

Willkommen in der Welt der künstlichen Intelligenz, einer Welt, in der Maschinen lernen, Entscheidungen treffen, sich anpassen und ihre Fähigkeiten verbessern – alles in einer Geschwindigkeit und mit einer Präzision, die wir Menschen oft nicht erreichen können.

KI ist heute allgegenwärtig, von unseren Smartphones und smarten Heimgeräten bis hin zu fortschrittlichen Anwendungen in Bereichen wie Medizin, Finanzen und Transport. Aber diese bemerkenswerten Fähigkeiten haben ihren Preis. KI ist ein Energieriese und der wachsende Hunger nach KI in unserer digitalen Welt treibt den Energieverbrauch in die Höhe.

Ein Blick hinter die Kulissen der KI

Um die energetischen Auswirkungen der KI wirklich zu verstehen, müssen wir einen Blick hinter die Kulissen werfen, auf die Serverfarmen und Supercomputer, die die Macht haben, KI zum Leben zu erwecken. Jedes Mal, wenn Sie Siri nach dem Wetter oder – noch besser! – ChatGPT zur Klimakrise befragen, wenn Sie mit KI fantastische Grafiken erzeugen lassen oder auch nur Ihr Facebook-Newsfeed automatisch für Sie »passende« Beiträge auswählt, die Sie wahrscheinlich am meisten interessieren werden, arbeiten irgendwo auf der Welt Maschinen auf Hochtouren, um diese Anfragen zu verarbeiten. Sie nehmen Ihre Anfragen entgegen, analysieren sie, suchen nach der richtigen Antwort und senden diese zurück – und das alles im Bruchteil einer Sekunde. Und jede dieser Aktionen verbraucht Energie.

Denken Sie jetzt an das enorme Ausmaß, in dem KI heute schon genutzt wird. Milliarden Menschen weltweit verlassen sich darauf, dass KI ihre Fragen beantwortet, Probleme löst – oder Bilder generiert. Bewusst oder unbewusst. Und jede einzelne dieser Interaktionen zieht einen Energieverbrauch nach sich. Jetzt multiplizieren Sie das mit den unzähligen Anwendungen von KI in verschiedenen Branchen, und Sie beginnen, das Gesamtbild zu sehen. Es ist, als ob wir eine Armee von unsichtbaren Arbeitern hätten, die rund um die Uhr arbeiten, und jede dieser digitalen Arbeitskräfte benötigt eine konstante Versorgung mit Energie.

Und dann haben wir noch das Training der KI. Stellen Sie sich das Training einer KI wie den Unterricht in einer Schule vor. Nur dass in diesem Fall die Schüler Maschinen sind und der Lehrplan aus Millionen von Datenpunkten besteht. Die Schüler müssen aus diesen Daten lernen, Muster erkennen, Zusammenhänge verstehen und daraus Vorhersagen treffen.

Das ist kein einfacher Prozess. Es erfordert riesige Mengen an Daten und Rechenleistung. Und wo immer Sie große Datenmengen und hohe Rechenleistung sehen, können Sie sicher sein, dass ein hoher Energieverbrauch damit einhergeht.

Die Gründe für den hohen Energieverbrauch

Bei KI geht es im Kern darum, komplexe Berechnungen und Analysen durchzuführen, um aus Daten Schlussfolgerungen zu ziehen. Diese Berechnungen erfordern eine enorme Menge Rechenleistung (da KI nicht wirklich etwas weiß, sondern immer nur Wahrscheinlichkeiten berechnet). Und um diese Rechenleistung bereitzustellen, benötigen wir leistungsfähige Computer und Server, die wiederum eine erhebliche Menge Energie verbrauchen.

Schauen Sie sich zum Beispiel die sogenannten »neuronalen Netze« an, die oft im Bereich des Deep Learning, einem Unterfeld der KI, verwendet werden. Diese Algorithmen ahmen die Art und Weise nach, wie das menschliche Gehirn arbeitet, indem sie »neuronale« Verbindungen zwischen verschiedenen Datenpunkten herstellen. Je komplexer das Problem ist, desto tiefer (oder größer) muss das Netzwerk sein und desto mehr Energie wird benötigt, um es zu betreiben und zu trainieren.

Was wir hier sehen, ist eine direkte Beziehung zwischen der Komplexität der KI und ihrem Energieverbrauch. Je fortgeschrittener und leistungsfähiger die KI, desto größer ihr Energiehunger. Und da unsere Welt immer stärker von KI durchdrungen ist und wir ständig danach streben, KI-Systeme zu entwickeln, die noch intelligenter und leistungsfähiger sind, steigt der Energiebedarf stetig an.

In diesem Sinne ist es wichtig zu betonen, dass der Energieverbrauch der KI nicht nur ein Problem für Umweltaktivisten oder Energieunternehmen ist. Es ist ein Problem für uns alle. Denn der Energieverbrauch ist direkt mit der Menge an CO_2-Emissionen verbunden, die wir in die Atmosphäre abgeben. Und wie wir alle wissen, sind diese Emissionen einer der Haupttreiber des Klimawandels.

Die KI ist zweifellos eine wunderbare Technologie, die das Potenzial hat, unsere Welt auf unzählige Arten zu verbessern. Aber wie bei jeder mächtigen Technologie geht sie mit Verantwortung einher. Und in diesem Fall ist es die Verantwortung, sicherzustellen, dass unsere wachsende Abhängigkeit von KI nicht auf Kosten der Gesundheit unseres Planeten geht. In diesem Sinne hoffe ich, dass Sie diesen tiefen Einblick in die energetische Welt der KI genießen und gleichzeitig lernen, wie wir sie nachhaltiger gestalten können.

Hey KI: Wie viel Energie verbrauchst Du?

Hey KI: Wie viel Energie verbrauchst Du? Wer diese Frage einem Chatbot wie ChatGPT stellt, darf keine konkrete Antwort erwarten. Aber der Chatbot liefert doch zumindest erste Hinweise, dass künstliche Intelligenz alles andere als *SlimLine* in Sachen Energiebedarf ist – und der neue Power-User beim Cloud-Computing. ChatGPT zum Beispiel erklärt uns auf Anfrage – fast wie in einer Pressemeldung:

> *Als virtuelles Modell verbrauche ich keine physische Energie wie ein elektrisches Gerät. Mein Betrieb basiert auf Servern und Computern, die von OpenAI gehostet werden. Der Energieverbrauch für den Betrieb dieser Server hängt von verschiedenen Faktoren ab, wie der Anzahl der Nutzer, der Größe des Modells und der Komplexität der berechneten Aufgaben. Leider habe ich keine genauen Informationen über den spezifischen Energieverbrauch von GPT-3.5 oder der Infrastruktur, die mich unterstützt. Es ist jedoch bekannt, dass große KI-Modelle einen erheblichen Energiebedarf haben können. Um den Energieverbrauch zu reduzieren, arbeiten Unternehmen wie OpenAI kontinuierlich an der Optimierung und Effizienzsteigerung ihrer Rechenzentren.*

Ein »erheblicher Energiebedarf« sei mit ChatGPT verbunden, antwortet ChatGPT also – das ist alles andere als übertrieben. Weil KI-Anwendungen derzeit der Wachstumsmarkt schlechthin sind, müssen wir uns diesen Bereich separat und ganz genau anschauen.

Alle reden derzeit über Chatbots wie ChatGPT, Bildgeneratoren wie Midjourney und wohin das mit der KI alles führen kann und soll ... Viele von uns sind fasziniert von ChatGPT und bildgenerierenden KI-Systemen und erwarten gespannt die Integration in Office-Anwendungen und KI-Lösungen im Alltag.

Doch es steckt eine Menge an Software und an Rechenpower dahinter. Um es gleich vorwegzunehmen: KI-Anwendungen sind mit Abstand die energiehungrigsten Anwendungen (von Kryptowährungen wie Bitcoin mal abgesehen), die es derzeit gibt.

Laut einer Studie der University of Massachusetts emittiert das Trainieren eines einzigen neuronalen Netzwerks so viel CO_2 wie fünf Autos.[27]

Vor allem das Training von KI kostet Energie

Wer bei ChatGPT eine Anfrage eingibt, sieht schon wenige Sekunden später eine Antwort, die über den Bildschirm tickert (ein Effekt, der an Terminals der alten Tage erinnern soll – und davon ablenkt, dass es doch vergleichsweise lange dauert, bis eine Antwort fertig ausformuliert ist). Auch wenn längere Antworten durchaus ein paar Sekunden auf sich warten lassen: Insgesamt geht alles so schnell, dass man instinktiv denkt: Das kann doch eigentlich nicht so viel Energie kosten ...

Aber das könnte man auch von Suchanfragen bei Google annehmen. Und bereits in Kapitel 1 haben wir gesehen, dass jede einzelne Suchanfrage einiges an Energie verbraucht.

Doch wie viel Energie eine einzelne Anfrage bei ChatGPT erfordert, lässt sich nicht konkret sagen (das hat uns ChatGPT sogar selbst verraten). Was man aber mit einiger Gewissheit weiß: KI verbraucht deutlich mehr Energie als jede andere Art von Computeranwendung. Denn auch, wenn KI für uns Nutzer einfach aussieht – es steckt einiges an Aufwand dahinter.

Wer sich mit KI beschäftigt, muss umdenken. Wenn ich ChatGPT eine Frage stelle, ist der Stromverbrauch in diesem Moment und für diese konkrete Anfrage selbst gar nicht besonders hoch. Denn der Großteil der Arbeit wurde vorher erledigt: KI-Systeme müssen aufwendig »trainiert« werden, um überhaupt funktionstüchtig zu sein. Sie müssen schließlich erst mal lernen, wie Sprache funktioniert, wie Gesichter aussehen oder Bilder gestaltet sind – je nachdem, was ihre Aufgabe ist.

So ein Training dauert ohne Weiteres mehrere Wochen bis Monate. Das Training von GPT-3 zum Beispiel, dem bekannten Chatbot von OpenAI, der den aktuellen KI-Boom auszulösen vermochte, hat laut eines 2021 veröffentlichten Forschungspapiers ziemlich genau 1,287 Gigawattstunden Strom verbraucht. Wohl gemerkt nur für das Training eines einzigen Modells, damit die KI auf Anfragen von uns vorbereitet ist.

Das entspricht umgerechnet in etwa dem Strombedarf von 120 US-Haushalten in einem Jahr. Klingt erst mal gar nicht so viel: Stimmt.

Allerdings ist wichtig zu wissen – und zu verstehen: Bevor ein KI-Modell wie ChatGPT veröffentlicht wird und genutzt werden kann, sind Hunderte, wenn nicht Tausende solcher Trainings notwendig. Denn KI muss ständig dazulernen und besser werden – und jedes Mal ist ein separates, aufwendiges Training erforderlich. Wenn ein neues Training durchgeführt wird, sind alle alten mehr oder weniger obsolet. Man benötigt sie nicht mehr. Entsprechend potenziert sich der Energiebedarf für ein KI-Modell, das dann der Öffentlichkeit präsentiert wird.

Umgerechnet sind allein beim Training für ChatGPT 3.5 nach offiziellen Angaben rund 502 Tonnen Kohlenstoffemissionen entstanden. Aber das ist der Stromverbrauch und CO_2-Austoß für ein einziges KI-Modell.

Deshalb muss der Bedarf hochgerechnet werden. Es entstehen immer mehr KI-Systeme und KI-Modelle: Google, Microsoft, Adobe, aber auch in China und Europa – es gibt derzeit einen Wettlauf konkurrierender KI-Systeme.

Es entstehen völlig neue Märkte, Anwendungen und Bedürfnisse. Die IT-Branche will vorbereitet und gerüstet sein. Insbesondere die großen Konzerne, denn wie es aussieht, werden die Karten aktuell neu gemischt.

Wer heute noch groß und mächtig ist, kann morgen schon ein kleiner Player sein. KI verändert einfach alles.

Das Training der KIs ist harte Arbeit: Allein bei OpenAI, dem Unternehmen hinter ChatGPT, arbeiten Tausende(!) von Servern mit Zehntausenden von GPUs. Das sind Grafikkarten, die eigentlich dafür zuständig sind, in Games oder 3-D-Anwendungen aufwendige Grafiken zu berechnen. Weil sie aber deswegen wahre Rechenkünstler sind, werden sie heute auch für andere Aufgaben eingesetzt, etwa für Kryptowährungen wie Bitcoin oder das Training von KI-Modellen. Grafikkarten rechnen schneller als jede CPU in handelsüblichen Computern – verbrauchen dabei aber auch enorm viel Energie.

Einmal Trainieren reicht nicht

Okay, ChatGPT ist nur ein KI-Modell. Aber man könnte ja sagen: Gut, es ist trainiert, einmal so viel Strom wie 120 Haushalte. Damit kann man leben, wenn dann Hunderttausende Menschen in aller Welt damit arbeiten ... und praktisch nichts mehr anfällt ...

Das Problem bei KI ist: Wenn sie einmal trainiert sind, beschränkt sich ihr Wissen auf das, was sie gelernt haben. Wenn man ein KI-System aktuell halten will, muss es immer wieder nachtrainiert werden – oder besser: neu trainiert, denn nachtrainieren ist nur begrenzt möglich. Heißt auch, es bleibt beileibe nicht bei diesem einmaligen Stromverbrauch für Training, sondern immer und immer wieder und im Zweifel sogar immer mehr Strom, wenn das Training noch umfangreicher wird.

Daten, Texte, Bilder, Videos

Wir als Verbraucher sehen gar nicht, wie viele KI-Systeme bereits am Start sind. Der Branchenriese Google zum Beispiel investiert schon lange mächtig in KI, ohne groß darüber zu reden.

Bei Google verbraucht die KI laut interner Berichte bereits 15 Prozent des gesamten Stromverbrauchs des Unternehmens. Das entspricht für das Jahr 2021 einem Verbrauch von circa 2,3 Terawattstunden.

So viel wie der jährliche Stromverbrauch aller Haushalte einer Stadt von der Größe Atlantas. Tendenz steigend, weil ja jetzt alle auf KI setzen. Man darf sich KI nicht als superschlauen Rechner vorstellen, der alles weiß und Fragen beantwortet. Das Training von KI läuft über komplexe Cloud-Anwendungen, die über viele Rechenzentren verteilt sind.

Das Lernen verbraucht viel Energie – nicht so sehr die konkrete Nutzung der KI-Systeme.

Das ist nicht anders als bei uns Menschen: Wir müssen 13 Jahre zur Schule gehen, um uns genug Wissen für ein mögliches Studium zuzulegen. Wir frühstücken jeden Morgen, fahren zur Schule und zurück, essen zu Mittag ... Unser Gehirn wird in der Lernperiode mit einer Menge Energie versorgt. Wenn wir dann mal eine Dreisatz-Aufgabe lösen oder im Hirn nachkramen, was ein Fremdwort wie »Laktoseintoleranz« bedeutet, geht das blitzschnell – und kostet in dem Moment nur sehr wenig Energie.

Ganz ähnlich ist es bei KI-Systemen. Einmal trainiert, lassen sich die Trainingsdaten auf deutlich kleineren Systemen einsetzen, teilweise sogar auf PCs. Die einzelne Nutzung verbraucht nicht viel Energie. Natürlich macht es auch hier die Masse: Wenn Millionen Menschen am Tag auf ChatGPT gehen und Fragen oder Aufgaben stellen, dann braucht man dafür natürlich auch Rechenzentren – wie bei jeder anderen Cloud-Anwendung.

Aber die eigentliche Arbeit wurde vorher gemacht. ChatGPT zum Beispiel hat allerdings allein im Februar 1 Milliarde Anfragen beantwortet. Problem ist eben – Chatti und Co müssen ständig wieder diese 13 Jahre Schule durchlaufen. Oder zumindest immer wieder noch ein Studium dranhängen.

KI-Systeme können auch beim Energiesparen helfen

Die Welt ist im digitalen Wandel. Unser Alltag ist geprägt von mobilen Geräten, intelligenten Systemen und Cloud-Lösungen. In diesem Kontext entsteht oft die Frage, wie viel Energie diese Technologien verbrauchen, und ob der Vorteil, den sie bieten, die Umweltbelastung rechtfertigt. Künstliche Intelligenz spielt in diesem Diskurs eine wichtige Rolle. KI-Anwendungen können extrem energieintensiv sein, aber gleichzeitig haben sie das Potenzial, erhebliche Energieeinsparungen zu ermöglichen. Im folgenden Text wird erläutert, wie KI das Energiesparpotenzial erhöhen kann.

Energie einsparen durch Optimieren von Prozessen

Zunächst ist es wichtig zu verstehen, dass KI-Systeme nicht grundsätzlich energieintensiv sein müssen. Der Energieverbrauch hängt stark von der Art der verwendeten Algorithmen, der Hardware und der Anzahl der Prozesse ab, die das KI-System durchführt. Hochleistungsserver, auf denen KI-Systeme laufen, verbrauchen viel Energie, insbesondere bei anspruchsvollen Aufgaben wie maschinellem Lernen und Deep Learning. Doch dieser hohe Energieverbrauch wird oft durch die Einsparungen kompensiert, die durch die Nutzung von KI entstehen.

KI kann dazu beitragen, Energie in verschiedenen Sektoren einzusparen. Sie kann beispielsweise dabei helfen, den Energieverbrauch in Gebäuden zu optimieren, indem sie Muster im Energieverbrauch erkennt und Vorschläge zur Verbesserung der Energieeffizienz macht. So könnten KI-gesteuerte Thermostate in Gebäuden Muster im Verhalten der Bewohner erkennen und die Heiz- und Kühlungssysteme entsprechend anpassen. Dadurch könnten erhebliche Energieeinsparungen erzielt werden.

KI kann auch in der Produktion und im Transportwesen Energie sparen. Sie kann Prozesse optimieren, indem sie ineffiziente Abläufe erkennt und Verbesserungen vorschlägt. Ein Beispiel ist die Nutzung von KI in der Logistik. Intelligente Algorithmen können optimale Routen für Lieferungen berechnen, wodurch der Kraftstoffverbrauch gesenkt und somit Energie eingespart werden kann.

Im Energiesektor kann die KI dabei helfen, den Einsatz erneuerbarer Energien zu optimieren. Sie kann beispielsweise Wettervorhersagen nutzen, um den Ertrag von Solar- und Windenergieanlagen vorherzusagen. Durch die Vorhersage des Energieertrags können Netzbetreiber die Energie effizienter verteilen und dadurch den Bedarf an fossilen Brennstoffen reduzieren.

Ein weiterer Bereich, in dem KI dazu beitragen kann, Energie zu sparen, ist die Datenverarbeitung. Rechenzentren verbrauchen weltweit eine immense Menge an Energie. KI kann dazu beitragen, den Energieverbrauch in Rechenzentren zu reduzieren, indem sie den Workload effizienter verteilt und die Kühlung optimiert.

Wie fällt die Bilanz aus?

Dennoch stellt sich zwingend die Frage, ob die Energie, die für den Betrieb von KI-Systemen benötigt wird, die Einsparungen, die durch die Nutzung von KI erzielt werden können, übersteigt. Es ist wichtig zu beachten, dass die Energieeffizienz von KI-Systemen ständig verbessert wird. Durch Fortschritte in der Hardware- und Softwaretechnologie und durch die Entwicklung energieeffizienter Algorithmen wird der Energieverbrauch von KI-Systemen voraussichtlich sinken.

Gleichzeitig wird die Fähigkeit von KI, Energie einzusparen, wahrscheinlich weiter zunehmen. Mit der zunehmenden Digitalisierung und Vernetzung wird die Menge an verfügbaren Daten zunehmen, und KI wird in der Lage sein, diese Daten zu nutzen, um noch genauere Vorhersagen und Empfehlungen zu machen.

Die potenzielle Energieeinsparung durch KI ist erheblich. Eine Studie des McKinsey Global Institute schätzt, dass durch den Einsatz von KI bis 2030 weltweit bis zu 1,6 Gigatonnen an Treibhausgasemissionen eingespart werden könnten. Das ist mehr als die jährlichen Emissionen von Brasilien und Kanada zusammen.

Zusammenfassend lässt sich sagen, dass KI trotz ihres potenziell hohen Energieverbrauchs erhebliche Energieeinsparungen ermöglichen kann. Sie kann ineffiziente Prozesse erkennen und optimieren, den Energieverbrauch in Gebäuden reduzieren, den Einsatz erneuerbarer Energien optimieren und den Energieverbrauch in Rechenzentren senken.

Durch die kontinuierliche Verbesserung der Energieeffizienz von KI-Systemen und die zunehmende Fähigkeit von KI, Energie einzusparen, ist es wahrscheinlich, dass der Nutzen von KI die Kosten in Bezug auf den Energieverbrauch übersteigen wird. Damit kann KI zu einer nachhaltigeren und energieeffizienteren Zukunft beitragen.

KI-Systeme können aber auch helfen, Strom zu sparen – man muss das langfristig sehen. Aber sich Fragen von ChatGPT beantworten zu lassen wird immer mehr Strom kosten als eine Suchanfrage bei Google.

Wettbewerbsvorteil Energieeffizienz

Gut für uns alle: Es zeichnet sich schon ab, dass Energieeffizienz zu einem Wettbewerbsvorteil wird. Strom ist teuer, deshalb haben es Stromfresser wie KI künftig nicht leicht. Denn je größer der Wettbewerb, desto größer ist der Druck, gute und schnelle KI-Systeme anzubieten, die aber auch effizient arbeiten – denn die Kosten müssen stimmen.

Unternehmen wie OpenAI, Microsoft, Google und Co müssen unbedingt transparent machen, wie sie ihre KI-Systeme trainieren, welcher Energieaufwand damit verbunden ist und woher sie den Strom beziehen.

Einige Unternehmen produzieren schon ihren eigenen regenerativen Strom, etwa mit Solaranlagen. Wie viel Ökostrom verwendet wird, ist wichtig für den CO_2-Austoß, der mitunter aber schwierig zu ermitteln ist. Mittlerweile haben sich die meisten großen Konzerne wie Google, Apple, Microsoft et cetera zum Ziel gesetzt, bis 2030 klimaneutrale Rechenzentren zu haben – das müsste dann auch für die KI gelten. Sonst kann man sie nicht ohne schlechtes Gewissen einsetzen.

KAPITEL 5

Mobilfunk und seine Energiedynamik: von 4G zu 5G und darüber hinaus

Viele Menschen haben eine sehr starke Bindung zu ihrem Smartphone. Es ist immer mit dabei, wird ständig in die Hand genommen und angeschaut – und wenn es mal weg ist, bricht die blanke Panik aus.

Na: Wiedererkannt?

Smartphones sind weltweit zum Bestseller avanciert. Laut aktuellen Studien besaßen im Jahr 2022 weltweit 5,32 Milliarden Menschen ein Smart-

phone. Das entspricht 71 Prozent der Weltbevölkerung. Wer nun glaubt, die meisten Smartphones würden im reichen Westen durch die Gegend getragen, täuscht sich. Die meisten Smartphone-Nutzer leben in Asien (3,5 Milliarden), gefolgt von Europa (1,2 Milliarden) und Nordamerika (1,1 Milliarden). In Afrika haben nur 23 Prozent der Menschen ein Smartphone.

Die Smartphone-Nutzung hat in den letzten Jahren stark zugenommen. Noch im Jahr 2016 hatten weltweit lediglich 3,8 Milliarden Menschen ein Smartphone (was auch schon viel war). Der Anstieg ist vor allem auf die steigende Verbreitung von erschwinglichen Smartphones und die Verbesserung des Internetzugangs in vielen Entwicklungsländern zurückzuführen.

Lebenszyklusanalyse von Mobiltelefonen

Der Energieverbrauch von Mobiltelefonie (und mobile Datennutzung) entsteht keineswegs nur in der eigentlichen Nutzungsphase, sondern in verschiedenen Stadien ihres Lebenszyklus.

Das beinhaltet die Materialgewinnung und -herstellung (dazu mehr in Kapitel 7), die Fertigung der Geräte, die Verteilung und Verwendung, und schließlich die Entsorgung oder das Recycling. Das alles geschieht für uns unsichtbar. Wir machen uns keine Vorstellung von dem Aufwand, der betrieben werden muss, um ein Smartphone herzustellen – oder auch irgendein anderes Hightech-Gerät, das in der Lage ist, mit dem Mobilfunknetz Kontakt aufzunehmen.

Eine Lebenszyklusanalyse ist daher ein nützliches Instrument zur Bewertung der ökologischen Auswirkungen eines Produkts über seine gesamte Lebensdauer. Im Fall eines Mobilgerätes wie dem Smartphone zeigt dieses Analysemodell deutlich, dass ein erheblicher Teil des Energieverbrauchs außerhalb der eigentlichen Nutzung entsteht. Und das sollten wir wissen.

Phase 1: Materialgewinnung und -herstellung

Mobiltelefone bestehen aus einer Vielzahl von Materialien, einschließlich Metallen, Kunststoffen und Glas. Einige dieser Materialien, wie seltene Erden und spezielle Metalle, sind in der Gewinnung und Herstellung besonders energieintensiv. Seltene Erden sind nicht nur schwer zu extrahieren, sondern ihre Gewinnung ist auch mit erheblichen Umweltbelastungen verbunden, einschließlich Energieverbrauch, Wasserverschmutzung und Emission von Treibhausgasen.

Außerdem können die Prozesse zur Herstellung von Komponenten wie Chips und Displays erhebliche Mengen an Energie verbrauchen. Der hohe Energiebedarf für die Herstellung dieser Komponenten resultiert aus den Präzisionsanforderungen und den hochtechnisierten Prozessen, die zur Herstellung der Mikroelektronik in den Geräten erforderlich sind.

Phase 2: Fertigung

Die Fertigungsphase, in der die verschiedenen Komponenten zu einem fertigen Mobiltelefon zusammengebaut werden, ist ebenfalls energieintensiv. Obwohl Automatisierung und Effizienzverbesserungen dazu beitragen können, den Energieverbrauch pro Gerät zu reduzieren, führen der hohe Durchsatz und das schnelle Tempo der Produktion dazu, dass die Fertigungsphase immer noch einen erheblichen Anteil am Gesamtenergieverbrauch eines Mobiltelefons ausmacht.

Phase 3: Verteilung/Distribution

Es folgt die Verteilungsphase, in der die fertigen Geräte an Einzelhändler und schließlich an Endverbraucher geliefert werden. Auch sie geht einher mit einem nicht unerheblichen Energieverbrauch. Dies umfasst den Energieaufwand für Transport und Lagerung, der je nach Entfernung, Verkehrsmittel und Lagerbedingungen variieren kann. Zwar wird diese Phase oft als weniger energieintensiv als andere Lebenszyklusphasen betrachtet, doch kann sie insbesondere bei langen Transportwegen und ineffizienten Vertriebsnetzwerken erheblich zum Gesamtenergieverbrauch beitragen.

Phase 4: Nutzung

Die Nutzung ist die Phase, in der das Mobiltelefon vom Endverbraucher verwendet wird. Der Energieverbrauch in dieser Phase hängt stark vom individuellen Nutzungsverhalten ab, wie zum Beispiel der Dauer der Nutzung, den verwendeten Funktionen und Apps, der Art und Weise des Aufladens und der Netzwerkverbindung. Mehr dazu später in diesem Kapitel.

Ganz wichtig festzuhalten: Während frühere Studien oft davon ausgegangen sind, dass die Nutzungsphase den größten Teil des Energieverbrauchs eines Mobiltelefons ausmacht, zeigen neuere Lebenszyklusanalysen, dass die Herstellungs- und Fertigungsphasen aufgrund der hohen Energieintensität der verwendeten Prozesse und Materialien möglicherweise einen ebenso großen oder sogar größeren Anteil haben.

Phase 5: Entsorgung und Recycling

Die Entsorgungs- und Recyclingphase ist die letzte Phase im Lebenszyklus eines Mobiltelefons. Der Energieverbrauch in dieser Phase kann variieren, abhängig davon, ob das Gerät entsorgt oder recycelt wird und wie dieser Prozess abläuft.

Während die Entsorgung von Mobiltelefonen auf Deponien wenig Energie verbraucht, aber erhebliche Umweltauswirkungen haben kann, kann das Recycling von Mobiltelefonen und ihren Komponenten energieintensiv sein, aber zur Ressourceneffizienz beitragen und den Bedarf an neuer Materialgewinnung und -herstellung reduzieren.

Eine Lebenszyklusanalyse zeigt, dass der Energieverbrauch von Mobiltelefonen weit über die Nutzung hinausgeht und in allen Phasen ihres Lebenszyklus anfällt. Daher ist es wichtig, sowohl bei der Entwicklung von effizienteren Technologien als auch bei der Formulierung von politischen

Maßnahmen und Verbraucherverhaltensweisen eine ganzheitliche Perspektive einzunehmen.

Es liegt auf der Hand, dass es zur Reduzierung des Energieverbrauchs und zur Minimierung der Umweltauswirkungen von Mobiltelefonen notwendig ist, jeden Aspekt ihres Lebenszyklus zu berücksichtigen.

Mobilfunk: die ganze Welt vernetzt

Schauen wir nun auf den Aspekt Nutzung.

Es ist erstaunlich, wie tief das Smartphone in unseren Alltag verwoben ist. Laut einer Studie von dscout aus dem Jahr 2019 nehmen Menschen ihr Smartphone durchschnittlich 85-mal pro Tag in die Hand. Das entspricht einer Nutzung alle 12 Minuten. In Bezug auf die Häufigkeit zeigt eine andere Studie von dscout aus dem Jahr 2016, dass Menschen durchschnittlich 2617-mal pro Tag ihr Mobilgerät in die Hand nehmen. Einige »Heavy User« kommen sogar auf bis zu 5400 Nutzungen pro Tag.

Laut einer Studie von RescueTime verbringen die Menschen durchschnittlich 3 Stunden und 15 Minuten pro Tag am Smartphone. Dies kann nach Person stark variieren, wobei einige Personen bis zu 4,5 Stunden pro Tag ihr Gerät nutzen. Die meisten Menschen benutzen ihr Smartphone morgens, vor dem Schlafengehen und in der Freizeit. Die beliebtesten Apps sind Facebook, WhatsApp, Instagram und YouTube.

Und fast immer ist entweder vorher etwas passiert (das Handy piepst oder vibriert), oder es passiert nach der Berührung etwas. Und in aller Regel ist ein Mobilfunknetz beteiligt. Denn Smartphones können sich zwar in ein WLAN einloggen; in der Regel sind sie aber mit einem Mobilfunknetz verbunden. Dafür wurden sie schließlich erfunden. Und jedes Mal werden Daten übertragen. Mal nur wenige, etwa weil eine WhatsApp-Nachricht eingetroffen ist. Mal sehr viele, weil Freunde ein Video aus dem Urlaub schicken – oder weil ein dringend notwendiges Update geladen wird.

Man kann es mit Fug und Recht so formulieren: Wir leben längst in einer Welt, die von Technologie durchdrungen ist – komplett vernetzt, vom

Computer, Smartphone, über das Smart-TV, die Küchengeräte bis hin zum Auto oder den Fitness-Gadgets. Alles geht jederzeit online, also nicht nur unser Smartphone.

Wir sind in einer Zeit angekommen, in der das Internet nicht mehr nur ein Luxus, sondern eine Notwendigkeit zu sein scheint. Unsere Telefone, die einst nur zum Telefonieren verwendet wurden, sind zu regelrechten Multifunktionsgeräten (Allroundern) mutiert, die uns jederzeit freien Zugang zu einer Welt der Informationen, Kommunikation und Unterhaltung ermöglichen. Sie sind unsere Kameras, unsere Navigationsgeräte, unsere Informationsquellen, unsere Unterhaltungsplattformen und so viel mehr. Für die meisten ist es schwer, sich ein Leben ohne sie vorzustellen.

In dieser digital vernetzten Welt ist das Mobilfunknetz der unsichtbare Faden, der alles miteinander verbindet – und zusammenhält.

Doch während wir uns über die blitzschnellen Downloads und hochauflösenden Videoanrufe freuen, halten wir eher selten einen Moment inne, um darüber nachzudenken, was all dies eigentlich ermöglicht – und welcher Aufwand und welche Kosten damit verbunden sind. So ist das bei allem, was unsichtbar und wie selbstverständlich vorhanden ist.

Die Realität ist, dass der Betrieb unserer Mobiltelefone, Tablets und anderer vernetzter Geräte alles andere als kostenlos ist. Nicht nur im monetären Sinne (also die Rechnung des Mobilfunkanbieters, die unweigerlich jeden Monat im Briefkasten landet), sondern auch und besonders in Bezug auf den Energieverbrauch.

Eine Frage, die wir uns daher unbedingt stellen sollten, lautet: Wie viel Energie kostet all das eigentlich?

In diesem Kapitel möchte ich genau diese Frage beantworten. Denn wenn wir das Mobilfunknetz nicht einfach als gegeben hinnehmen, sondern genauer hinschauen, bekommen wir aufschlussreiche Einblicke in den enormen Aufwand und den damit verbundenen Energiebedarf des Mobilfunks.

Angefangen bei der Netzwerkinfrastruktur, die es ermöglicht, dass Daten rund um die Uhr nahtlos übertragen werden, über den spezifischen

Energieverbrauch unserer Mobilgeräte bis hin zu den Unterschieden im Energieverbrauch zwischen 4G und 5G. Nur wer die Hintergründe kennt und die Zusammenhänge versteht, kann wissen, wie wir effizient(er) mit dem mobilen Funknetz umgehen können, um gegebenenfalls einen Beitrag zur Senkung des Energieverbrauchs und zur Reduzierung unserer CO_2-Fußabdrücke zu leisten.

Mobilfunk: Am Anfang war das Wort

Die Mobilfunktechnologie, die ursprünglich entwickelt wurde, um die drahtlose Sprachkommunikation zu ermöglichen, hat sich in den letzten Jahrzehnten rasant weiterentwickelt. Von der ersten Generation (1G), die in den 1980er-Jahren eingeführt wurde, über 2G, das uns Textnachrichten (SMS) und später Multimedia-Nachrichten (MMS) brachte, dann 3G, das erstmals mobiles Internet ermöglichte (mit Videos in Briefmarkengröße), und 4G, das erstmals die mobile Breitbandnutzung ermöglichte (und zweifellos den Durchbruch für mobiles Internet bedeutete) – bis hin zu 5G, der neuesten Generation, die sich noch in der Entwicklung befindet.

Jede Generation hat eine Zunahme der Datenübertragungsraten und damit auch eine Zunahme des Energieverbrauchs gebracht.

Der Löwenanteil der Energienutzung im Backend

In diesem Zusammenhang ist wichtig, dass der Energieverbrauch im Mobilfunknetz nicht nur auf die Nutzung von Endgeräten wie Smartphones und Tablets beschränkt ist. Er umfasst auch und vor allem die Energie, die benötigt wird, um die Rechenzentren zu betreiben, die das Internet am Laufen halten, die Sendemasten, die die Daten übertragen, und die Netzwerkinfrastruktur, die es uns ermöglicht, jederzeit und überall auf das Internet zuzugreifen.

Während die meisten von uns sich der direkten Energiekosten bewusst sind, die mit der Nutzung unserer mobilen Geräte verbunden sind, etwa die Energie, die benötigt wird, um unsere Telefone und Tablets aufzuladen, sind wir uns oft nicht der indirekten Energiekosten bewusst, die mit der Nutzung des Internets verbunden sind.

Es ist nicht ungewöhnlich, dass wir uns über den Akkuverbrauch unserer Telefone Gedanken machen, besonders wenn wir feststellen, dass der Akku schneller leer ist, wenn wir Videos streamen oder Spiele spielen.

Aber wie oft denken wir über die Energie nach, die benötigt wird, um die Daten zu übertragen, die wir konsumieren? Wie oft denken wir über die Energie nach, die benötigt wird, um die Sendemasten zu betreiben, die uns mit dem Internet verbinden? Oder die Energie, die benötigt wird, um die Rechenzentren zu betreiben, die das Internet am Laufen halten? Bitte ankreuzen: ( ) Nie, ( ) niemals, ( ) eher nicht.

Doch wer sich mit der Frage beschäftigt, wie viel Energie das Internet und die Nutzung desselben verschlingt, muss sich diesen Punkt genau anschauen. Es braucht ein geschärftes Bewusstsein für die Energiekosten des Mobilfunks. Nur so lassen sich konkrete Schritte aufzeigen, wie wir unseren mobilen Energieverbrauch reduzieren können.

Der Schlüssel dazu ist das Verständnis, dass jede digitale Aktivität, sei es das Senden einer E-Mail, das Streamen eines Videos oder das Durchführen einer Google-Suche, Energie verbraucht. Und das gilt ganz besonders für den Fall, dass wir dabei das Handy benutzen. Und diese Energie kommt nicht aus dem Nichts. Sie wird erzeugt, oft durch Verbrennung von fossilen Brennstoffen, was zur Freisetzung von Treibhausgasen und zur globalen Erwärmung beiträgt.

Mobilfunknetze: Jeder Sendemast verbraucht Energie

Wir kennen das aus Filmen, vielleicht sogar aus eigener Erfahrung: Auf dem »platten Land«, in der Natur, vielleicht sogar in der Wildnis hat unser Smartphone möglicherweise keinen Kontakt mit einem Mobilfunknetz. Wir merken es daran, dass wir nicht online gehen können – und bei der Netzstärke keine Balken angezeigt werden. Dann beginnt das hektische Suchen nach einer Position, die doch eine Verbindung zum Mobilfunknetz herstellt. Kritische Anmerkung am Rande: In Deutschland kann einem das auch an Bahnhöfen, an Autobahnraststätten oder überhaupt überall passieren.

Wir sehen das Mobilfunknetz nicht – unser Smartphone schon. Das Handy »weiß«, ob ein Netz da ist, in das es sich einbuchen kann. Für uns ist die Infrastruktur unsichtbar. Ein äußerst komplexes Netzwerk von Geräten und Systemen, die alle zusammenarbeiten, um unsere tägliche Kommunikation und Datenübertragung zu ermöglichen. Wenn wir eine Nachricht senden, ein Video streamen oder einen Anruf tätigen, werden diese Daten durch dieses Netzwerk geschickt, um von A nach B zu gelangen.

Möglich wird das durch die Sendemasten, auch Basisstationen genannt, die über das gesamte Land verteilt sind und die eine entscheidende Rolle bei der Übertragung von Mobilfunkdaten spielen.

Jeder Sendemast 2000 Watt

Ein Sendemast, im Allgemeinen auch als Mobilfunkmast oder Mobilfunkantenne bezeichnet, ist ein Hochleistungssender und -empfänger, der die Mobilfunkkommunikation ermöglicht. Diese Türme (manchmal stehen sie einfach nur so da, oft sind sie an oder auf Häusern montiert) sind mit Antennen ausgestattet, die Funksignale senden und empfangen, um die Kommunikation zwischen den Mobiltelefonen und dem Telekommunikationsnetzwerk zu ermöglichen.

Diese Sendemasten sind rund um die Uhr in Betrieb und benötigen daher eine ständige Stromversorgung. Die genaue Menge an Energie, die ein Sendemast verbraucht, kann durch verschiedene Faktoren variieren, darunter die Anzahl der Antennen, die auf dem Turm installiert sind, die Technologie, die verwendet wird (2G, 3G, 4G oder 5G), die Menge des Datenverkehrs und sogar die geografische Lage des Turms.

Eine Studie der Europäischen Kommission aus dem Jahr 2019 kommt zu dem Schluss, dass Mobilfunkbasisstationen zwischen 800 und 5000 Watt Leistung aufnehmen können. Es ist erwähnenswert, dass diese Werte nur den eigentlichen Verbrauch der Basisstationen selbst darstellen – und nicht den Energieverbrauch berücksichtigen, der mit dem Betrieb der gesamten Mobilfunkinfrastruktur, einschließlich der Rechenzentren und der Netzwerkausrüstung, verbunden ist.

In Deutschland gibt es nach Angaben der Bundesnetzagentur bereits rund 74.000 Mobilfunkstandorte (Tendenz steigend) – aufgeteilt auf die verschiedenen Provider. Bei einer konservativen Schätzung von durchschnittlich 2000 Watt pro Standort ergibt dies einen enormen Gesamtenergieverbrauch: 148 Megawatt, nur für den Betrieb der Sendemasten in Deutschland.

Auch Bau und Betrieb verschlingen Energie

Der Energieverbrauch durch Mobilfunkmasten steigt, da die Nachfrage nach drahtloser Kommunikation und Datenübertragung zunimmt. Mit dem Aufkommen von 5G und der damit verbundenen Zunahme der Datenmengen wird erwartet, dass noch mehr Basisstationen benötigt werden, um die Netzabdeckung und Kapazität zu gewährleisten, was zu einem weiteren Anstieg des Energieverbrauchs führen könnte.

Zum Verständnis des Gesamtbildes müssen wir prinzipiell auch die Energie in Betracht ziehen, die für den Bau und die Wartung dieser Türme aufgewendet wird. Die Errichtung eines Mobilfunkmastes erfordert erhebliche Mengen an Materialien und Energie, insbesondere für die Stahl- und Betonstrukturen, die oft benötigt werden. Auch die Wartung und Aktualisierung dieser Türme, insbesondere im Hinblick auf die Einführung neuer Technologien wie 5G, erfordert zusätzliche Energie.

Basisstationen sind Energiefresser

Aspekte, die man leicht außer Acht lässt – die aber eine große Rolle spielen. Eine Studie des *Journal of Cleaner Production* aus dem Jahr 2020 analysiert den Energie- und Kohlenstoff-Fußabdruck der Mobilfunknetze.[28] Die Macher der Studie kommen zu dem Schluss, dass die Basisstationen den größten Anteil am Gesamtenergieverbrauch der Mobilfunknetze ausmachen, gefolgt von den Netzwerkknoten (die die Daten weiterleiten) und den Rechenzentren (die die Daten speichern und verarbeiten).

Die Studie belegt auch, dass der Energieverbrauch der Mobilfunknetze in den letzten Jahren zugenommen hat, hauptsächlich aufgrund der zunehmenden Nutzung mobiler Daten.

Die Zahlen verdeutlichen die erhebliche Menge an Energie, die für den Betrieb der Mobilfunknetze benötigt wird, und unterstreichen die Notwendigkeit, nach effizienteren Technologien und Lösungen zu suchen, um diesen Energieverbrauch zu reduzieren. Es ist auch wichtig, sich bewusst zu sein, dass unser individueller Energieverbrauch nicht auf das Laden unserer Handys beschränkt ist, sondern auch die Energie umfasst, die zur Übertragung der Daten, die wir verarbeiten, benötigt wird.

Es gibt bereits Bemühungen, den Energieverbrauch in Mobilfunknetzen zu reduzieren. Beispielsweise arbeiten Forscher und Ingenieure an Technologien zur Verbesserung der Energieeffizienz von Basisstationen (schließlich steigen die Preise für Elektrizität weltweit), einschließlich energieeffizienter Hardware, verbessertem Netzwerkmanagement und der Nutzung von erneuerbaren Energien zur Stromversorgung der Stationen.

Einige Mobilfunkanbieter haben auch begonnen, erneuerbare Energien zu nutzen, um ihre Netzwerke zu betreiben, und setzen sich Ziele für die Reduzierung ihrer CO_2-Emissionen. Dennoch bleibt noch viel zu tun, und es wird wichtig sein, dass sowohl die Industrie als auch die Verbraucher ihren Teil dazu beitragen.

Mobilfunk bedeutet: viele kleine Rechenzentren

Auch dieser Aspekt wird häufig unterschätzt: Wer sein Smartphone in die Hand nimmt und etwas online erledigt, aktiviert nicht nur die Rechenzentren beim jeweiligen Dienst oder App-Anbieter, sondern auch viele Rechenzentren dazwischen – auch und besonders beim Mobilfunkanbieter. Denn es dauert eine Weile, bis die Daten aus dem Handy im Internet sind – und beim App-Anbieter ankommen.

Dafür betreiben Mobilfunkanbieter nicht nur riesige, sondern vor allem sehr viele (dezentrale) Rechenzentren. Also Computer, Server und Netzwerkinfrastruktur. Rechenzentren stellen die physische Infrastruktur für viele digitale Dienste bereit, die wir täglich nutzen, wie zum Beispiel Suchmaschinen, E-Mail-Dienste, soziale Medien, Onlineshopping und Streamingdienste.

Ein typisches Rechenzentrum beherbergt Hunderte oder sogar Tausende von Servern, die eine riesige Menge an Daten speichern und verarbeiten. Diese Server benötigen eine erhebliche Menge an Energie, sowohl um zu laufen als auch um gekühlt zu werden.

In dem Maße, in dem Mobilfunknetze ausgebaut und verbessert werden, ist es auch notwendig, die Anzahl der Rechenzentren zu erhöhen.

Rechnen vor Ort: Edge Computing

Warum? Nun, Mobilfunknetze – und insbesondere die neuen 5G-Netze, die aktuell weltweit aufgebaut werden – erfordern eine Technologie namens »Edge Computing«. Edge Computing bedeutet, dass Datenverarbeitungsaufgaben näher an den Ort verlagert werden, an dem die Daten erzeugt werden – an den »Rand« des Netzwerks, statt in einem zentralen Rechenzentrum.

Eine Methode, die notwendig geworden ist, um die extrem niedrigen Latenzzeiten zu erreichen, die für viele 5G-Anwendungen, wie zum Beispiel autonomes Fahren oder Fernoperationen, erforderlich sind. Latenz ist die Zeit, die vergeht, bis auf eine Anfrage eine Antwort kommt. Bei einer E-Mail ist es egal, ob das eine Sekunde dauert – wenn jedoch Maschinen oder Roboter in der Medizin (etwa für eine OP) über Mobilfunk ferngesteuert werden, zählt jede Millisekunde. Und das sind Einsatzgebiete, für die das 5G-Mobilfunknetz tatsächlich gemacht ist.

Edge Computing bedeutet: Näher dran am Nutzer und es erfordert die Errichtung von vielen kleineren »Edge-Rechenzentren«, die über das ganze Land oder sogar in städtischen Gebieten verteilt sind. Diese Edge-Rechenzentren müssen in der Lage sein, große Mengen an Daten schnell zu verarbeiten und zu speichern, was bedeutet, dass sie ebenfalls eine erhebliche Menge an Energie benötigen.

Erhöhung des Energieverbrauchs durch 5G

Eine Studie der Universität Bristol aus dem Jahr 2020 schätzt,[29] dass der Energieverbrauch von Rechenzentren in Großbritannien um das 8-Fache steigen könnte, wenn die vollständige Implementierung von 5G und Edge Computing erfolgt. Die Forscher stellten auch fest, dass die Verbesserungen in der Energieeffizienz von IT-Ausrüstung und Kühltechnologien nicht ausreichen werden, um diesen Anstieg des Energieverbrauchs auszugleichen.

Es gibt jedoch auch Studien, die zu weniger drastischen Schlussfolgerungen kommen. Eine Studie des US-Energieministeriums aus dem Jahr 2016 kam zu dem Schluss, dass die Energieeffizienz von Rechenzentren sich in den letzten Jahren deutlich verbessert hat und dass der Gesamtenergieverbrauch von Rechenzentren in den USA zwischen 2010 und 2014 relativ stabil geblieben ist, trotz des enormen Wachstums der digitalen Datenmengen. Laut Forschern lässt sich das auf Verbesserungen in der Effizienz der Server sowie im Management von Rechenzentren zurückführen.

Auf der einen Seite also mehr Konsum und Daten – auf der anderen Seite mehr Effizienz.

Es ist klar, dass der Energieverbrauch von Rechenzentren und insbesondere von Edge-Rechenzentren im Kontext der Mobilfunknetze ein wichtiger Faktor ist. Die zunehmende Nutzung mobiler Daten und die Einführung von 5G und Edge Computing werden zwangsweise dazu führen, dass noch mehr Rechenzentren benötigt werden, was dann zu einem Anstieg des Energieverbrauchs führen könnte. Es ist daher entscheidend, möglichst schnell Lösungen zu finden, um den Energieverbrauch von Rechenzentren zu reduzieren und ihre Energieeffizienz zu verbessern.

So lässt sich Energieverbrauch im Mobilfunknetz reduzieren

Es gibt bereits eine Reihe von Ansätzen, die darauf abzielen, den Energieverbrauch von Rechenzentren zu reduzieren. Dazu gehören die Verbesserung der Energieeffizienz von Servern und Netzwerkausrüstung, die Nutzung von KI und maschinellem Lernen zur Verbesserung des Rechenzentrumsmanagements, die Optimierung der Kühltechnologien und die Nutzung von erneuerbaren Energien zur Stromversorgung der Rechenzentren.

Es ist jedoch auch wichtig, dass wir als Endverbraucher ebenfalls eine Rolle spielen können. Durch bewusstere Entscheidungen über die Nutzung von digitalen Diensten und insbesondere von mobilen Daten können wir dazu beitragen, den Energieverbrauch von Rechenzentren zu reduzieren. Zum Beispiel könnte das Streamen von Videos in niedrigerer Qualität oder das Herunterladen von Inhalten zur Offline-Nutzung anstatt des Streamens über mobile Daten dazu beitragen, den Datenverkehr und damit den Energieverbrauch zu reduzieren.

Im Allgemeinen gilt: Je mehr wir über den Energieverbrauch von digitalen Diensten und deren Infrastruktur wissen, desto besser können wir Entscheidungen treffen, die unseren individuellen Energieverbrauch und unseren ökologischen Fußabdruck reduzieren. In diesem Sinne ist das Bewusstsein für den Energieverbrauch von Rechenzentren und Mobilfunknetzen ein wichtiger Schritt in Richtung einer nachhaltigeren digitalen Zukunft.

Wie viel Watt verbraucht ein Handy pro Stunde?

Doch werden wir mal konkret: Wie viel Strom und damit Energie »konsumiert« eigentlich ein Smartphone? Wenn wir es eifrig benutzen, bemerken wir eine Erwärmung des Gerätes – ein erster Hinweis darauf, dass Energie verbraucht wird.

Um den konkreten Energieverbrauch eines Mobilgerätes zu bestimmen, müssen wir zuerst klarstellen, dass es nicht nur um das Aufladen des Telefons geht. Die Energie, die wir zum Aufladen unserer Handys verwenden, ist tatsächlich nur ein kleiner Teil des gesamten Energieverbrauchs eines Mobiltelefons.

Jedes Mal, wenn wir unser Handy benutzen, um eine Nachricht zu senden, einen Anruf zu tätigen, im Internet zu surfen oder ein Video zu streamen, werden Daten über das Mobilfunknetz oder das WLAN übertragen. Diese Datenübertragung erfordert Energie – und zwar nicht nur auf unserem Telefon, sondern auch auf den Sendemasten, die das Signal übertragen, und in den Rechenzentren, die die Daten speichern und verarbeiten.

Wie bereits in Kapitel 1 beschrieben, beträgt der durchschnittliche Energieverbrauch eines Smartphones etwa 2 Wattstunden beim Aufladen. Dies kann jedoch je nach Modell und Ladezustand des Akkus variieren.

Eine Studie des Fraunhofer UMSICHT-Instituts aus dem Jahr 2019 hat ergeben, dass der durchschnittliche Energieverbrauch eines Smartphones in Deutschland bei intensiver Nutzung bei etwa 12,9 Kilowattstunden pro Jahr liegt, was in etwa dem Energieverbrauch eines modernen Kühlschranks entspricht.

Allerdings beträgt der Gesamtenergieverbrauch eines Mobiltelefons, wenn man den Energieverbrauch für die Datenübertragung und Datenverarbeitung mit einbezieht, laut einer Studie des schwedischen Umweltinstituts IVL etwa 47,8 Kilowattstunden pro Jahr für ein durchschnittliches Smartphone. Das ist fast 4-mal so viel wie der Energieverbrauch für das Aufladen des Telefons allein.

Das bedeutet, dass der Großteil des Energieverbrauchs eines Mobiltelefons nicht durch das Aufladen des Telefons verursacht wird, sondern durch die Datenübertragung und Datenverarbeitung, die mit der Nutzung des Telefons verbunden sind. Diese Erkenntnis ist entscheidend, um zu verstehen, wie wir den Energieverbrauch unserer Mobiltelefone reduzieren können.

Einige der Faktoren, die den Energieverbrauch eines Mobiltelefons beeinflussen, sind:

- **Datenverbrauch**: Je mehr Daten wir über unser Telefon übertragen, desto mehr Energie wird verbraucht. Streamingdienste wie Netflix oder YouTube sind besonders datenintensiv und verursachen daher einen hohen Energieverbrauch.
- **Signalstärke**: Je schlechter die Signalstärke, desto mehr Energie muss das Telefon aufwenden, um eine Verbindung zum Netzwerk herzustellen. Das bedeutet, dass der Energieverbrauch in Gebieten mit schlechter Netzabdeckung oder in Gebäuden mit schlechter Signalstärke höher sein kann.
- **Art des Netzwerks**: Unterschiedliche Mobilfunknetze (3G, 4G, 5G) haben unterschiedliche Energieeffizienzen. Im Allgemeinen sind neuere Netzwerke wie 4G und 5G energieeffizienter als ältere Netzwerke wie 3G, aber sie erfordern auch mehr Datenübertragung, was zu einem höheren Energieverbrauch führen kann.

In diesem Kontext kann das Verständnis des Energieverbrauchs eines Mobiltelefons uns dabei helfen, besser informierte Entscheidungen über die Nutzung unseres Telefons zu treffen und so unseren Energieverbrauch und unseren ökologischen Fußabdruck zu reduzieren.

Zum Beispiel könnte das Bewusstsein für den hohen Energieverbrauch von Streamingdiensten uns dazu veranlassen, Videos in niedrigerer Qualität zu streamen oder Inhalte herunterzuladen, wenn wir in einem WLAN-Netzwerk sind, anstatt sie über mobile Daten zu streamen. Ebenso könnte das Wissen über die Auswirkungen der Signalstärke auf den Energieverbrauch uns dazu veranlassen, unser Telefon in Gebieten mit schlechter Netzabdeckung weniger zu nutzen oder auf WLAN zu wechseln – wenn verfügbar.

Es ist wichtig, dass wir als Verbraucher Einfluss auf die Entwicklung und Implementierung von energieeffizienteren Technologien haben können. Durch die Nachfrage nach nachhaltigeren Produkten und Dienstleistungen können wir Unternehmen dazu anregen, in Forschung und Entwicklung zu investieren, um energieeffizientere Technologien zu entwickeln und umzusetzen.

Warum 4G und 5G unterschiedlich energiehungrig sind

Die Evolution der Mobilfunktechnologie ist ein kontinuierlicher Prozess, der sich durch die Verbesserung der Datenrate, der Zuverlässigkeit, der Netzwerkabdeckung und natürlich der Energieeffizienz auszeichnet. Derzeit sind vor allem 4G und 5G im Einsatz. Doch Ingenieure und Hersteller sprechen bereits über 6G.

6G ist die sechste Generation des Mobilfunknetzes. Es soll die Nachfolge von 5G antreten und eine deutlich höhere Geschwindigkeit und Bandbreite bieten. 6G soll über eine noch niedrigere Latenzzeit als 5G verfügen, was bedeutet, dass Daten schneller übertragen werden können. Dadurch sollen neue Anwendungen und Dienste möglich werden, wie zum Beispiel autonomes Fahren, Virtual Reality und Augmented Reality.

6G befindet sich noch in der Entwicklung und es gibt noch keine genauen Angaben zum Zeitpunkt der Markteinführung. Es wird jedoch erwartet, dass 6G in den frühen 2030er-Jahren verfügbar sein wird. Doch die Pläne machen deutlich: noch mehr Daten, noch mehr Geräte, noch mehr Tempo – noch mehr Sendemasten und Energieverbrauch.

So weit sind wir aber noch nicht. Derzeit sind 4G und 5G im Einsatz. Und es gibt bemerkenswerte Unterschiede zwischen den Generationen 4G (LTE) und 5G, die zu unterschiedlichem Energieverbrauch führen.

Energieeffizienz von 4G

4G, auch bekannt als LTE (Long Term Evolution), wurde in den späten 2000er-Jahren eingeführt und brachte deutliche Verbesserungen in Bezug auf Datenrate und Latenz im Vergleich zu den früheren 3G-Netzen.

Allerdings war der Energieverbrauch immer noch ein Hauptanliegen. Mobilfunkmasten, die 4G-Netze betreiben, können je nach Datenverkehr und Technologie bis zu mehreren Kilowattstunden pro Tag verbrauchen. Ein Bericht von Nokia und Telefónica aus dem Jahr 2020 schätzt, dass Telekommunikationsnetzwerke allein etwa 1 Prozent des weltweiten Energieverbrauchs ausmachen, und der Großteil dieses Verbrauchs stammt von 4G-Netzen.

Der Energieverbrauch von 4G wird von einer Reihe von Faktoren beeinflusst, darunter die Dichte der Mobilfunkmasten, die Art der Daten (Sprach- oder Datenverkehr), die Anzahl der verbundenen Geräte und die Zeit, die das Netzwerk in Betrieb ist. Wichtig ist auch, dass der Energieverbrauch von Mobilfunkmasten nicht linear mit dem Datenverkehr steigt. Das heißt, ein Mast, der mit voller Kapazität läuft, verbraucht nicht zwangsläufig mehr Energie als ein Mast, der nur teilweise ausgelastet ist.

Energieeffizienz von 5G

Die Einführung von 5G verspricht eine Reihe von Verbesserungen gegenüber 4G, darunter höhere Datenraten, niedrigere Latenzzeiten und bessere Netzwerkabdeckung. Gleichzeitig gibt es erhebliche Anstrengungen, um die Energieeffizienz von 5G zu verbessern und den Energieverbrauch zu senken.

Einige der Schlüsselelemente, die dazu beitragen, dass 5G energieeffizienter ist als 4G, sind:

- **Advanced Antenna Systems**: 5G verwendet fortschrittliche Antennensysteme, wie Massive MIMO (Multiple Input Multiple Output), die es ermöglichen, mehrere Datenströme gleichzeitig zu senden und zu empfangen. Diese Systeme können die Datenrate und die Netzwerkkapazität erheblich erhöhen und gleichzeitig die Energieeffizienz verbessern.
- **Network Slicing**: Dies ist eine neue Technologie, die es ermöglicht, ein physisches Netzwerk in mehrere virtuelle Netzwerke zu unterteilen (zu *slicen*). Jedes Slice kann individuell optimiert werden, um den spezifischen Anforderungen einer bestimmten Anwendung oder eines bestimmten Dienstes gerecht zu werden, was die Effizienz verbessert.

- **Beamforming**: Eine Technik, die das Signal direkt auf die Geräte richtet, anstatt es in alle Richtungen zu senden. Dies verbessert die Signalqualität und reduziert den Energieverbrauch.

Obwohl das moderne 5G die Möglichkeit bietet, energieeffizienter zu sein, gibt es auch einige Herausforderungen. Einerseits wird erwartet, dass 5G-Netze mehr Datenverkehr unterstützen und mehr Geräte verbinden werden, was den Energieverbrauch erhöhen könnte. Andererseits erfordert der Übergang zu 5G wahrscheinlich eine Periode der Koexistenz von 4G und 5G, in der beide Netzwerke parallel betrieben werden müssen (weil ein sofortiger Ausbau mit 5G überall nicht möglich ist); was ebenfalls den Energieverbrauch erhöht.

Es ist auch wichtig, dass die Energieeffizienz von 5G nicht nur durch die Technologie selbst bestimmt wird, sondern auch durch die Art und Weise, wie sie implementiert und genutzt wird. Zum Beispiel kann die Energieeffizienz durch eine intelligente Netzwerkplanung und -verwaltung, die Berücksichtigung von Umweltaspekten bei der Auswahl der Standorte für Mobilfunkmasten und die Förderung von energieeffizienten Praktiken bei den Nutzern verbessert werden.

Insgesamt bietet 5G ohne jeden Zweifel das Potenzial für deutlich höhere Energieeffizienz als der Vorgängerstandard 4G. Allerdings bedarf es erheblicher Anstrengungen, um dieses Potenzial auch voll auszuschöpfen. Es ist eine kollektive Aufgabe von Politikern, Regulierungsbehörden, Telekommunikationsunternehmen und Verbrauchern, sicherzustellen, dass die Vorteile von 5G nicht durch einen erhöhten Energieverbrauch zunichte gemacht werden.

Durch 5G steigt der Energieverbrauch stark an

Obwohl 5G also das Potenzial hat, die Energieeffizienz zu verbessern und den Energieverbrauch pro übertragener Datenmenge zu reduzieren, besteht die Sorge, dass der Gesamtenergieverbrauch der Mobilfunknetze tatsächlich steigen könnte. Dies liegt hauptsächlich an der erwarteten massiven Zunahme des Datenverkehrs und der Anzahl der vernetzten Geräte, die durch die Einführung von 5G ermöglicht wird.

Die Einführung von 5G wird voraussichtlich einen beispiellosen Anstieg des globalen Datenverkehrs mit sich bringen. Laut dem »Cisco Annual Internet Report« wird der jährliche weltweite IP-Datenverkehr bis 2023 unglaubliche 4,9 Zettabytes erreichen. Das entspricht einer jährlichen Wachstumsrate von 26 Prozent.

Dieser Anstieg wird hauptsächlich durch das Wachstum des mobilen Datenverkehrs bestimmt, insbesondere durch Videostreaming-Dienste und das Internet der Dinge.

Gleichzeitig erwarten Experten, dass die Anzahl der vernetzten Geräte weiter exponentiell wachsen wird. Der »Ericsson Mobility Report« schätzt,[30] dass es bis 2025 etwa 25 Milliarden vernetzte IoT-Geräte weltweit geben wird, im Vergleich zu 7,5 Milliarden im Jahr 2017. Diese Geräte werden kontinuierlich Daten senden und empfangen, was zu einem erheblichen Energieverbrauch führen wird.

Trotz der Verbesserungen in der Energieeffizienz, die durch die 5G-Technologie ermöglicht werden, könnte der erhebliche Anstieg des Datenverkehrs und der Anzahl der vernetzten Geräte dazu führen, dass der Gesamtenergieverbrauch der Mobilfunknetze tatsächlich steigt. Eine Studie des *Journal of Cleaner Production* aus dem Jahr 2020 schätzt, dass der Energieverbrauch der Informationstechnologie und Kommunikation (IKT) unter den aktuellen Trends bis 2030 um 21 Prozent ansteigen könnte, wobei der Mobilfunk den größten Anteil daran hat.

Darüber hinaus gibt es Bedenken hinsichtlich der Umweltauswirkungen des erhöhten Energieverbrauchs durch 5G. Obwohl der Übergang zu erneuerbaren Energien in einigen Teilen der Welt voranschreitet, wird ein Großteil der Energie, die zur Stromversorgung der Mobilfunknetze benötigt wird, immer noch aus fossilen Brennstoffen gewonnen. Dies führt zu einer Erhöhung der CO_2-Emissionen und trägt zur globalen Erwärmung bei.

Es ist wichtig zu betonen, dass diese Prognosen auf den aktuellen Trends basieren und dass die tatsächlichen Auswirkungen von 5G auf den Energieverbrauch von einer Reihe von Faktoren abhängen werden, darunter die Geschwindigkeit und der Umfang der 5G-Einführung, die Entwicklung von energieeffizienten Technologien und Praktiken, und die Energiepolitik der einzelnen Länder.

Zusammenfassend lässt sich sagen, dass die kontinuierliche Einführung von 5G (und das weltweit) das Potenzial hat, die Energieeffizienz prinzipiell zu verbessern, aber eben auch das Risiko birgt, den Gesamtenergieverbrauch der Mobilfunknetze zu erhöhen. Es bedarf erheblicher Anstrengungen, um dieses Risiko zu mindern und sicherzustellen, dass 5G einen positiven Beitrag zur nachhaltigen Entwicklung leistet.

Der Mobilfunk braucht Regulierung

»Von selbst« werden sich die Herausforderungen nicht in Luft auflösen. Die Politik und Regulierung spielen eine entscheidende Rolle bei der Gestaltung des Energieverbrauchs von Mobiltelefonen und Mobilfunknetzwerken. Sie setzen Rahmenbedingungen, motivieren zur Entwicklung von effizienteren Technologien und bestimmen, wie Unternehmen und Verbraucher ihre digitalen Geräte und Dienste nutzen.

Da der Energieverbrauch von Mobiltelefonen und Mobilfunknetzwerken einen erheblichen Beitrag zur globalen CO_2-Bilanz leistet, ist es wichtig, dass politische Entscheidungsträger Maßnahmen ergreifen, um die Energieeffizienz zu verbessern und den allgemeinen Energieverbrauch zu reduzieren.

Standards und Richtlinien

Eine Möglichkeit, wie die Politik den Energieverbrauch beeinflusst, ist die Einführung von Standards und Richtlinien. Diese können auf nationaler oder internationaler Ebene eingeführt werden und legen Mindestanforderungen an die Energieeffizienz von Geräten und Netzwerken fest.

Beispielsweise könnte eine Regulierungsbehörde Anforderungen für den Standby-Stromverbrauch von Mobiltelefonen festlegen oder Grenzwerte für den Energieverbrauch von Mobilfunkbasisstationen einführen. Diese Standards und Richtlinien können dazu beitragen, die Energieeffizienz zu verbessern und den Gesamtenergieverbrauch zu reduzieren.

Ebenso wäre es aber auch möglich und wünschenswert, bei der Vergabe von Mobilfunkfrequenzen nicht nur den Grad der Abdeckung im Land festzuschreiben, sondern zum Beispiel auch umweltpolitische Aspekte zu berücksichtigen. Sei es, dass nur maximal effiziente Technologie zum Einsatz kommen darf oder bevorzugt Energie aus regenerativen Quellen zum Einsatz kommt.

Die Regulierung der Mobilfunkinfrastruktur ist ein wichtiger Aspekt. Dies kann die Festlegung von Anforderungen an die Energieeffizienz von Mobilfunkbasisstationen, die Regulierung der Netzwerkplanung und -bereitstellung oder die Festlegung von Anforderungen an das Energiemanagement von Telekommunikationsunternehmen beinhalten. Durch die Regulierung der Infrastruktur können politische Entscheidungsträger dazu beitragen, den Energieverbrauch des gesamten Netzwerks zu reduzieren.

Förderung von Forschung und Entwicklung

Eine weitere wichtige Rolle der Politik besteht darin, Forschung und Entwicklung zu fördern. Dies kann durch direkte staatliche Finanzierung, Steueranreize oder andere Mechanismen geschehen.

Durch die Unterstützung der Entwicklung neuer, energieeffizienterer Technologien und die Förderung von Innovationen in diesem Bereich können politische Entscheidungsträger dazu beitragen, den Energieverbrauch von Mobiltelefonen und Mobilfunknetzwerken zu reduzieren.

Verbraucherpolitik und -bildung

Neben der direkten Regulierung von Geräten und Netzwerken spielt die Politik auch eine wichtige Rolle bei der Beeinflussung des Verbraucherverhaltens.

Durch öffentliche Aufklärungskampagnen, die Förderung von Energieeffizienz und die Bereitstellung von Informationen über den Energieverbrauch von Geräten und Diensten können politische Entscheidungsträger dazu beitragen, das Bewusstsein der Verbraucher zu schärfen und sie zu energieeffizienteren Verhaltensweisen zu motivieren.

Abfall- und Recyclingpolitik

Schließlich spielt die Politik auch eine wichtige Rolle in Bezug auf das Ende des Lebenszyklus von Mobiltelefonen. Durch die Einführung von Gesetzen und Vorschriften zur Elektronikschrottentsorgung und zum Recycling können politische Entscheidungsträger dazu beitragen, den Energieverbrauch in der Entsorgungs- und Recyclingphase zu reduzieren.

Beispielsweise könnten sie Anforderungen für die Rücknahme und das Recycling von Mobiltelefonen durch Hersteller einführen, oder sie könnten Maßnahmen ergreifen, um die Wiederverwendung und das Upcycling von Mobiltelefonen zu fördern (siehe hier auch Kapitel 7).

Die Politik spielt also eine entscheidende Rolle bei der Gestaltung des Energieverbrauchs von Mobiltelefonen und Mobilfunknetzwerken. Durch die Einführung von Standards und Richtlinien, die Förderung von Forschung und Entwicklung, die Regulierung der Infrastruktur, die Beeinflussung des Verbraucherverhaltens und die Gestaltung der Abfall- und Recyclingpolitik können politische Entscheidungsträger dazu beitragen, die Energieeffizienz zu verbessern und den Gesamtenergieverbrauch zu reduzieren.

Dabei ist es wichtig, dass sie eine ganzheitliche Perspektive einnehmen, die alle Phasen des Lebenszyklus eines Mobiltelefons berücksichtigt. Denn nur durch einen umfassenden Ansatz lässt sich der Übergang zu einer energieeffizienteren und nachhaltigeren digitalen Gesellschaft erreichen.

KAPITEL 6

Bitcoin und Co: Kryptowährungen und ihr immenser CO_2-Fußabdruck

Bis vor einigen Jahren war Bitcoin für die meisten Menschen eher eine weitere merkwürdige Randnotiz im Internet. Etwas, wovon man zwar schon mal gehört hat, das aber keinerlei Bedeutung für das eigene Leben hat.

Mittlerweile hat sich Bitcoin jedoch zu einer technologischen Kraft entwickelt, die ebenso viele Diskussionen und Debatten auslöst, wie sie Energie verbraucht (Letzteres vielleicht sogar noch mehr): Diese Kryptowährung, die ursprünglich als eine dezentrale, unregulierte Form des digitalen Geldes eingeführt wurde, hat sich zu einem energieintensiven Netzwerk entwickelt, das jedes Jahr mehr Strom verbraucht als viele einzelne Länder.

Jetzt mag man sich fragen, wie kann es sein, dass virtuelles Geld, das nur in der digitalen Welt existiert und nicht gedruckt, geprägt und verteilt wird, dass eine virtuelle Währung überhaupt so viel Energie benötigt? Und ehrlich gesagt **kann** man sich diese Frage nicht nur stellen – man **muss** es sogar. Denn der Energieverbrauch des Bitcoins ist enorm. Dafür gibt es zahlreiche Gründe, auf die ich in diesem Kapitel ausführlich eingehe.

Fakt ist: Kryptowährungen (es gibt mittlerweile wortwörtlich Tausende: CoinMarketCap, eine beliebte Ressource für Kryptowährungs-Informationen, listet zur Drucklegung dieses Buches bereits über 11.000 verschiedene Kryptowährungen auf)[31] haben in den letzten Jahren enorm an Popularität gewonnen.

Von ihren Unterstützern werden sie als revolutionäre neue Form des digitalen Geldes gefeiert, die durchaus das Potenzial hat, die Art und Weise zu verändern, wie wir Finanztransaktionen durchführen. Hier sind nur zehn besonders wichtige/bekannte.

1. **Bitcoin (BTC)**: Bitcoin ist die bekannteste und älteste Kryptowährung und verwendet den Proof-of-Work-Mechanismus. Bitcoin verbraucht die meiste Energie aller Kryptowährungen, aufgrund der Rechenintensität und der Menge an Minern, die im Netzwerk konkurrieren.
2. **Ethereum (ETH)**: Ethereum ist eine weitere populäre Kryptowährung, die ebenfalls Proof of Work verwendet, aber weniger Energie als Bitcoin verbraucht. Ethereum plant, auf ein weniger energieintensives Protokoll namens Proof of Stake (PoS) umzusteigen, das den Energieverbrauch erheblich reduzieren sollte.

3. **Bitcoin Cash (BCH)**: Als Abspaltung von Bitcoin verwendet Bitcoin Cash das gleiche Mining-Verfahren und verbraucht daher eine ähnliche Menge an Energie pro Transaktion.
4. **Litecoin (LTC)**: Obwohl Litecoin weniger verbreitet ist als Bitcoin oder Ethereum, verwendet es dennoch den energieintensiven Proof-of-Work-Mechanismus.
5. **Bitcoin SV (BSV)**: Eine weitere Abspaltung von Bitcoin, Bitcoin SV, hat ebenfalls einen hohen Energieverbrauch aufgrund seiner Nutzung von Proof of Work.
6. **Ethereum Classic (ETC)**: Ethereum Classic ist die ursprüngliche Kette von Ethereum und verwendet weiterhin Proof of Work, was zu einem hohen Energieverbrauch führt.
7. **Monero (XMR)**: Monero ist eine Kryptowährung, die auf Datenschutz und Anonymität ausgerichtet ist. Sie verwendet Proof of Work, was zu einem hohen Energieverbrauch führt.
8. **Zcash (ZEC)**: Zcash ist eine weitere datenschutzorientierte Kryptowährung, die Proof of Work verwendet und daher einen hohen Energieverbrauch hat.
9. **Dogecoin (DOGE)**: Obwohl es ursprünglich als Scherz begonnen hat, hat Dogecoin eine beträchtliche Menge an Minern angezogen und verbraucht daher eine erhebliche Menge an Energie.
10. **DASH (DASH)**: DASH verwendet einen hybriden Konsensmechanismus, der sowohl Proof of Work als auch Proof of Stake umfasst. Es hat einen relativ hohen Energieverbrauch, obwohl dieser nicht so hoch ist wie bei reinen Proof-of-Work-Kryptowährungen.

Wir wollen in diesem Buch nicht die Sinnhaftigkeit von Kryptowährungen diskutieren – das ist ein ganz eigenes Thema, das mühelos ganze Bände zu füllen vermag. Festhalten müssen wir allerdings: Neben den vielen Vorteilen, die diese digitalen Währungen prinzipiell bieten, gibt es eben auch eine wachsende Besorgnis über den erheblichen Energieverbrauch, den einige dieser Währungen für ihre Transaktionen und ihren Betrieb erfordern. Dieser Energieverbrauch ist erheblich – und deswegen alles andere als zu vernachlässigen.

Kryptowährungen und ihr Energieverbrauch

Bitcoin wurde erstmals in einem Whitepaper mit dem Titel »Bitcoin: A Peer-to-Peer Electronic Cash System« vorgestellt, das 2008 von einer Person oder einer Gruppe, die unter dem Pseudonym Satoshi Nakamoto bekannt ist, veröffentlicht wurde.[32] Dieses Whitepaper stellte das Konzept und das Protokoll für Bitcoin vor und ist der erste und wohl wichtigste Beleg für die Einführung von Bitcoin.

Der Bitcoin wurde als komplett dezentralisierte Währung konzipiert, die – anders als klassische Währungen – ohne Zentralbank oder Verwalter auskommt. Transaktionen werden von Netzwerkknoten durch Kryptografie bestätigt und in einer öffentlichen Distributed-Ledger-Technologie namens Blockchain aufgezeichnet (eine Methode, die mittlerweile auch für viele andere Aufgaben und Projekte verwendet wird). Diese einzigartige Methode der Aufzeichnung und Überprüfung von Transaktionen sorgt für die Sicherheit des Systems, bringt aber auch einen hohen Energieaufwand mit sich.

Doch der erhebliche Energieverbrauch von Kryptowährungen, insbesondere von Bitcoin, wird in den letzten Jahren zunehmend diskutiert. Anfangs war der Bitcoin kein Problem, was den Energiekonsum betraf – heute allerdings schon. Die zunehmende Popularität dieser Währungen führt zu einer steigenden Anzahl von Transaktionen und damit zu einem deutlich höheren Energieverbrauch.

Häufig wird der Energieverbrauch von Bitcoin mit dem von ganzen Ländern verglichen: Laut »Cambridge Centre for Alternative Finance« verbraucht Bitcoin heute schon mehr Energie als komplette Nationen wie die Niederlande oder die Vereinigten Arabischen Emirate.[33] Das sind Dimensionen, die man nicht mehr vernachlässigen kann.

Gründe für den enormen Energiebedarf

Stellt sich die Frage: Warum verbraucht Bitcoin – und Kryptowährung im Allgemeinen – so viel Energie?

Der Hauptgrund liegt in der Art und Weise, wie auf technischer Ebene Transaktionen (etwa: Ein Bitcoin wechselt den Besitzer) verarbeitet und bestätigt werden. Bei traditionellen Währungen übernehmen Zentralbanken und Finanzinstitute die Aufgabe, Transaktionen zu überprüfen und sicherzustellen, dass das Geld nicht zweimal ausgegeben wird. Bei Bitcoin und vielen anderen Kryptowährungen wird dieser Prozess jedoch von den Nutzern selbst durchgeführt.

Dieser Prozess, bekannt als Mining, beinhaltet die Lösung komplexer mathematischer Probleme, um Transaktionen zu bestätigen und sie zur Blockchain hinzuzufügen. Jeder, der diese Probleme löst, wird mit neuen Bitcoins belohnt. Dieser Prozess ist absichtlich arbeits- und energieintensiv gestaltet, um sicherzustellen, dass das Hinzufügen neuer Blöcke zur Blockchain Zeit und Ressourcen erfordert. Dies erhöht die Sicherheit des Systems, indem es die Kontrolle über die Blockchain vor einzelnen Akteuren schützt.

Das Mining erfordert spezielle Hardware und erhebliche Rechenleistung, was wiederum zu einem hohen Stromverbrauch führt. Da der Preis von Bitcoin und anderen Kryptowährungen gestiegen ist, hat sich auch das Interesse am Mining erhöht, was zu einem noch höheren Energieverbrauch führt.

So funktioniert Bitcoin-Mining

Mining ist ein komplexer Vorgang. Im Grunde genommen handelt es sich beim Bitcoin-Mining um einen Wettbewerb. Zahllose Miner konkurrieren darum, den nächsten Block (das heißt eine Gruppe von Transaktionen) zur Bitcoin-Blockchain hinzuzufügen. Dies tun sie, indem sie – vereinfacht ausgedrückt – komplexe mathematische Rätsel lösen, die auf dem SHA-256-Hash-Algorithmus basieren. Dieser Algorithmus verwandelt eine Eingabe (in diesem Fall Daten zu einer neuen Transaktion) in eine feste Länge an Zeichen, die als Hash bezeichnet wird.

Das Rätsel, das die Miner lösen müssen, besteht darin, einen Hash zu finden, der unter einem bestimmten Zielwert liegt. Das spezifische Ziel wird durch die Schwierigkeit des Netzwerks bestimmt, die sich alle 2016 Blöcke (etwa alle 2 Wochen) ändert, um sicherzustellen, dass im Durchschnitt alle zehn Minuten ein neuer Block zur Blockchain hinzugefügt wird.

Energieverbrauch beim Bitcoin-Mining

Die Konkurrenz um die Lösung des mathematischen Rätsels im Bitcoin-Netzwerk und die damit verbundene Belohnung in Form von neuen Bitcoins und Transaktionsgebühren erfordert eine erhebliche Menge an Rechenleistung. Diese Rechenleistung wird in spezialisierten Computern bereitgestellt, die als Mining Rigs bezeichnet werden. Diese Geräte verbrauchen eine Menge Strom.

Ein typischer Mining Rig kann zwischen 1 und 3 KWh verbrauchen, abhängig von der spezifischen Hardware und den aktuellen Umgebungsbedingungen. Bedenkt man, dass die weltweite Mining-Community aus Tausenden oder sogar Millionen solcher Geräte besteht, wird schnell deutlich, dass der Energieverbrauch des Bitcoin-Netzwerks enorm sein muss.

Das Bitcoin-Mining verbraucht eine erhebliche Menge an Energie, sowohl direkt durch den Betrieb der Mining-Hardware als auch indirekt durch die Kühlungssysteme, die erforderlich sind, um die Hardware vor Überhitzung zu schützen. Diese hohe Energieanforderung ist notwendig, um die Sicherheit des Bitcoin-Netzwerks zu gewährleisten, aber sie hat eben auch erhebliche Auswirkungen auf die Umwelt.

Zusammengefasst ist Bitcoin-Mining ein energieintensiver Prozess, der notwendig ist, um das Bitcoin-Netzwerk sicher und funktionsfähig zu halten. Während es für die Verifizierung von Transaktionen und die Schaffung neuer Bitcoins unerlässlich ist, führt es auch zu erheblichen Umweltauswirkungen aufgrund seines hohen Energieverbrauchs. Es ist daher wichtig, bei der Diskussion über die Nutzung von Bitcoin und anderen digitalen Währungen die Umweltauswirkungen des Mining-Prozesses zu berücksichtigen.

Energiebedarf in zwei Jahren verdoppelt

Doch wie hoch ist der Energieverbrauch konkret? Exakte Angaben sind nicht möglich, da Miner keine Daten erheben – und schon gar nicht veröffentlichen. Doch das »Cambridge Centre for Alternative Finance« führt einen »Bitcoin Electricity Consumption Index«, der eine seriöse Schätzung des jährlichen Stromverbrauchs von Bitcoin in Echtzeit bietet. Laut diesem Index verbrauchte Bitcoin im Juli 2021 etwa 67 Terawattstunden pro Jahr, was ungefähr dem jährlichen Energieverbrauch eines Landes wie Belgien entspricht.

Mittlerweile (Sommer 2023) hat sich dieser Energiekonsum praktisch verdoppelt: Laut Index müssen wir bereits von 138 Terawattstunden im Jahr ausgehen, möglich wären aber auch (»Theoretical Upper Bound«)

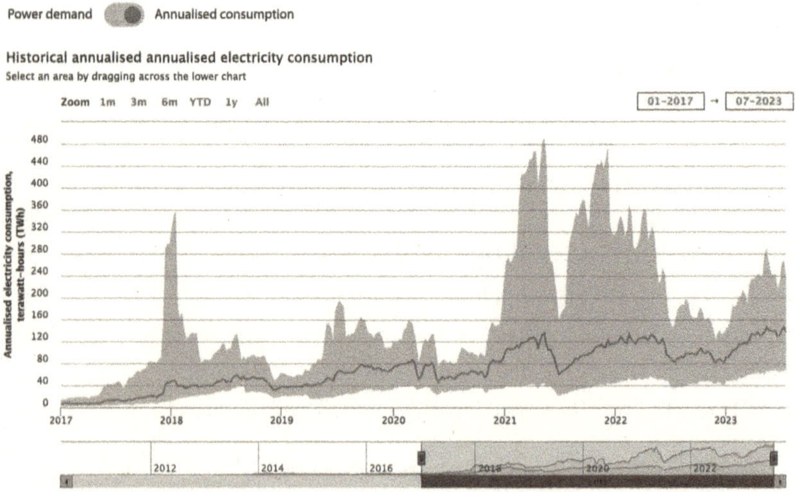

239 Terawattstunden. Der Energiekonsum der Bitcoin-Gemeinde explodiert geradezu.

Der daraus resultierende CO_2-Ausstoß ist schwieriger zu berechnen, da er stark davon abhängt, welche Energiequellen zur Stromerzeugung verwendet werden. Wenn beispielsweise Kohle mit hohem Kohlenstoffgehalt zur Stromerzeugung verwendet wird (es werden teilweise komplette Kohlekraftwerke benötigt, um den Energiehunger des Bitcoins zu stillen), ist der CO_2-Ausstoß pro Kilowattstunde viel höher als bei erneuerbaren Energiequellen. Einige Studien haben geschätzt, dass der CO_2-Fußabdruck von Bitcoin in etwa vergleichbar mit dem von Ländern wie Jordanien oder Sri Lanka ist.

Komplette Kohlekraftwerke für Mining

Das System ist simpel: Je mehr Rechenleistung ein Miner bereitstellt, desto höher ist die Wahrscheinlichkeit, dass er einen neuen Block zur Bitcoin-Blockchain hinzufügen und die damit verbundenen Bitcoin-Belohnungen erhalten kann. Die Kehrseite dieses hohen Energieverbrauchs ist der ökologische Fußabdruck, der oft in Form von CO_2-Emissionen auftritt, insbesondere wenn die Energie aus fossilen Brennstoffen wie Kohle stammt.

Warum Kohlekraftwerke? In einigen Regionen, wie China (vor allem in den Provinzen Xinjiang und die Innere Mongolei, bis diese Aktivitäten wegen Umweltbedenken verboten wurden) und Teilen der USA, ist Kohlestrom billig und reichlich vorhanden. Darüber hinaus gibt es in diesen Regionen oft ungenutzte Kohlekraftwerke, die eine günstige Infrastruktur für Bitcoin-Miner bieten. Solche ungenutzten Kohlekraftwerke wurden in Bitcoin-Mining-Farmen umgewandelt, was die anfänglichen Kosten für den Aufbau der erforderlichen Infrastruktur erheblich reduziert.

Ein Beispiel dafür ist die Hardin Generating Station in Montana, USA. Das Kraftwerk wurde 2018 wegen mangelnder Nachfrage geschlossen, aber 2020 von einem Bitcoin-Mining-Unternehmen namens Marathon Digital Holdings gekauft. Marathon Digital Holdings hat das Kraftwerk wieder in Betrieb genommen – und nutzt es seitdem, um damit Strom für seine

Bitcoin-Mining-Aktivitäten zu erzeugen. Das komplette Kohlekraftwerk erfüllt einzig und allein diesen Zweck.

Ein weiteres Beispiel ist das Bitcoin-Mining-Rechenzentrum von Bitmain in China. Dieses Rechenzentrum wird von einem Kohlekraftwerk in der Nähe von Ordos in der Inneren Mongolei mit Strom versorgt. Das Kraftwerk ist eines der größten Kohlekraftwerke in China und hat eine Kapazität von 2000 Megawatt.

Der hohe Stromverbrauch des Bitcoin-Minings, insbesondere wenn der Energiebedarf aus Kohlekraftwerken gewonnen wird, hat negative Auswirkungen auf die Umwelt. Die Verbrennung von Kohle zur Stromerzeugung setzt große Mengen an Treibhausgasen wie Kohlendioxid und Schwefeldioxid frei. Diese Gase tragen zum Klimawandel bei und schädigen die Umwelt.

Es ist wichtig, dass das Bitcoin-Mining umweltfreundlich wird. Denn das Bitcoin-Netzwerk hat prinzipiell das Potenzial, eine wichtige Rolle bei der Dezentralisierung der Finanzmärkte und der Förderung der Innovation zu spielen. Allerdings darf das nicht mit einer derartigen Umweltbelastung einhergehen. Klar: Sofern eine Gesellschaft mühelos in der Lage ist, 100 Prozent des Strombedarfs mit regenerativen Energien zu decken, spielt dieser Aspekt keine so große Rolle mehr. Doch so weit sind wir noch lange nicht.

Vorteil für die Sicherheit der Kryptowährung – und Umweltproblem

Während der Energieverbrauch von Kryptowährungen für einige ein notwendiger und hinnehmbarer Preis für ein dezentralisiertes und sicheres digitales Währungssystem ist (sie sind bereit, die Umweltbelastung in Kauf zu nehmen), sehen andere darin ein ernstes Umweltproblem.

Ich selbst gehöre definitiv dazu. Der Energieverbrauch des Bitcoins ist regelrecht obszön – und das, obwohl der Bitcoin kein allgemein gültiges, legitimiertes Bezahlsystem ist. Der Bitcoin wird bislang vor allem für Spekulationen und häufig für illegale Geschäfte genutzt (dafür war er nicht gedacht, aber so ist die Realität). Das macht es, zumindest in meinen Augen, umso sinnloser, so viel Energie dafür zu verbrauchen. Andere kommen zu einem anderen Urteil. Fair enough.

Zusammenfassend lässt sich sagen, dass Kryptowährungen – obwohl sie das Potenzial haben, die Art und Weise, wie wir über Geld und Finanztransaktionen denken, zu verändern – auch eine ernsthafte Herausforderung in Bezug auf den Energieverbrauch und die Umweltauswirkungen darstellen. Im weiteren Verlauf werden wir uns näher mit dem spezifischen Energieverbrauch von Bitcoin und Ethereum befassen, um ein klareres Bild von diesen Problemen zu erhalten.

Das Grundgerüst des Bitcoins: Blockchain

Wer verstehen möchte, wie ein derart hoher Energiebedarf überhaupt entstehen kann, muss wohl oder übel etwas tiefer in das Konzept und die Technologie eintauchen – es geht nicht anders. Wagen wir also einen Blick hinter die Kulissen.

Das Rückgrat des Bitcoins (und der meisten anderen Kryptowährungen) ist eine spannende und vielseitige Technologie namens Blockchain. Die Blockchain-Technologie hat ohne jede Frage die Art und Weise revolutioniert, wie Informationen im digitalen Raum gespeichert und verifiziert werden. Es ist die zugrunde liegende Struktur, die Transaktionen in einem Kryptowährungs-Netzwerk aufzeichnet und sicherstellt, dass jede Transaktion einzigartig, sicher und transparent ist.

Datenblöcke in Reihe

Eine Blockchain besteht aus einer Kette von Datenblöcken, die chronologisch miteinander verbunden sind. Jeder Block enthält eine Reihe von Transaktionen, und jede Transaktion wird verschlüsselt und mit einem eindeutigen »Hash« versehen: eine Art digitaler Fingerabdruck, ein Instrument, das der Sicherheit und Glaubwürdigkeit dient. Dieser Hash wird zusammen mit anderen Transaktionsinformationen in dem Block gespeichert. Sobald ein Block »voll« ist, wird ein neuer Block erstellt und mit dem Hash des vorherigen Blocks verbunden. Das Ergebnis ist eine chronologische Kette von Blöcken – daher der Name Blockchain.

Dieser Prozess der Blockbildung ist jedoch energieintensiv und das hat mehrere Gründe. Einer der Hauptgründe ist die Methode, die zur Bestätigung von Transaktionen verwendet wird, bekannt als »Proof-of-Work« (PoW). Bei diesem Prozess konkurrieren Computer, die als »Miner« bezeichnet werden, ein kompliziertes mathematisches Rätsel zu lösen. Derjenige, der das Rätsel zuerst löst, darf den nächsten Block zur Kette hinzufügen – und wird mit einer bestimmten Menge an Kryptowährung belohnt.

Wer viel und schnell rechnet, quasi als Dienstleister für das Netzwerk, verdient Kryptogeld.

Das Problem – aus Sicht dieses Buches: Dieser Wettbewerb erfordert eine große Menge an Rechenleistung und damit auch Energie.

Rechenaufwand für Mining nimmt ständig zu

Am Anfang, quasi in der Frühzeit von Bitcoin, konnten durchaus noch normale PCs diese Rechenaufgaben lösen und Berechnungen durchführen. Ich habe das selbst gemacht – und mich über die ersten Bitcoins gefreut, die damals allerdings nur wenige Euro wert waren (leider habe ich sie nicht behalten). Heute aber erfordert das Mining spezielle Hardware, die als ASICs (Application Specific Integrated Circuits) bekannt ist. Diese Geräte sind unglaublich leistungsstark und benötigen dementsprechend auch eine Menge Strom.

Darüber hinaus besteht das PoW-System darauf, dass diese Berechnungen bewusst schwierig und zeitintensiv sind. Dies dient dazu, das Netzwerk sicher zu halten: Denn wenn es (zu) leicht wäre, diese Rätsel zu lösen, könnten böswillige Akteure das Netzwerk überschwemmen und die Kontrolle übernehmen. Aber indem das System die Schwierigkeit dieser Rätsel erhöht, stellt es sicher, dass kein einzelner Akteur das Netzwerk dominieren kann.

Doch diese Sicherheit hat einen Preis: einen extrem hohen Energieverbrauch.

Bei einem globalen Energieverbrauch (freilich geschätzt) von 140 Terawattstunden pro Jahr kann man ohne zu übertreiben feststellen: Der Bitcoin verbraucht deutlich mehr Energie als viele Länder auf diesem Planeten. Das gesamte Land Argentinien verbraucht etwa 125 Terawattstunden pro Jahr. Der Löwenanteil dieser für den Bitcoin benötigten Energie geht in den Prozess des Minings, das heißt in das Lösen dieser komplexen mathematischen Rätsel, die Transaktionen validieren und zur Blockchain hinzufügen.

Doch das Mining ist es nicht allein. Hinzu kommt noch die Verwaltung der Bitcoin in der erwähnten Blockchain – eine Art dezentrale Buchhaltung. Auch sie verbraucht Energie. Je mehr Bitcoin es gibt, je mehr Transaktionen entstehen, desto höher der Aufwand und der Energiebedarf.

Dieses digitale Verwaltungssystem wird in immer mehr Bereichen eingesetzt, gilt als fälschungssicher, aber eben nicht energieeffizient. Im dem Fachmagazin *Nature* ist nachzulesen,[34] dass laut einer Studie allein der Bitcoin auf Dauer für bis zu zwei Grad Klimaerwärmung verantwortlich sein könnte, wenn die Kryptowährung großflächig eingesetzt würde. Alles andere als eine Petitesse.

Der Energiebedarf beim Bitcoin ist so hoch, dass es sich rechnet, dass Miner von Bitcoin sogar eigene Kohlekraftwerke betreiben (siehe weiter oben) oder Kohleminen in den USA kaufen. Selbst Fracking-Gas kommt zum Einsatz, um auch die letzten nicht mal mehr 2 Millionen Bitcoin erschürfen zu können. Das alles ist eben ein Geschäft: Ein Bitcoin war schon mal 60.000 Dollar wert – da kann man durchaus investieren, um die Rechner arbeiten zu lassen. Allerdings achten die meisten Miner eben nicht auf Nachhaltigkeit.

So viel Energiehunger hat nicht nur Folgen für das Klima, sondern teilweise sogar auf die Energieversorgung ganzer Nationen. China zum Beispiel – einige Jahre Heimat der meisten Miner – hat im September 2021 das Mining und den Handel mit Bitcoin und anderen Kryptowährungen untersagt. Offiziell wegen des hohen Energiebedarfs. Denn es gab so viele

Bitcoin-Miner in China, dass sogar die generelle Energieversorgung des Landes gefährdet war. In Wahrheit wird China aber auch andere Gründe gehabt haben, den Bitcoin zu verbieten, weil sich die Währung staatlicher Kontrollen entzieht.

Bitcoin-Mining in China

China hat lange Zeit eine wichtige Rolle im Bitcoin-Mining gespielt. Im Jahr 2019 machte China rund 70 Prozent des globalen Bitcoin-Minings aus. Der Grund für diesen enormen Anteil an der Erzeugung neuer Bitcoins ist einfach: China verfügt über ein großes Angebot an billiger Stromversorgung, ebenso über eine große Anzahl qualifizierter Arbeitskräfte.

Im Jahr 2021 hat China jedoch das Bitcoin-Mining so überraschend wie konsequent verboten. Aus mehreren Gründen: Zum einen wollte China die Kontrolle über die Finanzmärkte stärken, zum anderen wollte China die Umweltverschmutzung durch das Bitcoin-Mining reduzieren.

Das Verbot des Bitcoin-Minings in China hatte einen großen Einfluss auf das globale Bitcoin-Netzwerk. Die Hashrate, also die Rechenleistung des Bitcoin-Netzwerks, hat sich seit dem Verbot um rund 50 Prozent verringert. Dies hat zu einer langsameren Transaktionsgeschwindigkeit und höheren Gebühren im Bitcoin-Netzwerk geführt.

Das Verbot des Bitcoin-Minings in China hat auch zu einer Verlagerung des Bitcoin-Minings in andere Länder geführt. Länder wie die USA, Kasachstan und Kanada haben ihre Bitcoin-Mining-Aktivitäten in den letzten Jahren stark ausgebaut.

Das Verbot des Bitcoin-Minings in China ist ein Zeichen für die zunehmende Regulierung von Kryptowährungen durch Regierungen auf der ganzen Welt. Anhänger des Bitcoins können der Entwicklung aber auch Positives abgewinnen: Es sei auch ein Zeichen für die Widerstandsfähigkeit des Bitcoin-Netzwerks, denn trotz des Verbots hat sich das Bitcoin-Netzwerk weiterentwickelt und wächst weiter. Was zweifellos zutreffend ist.

Mining-Hardware und deren Effizienz

Zurück zu den Anfängen und der eigentlichen Ursache für den Energiebedarf des Bitcoins: das Mining. Die ersten Bitcoin-Miner verwendeten gewöhnliche CPUs (Central Processing Units), um die notwendigen Berechnungen durchzuführen. Da jedoch die Schwierigkeit der mathematischen Probleme mit der Zeit anstieg, wechselten die Miner zu leistungsfähigeren GPUs.

Eine GPU (Graphics Processing Unit) ist ein spezieller Prozessor, der eigentlich für die Verarbeitung von Grafikdaten optimiert ist. GPUs werden in Grafikkarten verwendet, um Bilder für Computerspiele, Videobearbeitung und andere Anwendungen zu rendern. GPUs sind in der Regel viel schneller als allgemeine Prozessoren (CPUs) und können daher für die Verarbeitung von Benutzereingaben und die Darstellung von Grafiken verwendet werden.

Aufgrund ihrer besonderen Fähigkeiten werden solche GPUs aber auch gerne für das Mining genutzt. Denn sie sind in der Lage, mehrere Aufgaben gleichzeitig auszuführen, was sie für viele Aufgaben geeignet macht, die parallelisiert werden können. GPUs werden auch in Cloud-Computing-Anwendungen oder bei künstlicher Intelligenz eingesetzt, um die Leistung zu erhöhen.

Aber selbst das reicht nicht mehr. Heutzutage verwenden die meisten Miner spezialisierte ASICs, die gezielt für das Mining von Bitcoin entwickelt wurden.

Diese ASICs sind weitaus effizienter als CPUs oder GPUs, was bedeutet, dass sie mehr Hashes pro Sekunde bei gleichem oder geringerem Energieverbrauch erzeugen können. Dies hat dazu geführt, dass der Energieverbrauch pro Transaktion im Laufe der Zeit tatsächlich gesunken ist (immerhin!), obwohl der Gesamtenergieverbrauch von Bitcoin aufgrund der zunehmenden Popularität und des steigenden Preises der Kryptowährung gestiegen ist.

Geografische Verteilung von Minern und Energiequellen

Die Miner von Bitcoin sind über die ganze Welt verteilt, wobei ein Großteil des Minings lange Zeit in China stattfand. Laut einer Studie des Cambridge Centre for Alternative Finance aus dem Jahr 2020 stammten etwa 65 Prozent des globalen Bitcoin-Minings aus China, bis das Mining 2021 in China verboten wurde. Weitere bedeutende Mining-Länder sind die USA, Russland, Kasachstan und Malaysia.

Die Energiequellen, die die Miner verwenden, variieren ebenfalls. In Regionen mit günstigen Strompreisen, insbesondere dort, wo überschüssige erneuerbare Energie vorhanden ist, kann das Mining von Bitcoin tatsächlich dazu beitragen, die Nachfrage nach dieser Energie zu erhöhen und so zu ihrer effizienten Nutzung beizutragen. In anderen Regionen, insbesondere in solchen mit Kohlestrom, kann das Mining jedoch zu erhöhten CO_2-Emissionen führen.

Pro Bitcoin-Transaktion ein halbes Pfund Elektroschrott

Was kaum einer weiß, aber schockierend ist: Kryptowährungen verbrauchen nicht nur Strom, sondern sie produzieren auch massenhaft Elektroschrott. Einer Studie zufolge entsteht dabei täglich so viel Müll wie beim Entsorgen einer halbe Million Smartphones.[35]

Zugegeben: Es ist schwierig, eine genaue Menge an Hardware-Abfall pro Bitcoin-Transaktion zu bestimmen. Der von der Studie erwähnte Hardware-Müll ist das Ergebnis des Lebenszyklus von Mining-Geräten, die zur Validierung von Bitcoin-Transaktionen verwendet werden. Diese Geräte, oft als ASICs (Application-Specific Integrated Circuits) bezeichnet, sind spezialisierte Computer, die zum Lösen von kryptografischen Rätseln in der Bitcoin-Blockchain eingesetzt werden.

Doch diese Geräte sind derart spezialisiert, dass sie nichts anderes können, als für das Bitcoin-Netzwerk rechnen. Wenn sie ausgemustert werden, weil sie zu langsam arbeiten (und Wettbewerber schneller rechnen und belohnt werden), müssen sie entsorgt werden. Eine Verwendung in Schulen etwa ist nicht möglich. Die genaue Menge dieses Abfalls hängt von vielen Faktoren ab, darunter die Lebensdauer der Geräte, die Geschwindigkeit der technologischen Verbesserungen und die Rentabilität des Bitcoin-Minings.

Einige Studien haben versucht, den durch Bitcoin-Mining verursachten Elektroschrott zu quantifizieren. Eine im Jahr 2021 veröffentlichte Studie schätzt, dass die Bitcoin-Mining-Industrie jährlich rund 30,7 Kilotonnen an Elektroschrott produziert. So kommen die Macher der Studie auf durchschnittlich 272 Gramm Elektroschrott pro einzelner(!) Bitcoin-Transaktion. Selbst dann, wenn jemand nur einen Kaffee mit Bitcoin bezahlt.

Dieser Wert könnte jedoch variieren, da er auf mehreren Annahmen basiert, darunter die Lebensdauer der Mining-Hardware und die Rentabilität des Minings.

Zu beachten ist, dass Bitcoin und andere Kryptowährungen fortlaufend Innovationen und Verbesserungen durchlaufen, die darauf abzielen, die Effizienz des Netzwerks zu erhöhen und die damit verbundenen Umweltauswirkungen zu verringern. Dazu gehören Verbesserungen bei der Mining-Hardware und bei den Energienutzungsstrategien sowie fundamentale Änderungen an den Konsensmechanismen, wie der Wechsel von Proof-of-Work zu Proof-of-Stake – allerdings ist das beim Bitcoin nicht vorgesehen.

Nicht alle Kryptowährungen und Blockchains sind gleich

Damit sind wir bei einem wichtigen Punkt: Längst nicht alle Blockchain-Technologien setzen auf den PoW-Mechanismus. Einige, wie Ethereum, haben den Übergang zu einem weniger energieintensiven System namens »Proof of Stake« (PoS) geschafft.

Bei diesem System wird die Berechtigung, einen Block zur Blockchain hinzuzufügen, nicht (mehr) durch die Fähigkeit bestimmt, komplexe Rätsel zu lösen (Prinzip Mining), sondern durch die Menge an Kryptowährung, die ein Benutzer »eingesetzt« oder gesperrt hat. Ein Konzept, das sich Proof of Stake nennt und deutlich weniger Energie verbraucht: Je mehr Kryptowährung ein Benutzer einsperrt, desto höher ist die Wahrscheinlichkeit, dass er ausgewählt wird, um den nächsten Block hinzuzufügen.

Im Gegensatz zu Proof-of-Work (PoW), bei dem Miner Rechenleistung einsetzen, um Belohnungen zu erhalten, stützen sich PoS-Systeme auf die Sicherheit von Geldern, die in einem Netzwerk gebunden sind. PoS hat eine Reihe von Vorteilen gegenüber PoW, darunter:

- Es ist energieeffizienter, da weniger Rechenleistung benötigt wird.
- Es ist schneller, da Transaktionen schneller verarbeitet werden können.
- Es ist dezentralisierter, da weniger Miner benötigt werden.
- Es ist sicherer, da es weniger anfällig für Angriffe ist.

Trotz der Vorteile hat PoS auch einige Nachteile, darunter:

- Es kann zentralisiert werden, wenn eine kleine Anzahl von Personen große Mengen an Geldern bündelt.
- Es kann weniger sicher sein, wenn die Gelder eines Validators (eine Instanz, die Transaktionen bestätigt) verloren gehen oder gestohlen werden.
- Es kann weniger transparent sein, da die Identität von Validatoren nicht immer bekannt ist.

Insgesamt ist PoS ein vielversprechender Konsensmechanismus, der viele der Nachteile von PoW behebt. Es ist jedoch wichtig, sich der potenziellen Nachteile von PoS bewusst zu sein, bevor man sich für eine PoS-Blockchain entscheidet. Allerdings weist die Bitcoin-Community auch auf aus ihrer Sicht relevante Nachteile dieses Konzepts hin.

- **Zentralisierung**: Wenn eine kleine Anzahl von Personen große Mengen an Geldern bündelt, können sie eine große Kontrolle über das

Netzwerk erlangen. Dies könnte dazu führen, dass das Netzwerk weniger dezentral und weniger sicher wird.

- **Sicherheit**: Wenn die Gelder eines Validators verloren gehen oder gestohlen werden, kann dies zu einer Unterbrechung des Netzwerks führen. Darüber hinaus kann dies dazu führen, dass der Validator seine Belohnungen verliert.
- **Transparenz**: Die Identität von Validatoren ist nicht immer bekannt. Dies kann es schwierig machen, Verstöße gegen das Netzwerk zu verfolgen.

Trotz dieser Nachteile ist PoS ein vielversprechender Konsensmechanismus, der viele der Nachteile von PoW behebt. Die Diskussionen, welches System überlegen sei (und damit auch welche Kryptowährung) werden ebenso emotional und leidenschaftlich geführt wie früher die Debatten, ob Microsoft Windows oder Apples MacOS das bessere Betriebssystem sei.

Technische Details von Ethereum und seiner Blockchain

Aus diesem Grund sollten wir uns die wohl wichtigste Alternative zum Bitcoin anschauen: Ethereum. Diese Kryptowährung wurde 2015 von Vitalik Buterin eingeführt und stellt eine signifikante Weiterentwicklung in der Kryptowährungs-Landschaft dar.

Neben der Funktion als Kryptowährung ermöglicht Ethereum auch die Durchführung von Smart Contracts auf der Plattform. Ein sehr interessantes Konzept, das Bitcoin nicht zu bieten hat: Smart Contracts sind selbstausführende Verträge, mit den Vertragsbedingungen direkt in den Code eingebettet. Sie automatisieren Transaktionen und sorgen für mehr Sicherheit und Effizienz.

Ähnlich wie Bitcoin verwendete auch Ethereum anfangs den Proof-of-Work (PoW) Algorithmus für seinen Mining-Prozess, aber mit einigen Unterschieden. Der Algorithmus von Ethereum, bekannt als Ethash, ist absichtlich so gestaltet, dass er resistenter gegen ASICs ist: Das erlaubt den Einsatz weniger kostspieliger Hardware wie Grafikkarten (GPUs), die weniger spezialisiert sind und trotzdem noch effektiv für das Mining verwendet werden können. Die Philosophie dahinter ist, die Dezentralisierung zu fördern und zu verhindern, dass einzelne Akteure die Kontrolle über das Netzwerk erlangen.

Analyse des Energieverbrauchs von Ethereum

Obwohl der Energieverbrauch von Ethereum erheblich geringer ist als der von Bitcoin, ist er immer noch beträchtlich. Nach Schätzungen des Digiconomist's Ethereum Energy Consumption Index verbrauchte Ethereum im Mai 2021[36] etwa 44,49 Terawattstunden pro Jahr – etwa 40 Prozent des Verbrauchs von Bitcoin zu dieser Zeit, aber immer noch mehr als einige kleine Länder.

Der CO_2-Fußabdruck von Ethereum hängt – wie bei Bitcoin – stark von der Art der verwendeten Energiequelle und der Effizienz der Mining-Hardware ab. Da Ethereum allerdings weniger energieintensiv ist als Bitcoin und sich verstärkt auf GPUs anstatt auf spezialisierte ASICs stützt, ist sein CO_2-Fußabdruck pro Transaktion tendenziell geringer.

Es ist jedoch wichtig zu beachten, dass die Energieeffizienz von GPUs im Vergleich zu ASICs geringer ist. Daher konnte der Wechsel zu Proof-of-Stake und die Abschaffung des Minings, wie von den Ethereum-Entwicklern von langer Hand geplant, den Energieverbrauch und damit auch den CO_2-Fußabdruck erheblich reduzieren.

Ethereum 2.0 und der Übergang zu Proof-of-Stake

Ein zentraler Teil der geplanten Updates von Ethereum, die oft als Ethereum 2.0 bezeichnet werden, ist der Wechsel von Proof-of-Work zu Proof-of-Stake – angestoßen im April 2023. Im Proof-of-Stake-System wird die Validierung von Transaktionen nicht durch das Lösen von mathematischen Problemen erreicht, sondern durch den Besitz von Kryptowährungen. Die Miner (jetzt als Validator bezeichnet) müssen eine bestimmte Menge an Kryptowährung als Stake hinterlegen. Die Wahrscheinlichkeit, dass ein

Validator für die Validierung einer Transaktion ausgewählt wird, hängt von der Größe seines Stakes ab. Der Wechsel zu Proof-of-Stake wird den Energieverbrauch von Ethereum deutlich senken, da der energieintensive Mining-Prozess abgeschafft wird.

Ein weiterer Vorteil des Proof-of-Stake-Algorithmus ist, dass er die Sicherheit des Netzwerks erhöht. Im PoW-System könnte ein Angreifer, der die Kontrolle über 51 Prozent der Rechenleistung des Netzwerks erlangt, betrügerische Transaktionen durchführen. Im PoS-System müsste ein Angreifer jedoch 51 Prozent der gesamten Kryptowährung des Netzwerks besitzen, was wesentlich teurer und schwieriger zu erreichen ist.

Die Einführung von Ethereum 2.0 wird jedoch voraussichtlich einige Jahre in Anspruch nehmen. Die Ethereum-Community hat bereits begonnen, das Netzwerk in mehrere Shards aufzuteilen, um die Geschwindigkeit und Skalierbarkeit zu erhöhen, und die Implementierung von Proof-of-Stake ist der nächste Schritt in diesem Prozess.

Ethereum hat den Wechsel geschafft

Die Betreiber der weit verbreiteten Kryptowährung Ethereum haben nicht tatenlos zugesehen – und etwas gegen den enormen Energiebedarf ihres Netzwerks unternommen. Anstoß war die Kampagne »Change the code, not the climate« – also »Ändere den Code, nicht das Klima« –, hinter der vor allem Greenpeace steckte. Der Verein hat damit 2022 medienwirksam auf das drängende Problem aufmerksam gemacht, das mit Kryptowährungen einhergeht.

Einsparungen von 99 Prozent möglich

Laut Wissenschaftlern lassen sich durch den Wechsel von Proof of Work zu Proof of Stake unglaubliche 99 Prozent Energie einsparen. Das bedeutet, dass 99 Prozent des Energieaufwands und damit auch des CO_2-Ausstoßes eingespart werden können. Bei Ethereum wurde das im April 2023 gemacht.

Wenn man das auch beim Bitcoin machen wollte, wäre es allerdings erforderlich, die gesamte Infrastruktur des Bitcoins zu ändern. Heißt, es müssten dafür sowohl die Art der Berechnung als auch die digitale Verwaltung geändert werden. Das wäre in etwa so, als müsste man bei einer kompletten Fahrzeugflotte von Diesel auf Elektroantrieb umstellen – im laufenden Betrieb! Nicht nur die Autos müssten umgebaut, auch die Tankstellen verändert und die Fahrweise verändert werden.

Und es käme auch ein bisschen spät, da schon fast alle Bitcoins mit der alten Technik geschürft wurden. Aber wenn der Bitcoin noch lange im Einsatz sein soll, würde es sich trotzdem lohnen. Denn die Blockchain dahinter würde auch bei der Verwaltung effektiver.

Es wären enorme Einsparungen möglich. Ob es am Ende 95 Prozent oder 99 Prozent sind, ist dabei nicht wichtig. Wichtig wäre, von einem komplett klimaunfreundlichen zu einem deutlich freundlicheren System zu wechseln – es wird beim Bitcoin aber nicht dazu kommen.

CO_2-Fußabdruck von Bitcoin und Co

Trotz der zunehmenden Möglichkeit, erneuerbare Energien zu nutzen, zeigt eine Studie der Universität Hawaii aus dem Jahr 2018, dass Bitcoin-Mining im Jahr 2017 allein etwa 69 Millionen Tonnen CO_2 freisetzte.[37] Dies entspricht etwa 1 Prozent der globalen CO_2-Emissionen. Zum Vergleich: Der weltweite Verkehr macht 20 Prozent der CO_2-Belastung aus. 1 Prozent ist also ein enormer Faktor.

Der CO_2-Fußabdruck von Bitcoin hängt stark von der Art der verwendeten Energiequelle ab. Wenn überwiegend erneuerbare Energien verwendet werden, ist der CO_2-Fußabdruck pro Bitcoin-Transaktion deutlich geringer als bei der Verwendung von fossilen Brennstoffen. Darüber hinaus kann die Energieeffizienz der verwendeten Mining-Hardware auch einen erheblichen Einfluss auf den CO_2-Fußabdruck haben.

Vergleich mit dem traditionellen Finanzsystem

Trotz des hohen Energieverbrauchs und CO_2-Fußabdrucks von Bitcoin argumentieren einige, dass das traditionelle Finanzsystem insgesamt noch mehr Energie verbraucht und mehr CO_2 ausstößt. Zweifellos: Banken, Geldautomaten, Kreditkartennetzwerke und Geldtransportunternehmen verbrauchen alle Energie und erzeugen CO_2.

Eine genaue Vergleichsanalyse ist jedoch schwierig, da das traditionelle Finanzsystem und Bitcoin unterschiedliche Dienstleistungen anbieten und nicht direkt vergleichbar sind. Geld und Bankensysteme sind systemrelevant und unerlässlich. Außerdem befindet sich Bitcoin noch in einem relativ frühen Stadium seiner Entwicklung und es ist unklar, wie sich sein Energieverbrauch und CO_2-Fußabdruck in Zukunft entwickeln werden. Das gilt insbesondere für den Fall, dass die Kryptowährung in einem Umfang eingesetzt würde wie klassisches Geld. Das würde den Energiebedarf des Bitcoins explodieren lassen – sofern sich das überhaupt technisch darstellen ließe.

Es lässt sich festhalten: Insgesamt ist Bitcoin ein bedeutender Verbraucher von Energie und produziert einen erheblichen CO_2-Fußabdruck. Es ist jedoch wichtig, diesen Energieverbrauch und CO_2-Fußabdruck im Kontext der von Bitcoin angebotenen Dienstleistungen, der Effizienzsteigerungen durch neue Mining-Hardware und der potenziellen Verwendung von erneuerbaren Energien zu sehen.

Wechsel zu energieeffizienteren Konsensmechanismen

Wie bereits erwähnt, ist der Wechsel von Proof-of-Work zu Proof-of-Stake durchaus eine Möglichkeit, den Energieverbrauch von Kryptowährungen zu reduzieren. In einem Proof-of-Stake-System wird die Wahrscheinlichkeit, dass ein Netzwerkteilnehmer eine Blockbelohnung erhält, durch die Menge der von ihm gehaltenen Kryptowährung bestimmt. Das bedeutet, dass statt der Rechenleistung der Einsatz von Kapital zählt. Da das Lösen von komplizierten mathematischen Problemen wegfällt, kann der Energieverbrauch erheblich gesenkt werden.

Es gibt auch andere Alternativen zum Proof-of-Work, wie Proof-of-Capacity, bei der freier Speicherplatz auf der Festplatte für das Mining genutzt wird, oder Proof-of-Authority, bei der ein kleiner, vertrauenswürdiger Satz von »Autoritäten« die Transaktionen validiert.

Einführung von Green Mining

Ein weiterer Ansatz zur Reduzierung des CO_2-Fußabdrucks von Kryptowährungen ist selbstverständlich das sogenannte Green Mining. Bei diesem Ansatz versuchen Miner, erneuerbare Energiequellen zu nutzen, um ihren Energieverbrauch zu decken. In einigen Fällen kann das Mining sogar dazu beitragen, den Verbrauch von überschüssiger erneuerbarer Energie zu erhöhen und somit deren Effizienz zu steigern. Auf diesen Aspekt weisen Mitglieder der Bitcoin-Gemeinde besonders gern hin.

Es gibt jedoch auch Herausforderungen bei diesem Ansatz. Erneuerbare Energien sind oft nicht konstant verfügbar und ihre Verfügbarkeit kann stark schwanken, abhängig von Tageszeit, Wetterbedingungen und Jahreszeit. Dies kann dazu führen, dass Miner zu Zeiten geringer Verfügbarkeit erneuerbarer Energien auf traditionelle Energiequellen zurückgreifen müssen.

Entwicklung effizienterer Hardware

Die Effizienz der für das Mining verwendeten Hardware kann ebenfalls einen großen Einfluss auf den Energieverbrauch haben. Durch die Entwicklung von effizienteren ASICs oder GPUs kann der Energieverbrauch pro durchgeführter Berechnung verringert werden.

Es ist jedoch zu beachten, dass dies zu einem sogenannten Red-Queen-Effekt führen kann. Dieser besagt, dass Verbesserungen in der Effizienz einfach zu einer Erhöhung der Gesamtzahl der durchgeführten Berechnungen führen, anstatt den Energieverbrauch zu senken. Ein Phänomen, das wir aus dem Alltag bestens kennen. Etwa, wenn eine Autobahn eine zusätzliche Spur bekommt, um das Risiko für Stauungen zu verringern – und am Ende mehr Menschen mit dem Auto fahren, weil es – zumindest zeitweise – keine Staus mehr gibt. Bis es dann doch wieder zu Staus kommt.

Regulierung und Besteuerung

Letztlich könnten auch Regulierungen und Besteuerung zum Einsatz kommen, um den Energieverbrauch von Kryptowährungen zu senken. Zum Beispiel könnten Länder den Energieverbrauch von Kryptowährungsminen regulieren oder diese mit einer Kohlenstoffsteuer belegen. Keine einfache Aufgabe, aber eine denkbare Lösung – die allerdings nur funktionieren kann, wenn globale Regelungen getroffen werden.

Es ist daher wichtig, dass solche Maßnahmen sorgfältig durchdacht werden, um unbeabsichtigte Nebenwirkungen zu vermeiden. Eine zu strenge Regulierung könnte beispielsweise das Mining einfach in Länder mit laxeren Regulierungen verdrängen, ohne den globalen Energieverbrauch zu senken. Darüber hinaus könnte eine zu aggressive Besteuerung die Entwicklung und Akzeptanz von Kryptowährungen hemmen.

Es gibt mehrere Ansätze zur Reduzierung des Energieverbrauchs und des CO_2-Fußabdrucks von Kryptowährungen, von der Änderung der zugrunde liegenden Konsensalgorithmen über die Nutzung von erneuerbaren Energien bis hin zur Entwicklung effizienterer Hardware und möglichen Regulierungsmaßnahmen. Es ist jedoch zu beachten, dass all diese Maßnahmen ihre eigenen Herausforderungen und Trade-offs mit sich bringen.

Die fortlaufende Diskussion und Forschung zu diesem Thema sind essenziell, um die Vorteile von Kryptowährungen, wie Dezentralisierung, Sicherheit und Zugänglichkeit, zu erhalten, während ihre Auswirkungen auf das Klima minimiert werden. Während Kryptowährungen das Potenzial haben, unser Finanzsystem zu revolutionieren, müssen wir sicherstellen, dass diese Revolution auf nachhaltige Weise geschieht.

Energieeffiziente Alternativen zu Kryptowährungen

Während Kryptowährungen aufgrund ihrer dezentralisierten Natur und ihrer Fähigkeit, schnelle und sichere Transaktionen über Grenzen hinweg zu ermöglichen, große Aufmerksamkeit erregt haben, wurde viel über ihren hohen Energieverbrauch diskutiert. Diese Besorgnis hat den Weg für die Suche nach energieeffizienteren Alternativen zu Kryptowährungen geebnet. Zwei solche alternativen digitalen Zahlungsmethoden sind Zentralbank-Digitale Währungen (CBDCs) und digitale Zahlungssysteme.

Zentralbank-Digitale Währungen (CBDCs)

CBDCs sind eine Form digitaler Währung, die von einer Zentralbank ausgegeben und reguliert wird. Sie repräsentieren eine digitale Form der sogenannten Fiat-Währung des Landes und sind im Gegensatz zu Kryptowährungen direkt an den Wert der Fiat-Währung gekoppelt.

Zur Erläuterung: Fiat-Währung ist eine Währung, die nicht durch einen Sachwert wie Gold oder Silber gedeckt ist, sondern durch die Versprechen einer Regierung oder Zentralbank, dass sie als Zahlungsmittel akzeptiert wird (wie heute allgemein üblich). Fiat-Währungen sind die am häufigsten verwendeten Währungen der Welt, darunter der US-Dollar, der Euro und der Yen.

Fiat-Währungen haben eine Reihe von Vorteilen gegenüber Sachwerten wie Gold oder Silber. Sie sind leichter zu transportieren, zu lagern und zu verwenden. Sie sind auch weniger anfällig für Wertschwankungen. Allerdings haben Fiat-Währungen auch einige Nachteile. Sie sind nicht durch einen Sachwert gedeckt, was bedeutet, dass sie theoretisch jederzeit an Wert verlieren können. Darüber hinaus können Fiat-Währungen von Regierungen und Zentralbanken manipuliert werden.

Der Begriff Fiat-Währung kommt aus dem Lateinischen und bedeutet »behördliches Dekret«. Fiat-Währungen werden von Regierungen und Zentralbanken ausgegeben, die das Recht haben, Geld zu schöpfen. Die

Menge an Fiat-Währung, die in Umlauf ist, wird von diesen Institutionen kontrolliert.

Die People's Bank of China hat bereits mit dem Pilotbetrieb des digitalen Yuan begonnen.

Auch die Europäische Zentralbank (EZB) plant die Einführung eines digitalen Euros. Ein digitaler Euro ist eine digitale Version des Euro, die von der EZB ausgegeben und von den Zentralbanken der Eurozone verwaltet wird. Der digitale Euro könnte als digitales Bargeld verwendet werden und würde neben dem bestehenden physischen Bargeld verfügbar sein.

Die EZB hat im Juli 2021 eine öffentliche Konsultation zur Einführung eines digitalen Euros durchgeführt. Die Konsultation ergab, dass es in der Eurozone eine breite Unterstützung für die Einführung eines digitalen Euros gibt. Mittlerweile hat die EZB einen Bericht über die Einführung eines digitalen Euros veröffentlicht.[38]

Die Einführung eines digitalen Euros ist ein komplexer Prozess, der mehrere Jahre dauern wird. Die EZB wird die Einführung des digitalen Euros sorgfältig planen und umsetzen, um die Vorteile zu maximieren und die Risiken zu minimieren.

Solche digitalen Währungen stellen eine energieeffiziente Alternative zu Kryptowährungen dar. Da sie von einer Zentralbank kontrolliert werden, könnten sie einen Konsensmechanismus verwenden, der weniger energieintensiv ist als der Proof-of-Work-Mechanismus, der von vielen Kryptowährungen verwendet wird. Darüber hinaus könnten CBDCs so gestaltet werden, dass sie weniger Ressourcen verbrauchen und weniger energieintensiv sind als herkömmliche digitale Zahlungsmethoden.

Digitale Zahlungssysteme

Neben CBDCs sind auch digitale Zahlungssysteme wie PayPal, Venmo und Zelle energieeffiziente Alternativen zu Kryptowährungen. Diese Systeme ermöglichen schnelle und sichere digitale Transaktionen, ohne dass die Rechenleistung benötigt wird, die für Kryptowährungs-Transaktionen erforderlich ist.

Zum Beispiel verwendet das PayPal-Netzwerk Server, um Transaktionen zu verarbeiten, anstatt auf den energieintensiven Proof-of-Work-Mechanismus zu setzen. Dies macht es wesentlich energieeffizienter als Bitcoin und andere Kryptowährungen, die auf diesem Mechanismus basieren.

Darüber hinaus sind diese digitalen Zahlungssysteme bereits weit verbreitet und akzeptiert, was sie zu einer praktikablen Alternative für Menschen macht, die nach energieeffizienten digitalen Zahlungsoptionen suchen.

Obwohl Kryptowährungen viele Vorteile bieten, ist ihr hoher Energieverbrauch eine erhebliche Herausforderung. Zentralbank-Digitale Währungen und digitale Zahlungssysteme bieten energieeffiziente Alternativen, die einige der Vorteile von Kryptowährungen bieten, ohne die Umwelt so stark zu belasten. Es wird jedoch entscheidend sein, weiterhin nach Wegen zu suchen, um den Energieverbrauch von digitalen Währungen zu senken, während gleichzeitig deren Nutzen maximiert wird.

KAPITEL 7

Auch Hardware ist Energie

So viel ist bisher wohl deutlich geworden: ohne Energieeinsatz kein Internet. Doch wir würden einen enormen Fehler machen, wenn wir ausschließlich auf den Strombedarf schauen, der zur Aufrechterhaltung des Betriebs und bei unseren eigenen Geräten erforderlich ist. Denn Strom allein macht noch kein Netz. Strom ist nur der Treibstoff.

Es braucht auch unvorstellbare Mengen an Hardware, um ein Netzwerk wie das Internet in Gang zu bringen – und am Laufen zu halten: Server der Unternehmen, Computer bei Providern und Mobilfunkanbietern, Server-

Farmen bei Cloud-Diensten und den verschiedenen Stellen der Administration, die so ein Netzwerk erfordert.

Eine unsichtbare Armee – und deshalb ist uns die Dimension nicht bewusst.

Die Geräte allerdings, die wir in der Regel täglich benutzen, die sind uns immerhin bewusst. Das Smartphone als ständiger Begleiter der meisten an erster Stelle. Aber womöglich auch das Notebook, der Desktop-PC oder der Monitor auf dem Schreibtisch.

Doch schauen wir zunächst einmal nur auf das Smartphone.

Energieverbrauch zur Herstellung der Hardware

Ein typisches Smartphone besteht aus einer Vielzahl von Materialien, einschließlich Metallen wie Aluminium, Kupfer, Gold, Platin, Palladium und Silber sowie Kunststoffen wie Polycarbonat und ABS. Es enthält auch elektronische Bauteile wie integrierte Schaltkreise (ICs), Speicherchips, Sensoren, Batterien und Displays, die wiederum wertvolle Rohstoffe beinhalten.

Die Gewinnung und Verarbeitung dieser Materialien erfordern erhebliche Mengen an Energie und Ressourcen. Zum Beispiel benötigt die Gewinnung von Gold und Platin den Einsatz von Chemikalien und das Schmelzen von Gestein, was zu erheblichen Umweltauswirkungen führen kann. Der Abbau von Kobalt, das in Lithium-Ionen-Batterien verwendet wird, wird oft mit Kinderausbeutung und schlechten Arbeitsbedingungen in Verbindung gebracht.

Beschaffung der Ressourcen ist energieaufwendig

Die genaue Menge an Energie und Ressourcen, die für die Herstellung eines Smartphones erforderlich sind, hängt von vielen Faktoren ab, wie zum Beispiel der Art des Smartphones, der verwendeten Materialien, der Produktionsmethode und der Energiequelle, die für die Herstellung verwendet wird.

Der CO_2-Fußabdruck eines Smartphones umfasst alle CO_2-Emissionen, die mit der Herstellung, dem Transport, dem Verkauf, der Nutzung und der Entsorgung des Gerätes verbunden sind. Dies kann auch die Emissionen von Treibhausgasen umfassen, die bei der Energiegewinnung für die Herstellung des Smartphones freigesetzt werden.

Um die elektronischen Bauteile herzustellen, müssen hochmoderne Fertigungsprozesse verwendet werden, die sehr präzise und energieintensiv sind. Einige der notwendigen Schritte sind beispielsweise die Belichtung von Siliziumscheiben, die Verwendung von Chemikalien zur Ätzung von Leiterplatten oder die Verwendung von Hochleistungsöfen zum Aushärten von Polymeren. Diese Prozesse erfordern viel Energie und produzieren eine erhebliche Menge an Abfall.

Nachdem die Bauteile hergestellt wurden, müssen Roboter sie auf der Platine montieren. Dieser Prozess erfordert eine präzise Positionierung der Bauteile und eine genaue Überwachung der Lötprozesse. Die Herstellung von Leiterplatten erfordert ebenfalls eine Menge an Energie, insbesondere die Herstellung der Metallspuren auf der Platine.

Sobald die Bauteile auf der Platine montiert sind, werden sie in das Gehäuse des Smartphones eingebaut. Das Gehäuse kann aus verschiedenen Materialien bestehen, wie zum Beispiel Kunststoff, Metall oder Glas. Die Herstellung von Gehäusen erfordert auch eine erhebliche Menge an Energie, insbesondere bei der Verarbeitung von Metallen oder bei der Herstellung von Glas.

Schließlich wird das Smartphone programmiert und getestet, um sicherzustellen, dass es ordnungsgemäß funktioniert. Hierbei werden verschiedene Tests durchgeführt, um die Funktionen des Gerätes zu überprüfen, wie zum Beispiel die Kamera, das Display oder die drahtlose Konnektivität. Auch dieser Prozess erfordert eine erhebliche Menge an Energie, insbesondere bei der Durchführung von Hochleistungstests und der Überprüfung der Funktionsweise des Gerätes.

CO_2-Fußabdruck von Smartphone und Tablet

Schätzungen zufolge kann die Herstellung eines durchschnittlichen Smartphones zwischen 50 und 100 Kilogramm CO_2-Äquivalent an Emissionen verursachen, wobei der Großteil dieser Emissionen auf die Gewinnung von Rohstoffen und die Produktion von Elektronikkomponenten entfallen. Der Betrieb des Smartphones und die Entsorgung des Gerätes tragen ebenfalls zu dessen CO_2-Fußabdruck bei.

Laut einem Bericht des Thinktanks »The Shift Project« aus dem Jahr 2019 beläuft sich der durchschnittliche CO_2-Fußabdruck eines Smartphones auf etwa 14 Kilogramm CO_2-Äquivalente, eines Tablets auf etwa 60 Kilogramm CO_2-Äquivalente und eines Notebooks auf etwa 240 Kilogramm CO_2-Äquivalente.[39]

Diese Schätzungen umfassen jedoch nur den CO_2-Fußabdruck der Herstellung und berücksichtigen nicht den Energieverbrauch bei der Nutzung des Gerätes, die Herstellung von Zubehör wie Ladegeräten oder die Entsorgung am Ende der Lebensdauer.

Insgesamt ist der CO_2-Fußabdruck von Smartphones (und anderer Hardware) also beträchtlich und wird von vielen Experten – und das völlig zu Recht! – als ein ernstes Umweltproblem angesehen.

CO_2-Fußabdruck reduzieren

Es gibt jedoch Möglichkeiten, den CO_2-Fußabdruck von Smartphones zu reduzieren, wie zum Beispiel durch den Kauf von gebrauchten Geräten, die Reparatur von beschädigten Geräten anstelle des Kaufs neuer Geräte und die Entsorgung von Geräten auf umweltfreundliche Weise.

Darüber hinaus können Hersteller von Smartphones Maßnahmen ergreifen, um den CO_2-Fußabdruck ihrer Produkte zu reduzieren. Zum Beispiel können sie erneuerbare Energiequellen wie Solarenergie oder Windenergie für die Herstellung von Smartphones verwenden und den Einsatz von umweltbelastenden Materialien reduzieren.

Eine Möglichkeit zur Reduzierung des CO_2-Fußabdrucks von Smartphones ist die Verwendung von recycelten Materialien (dazu später mehr). Hersteller können beispielsweise wiedergewonnenes Aluminium und recycelte Kunststoffe verwenden, um den Bedarf an neu gewonnenen Rohstoffen zu reduzieren. Die Verwendung von recycelten Materialien trägt auch zur Reduzierung des Abfallvolumens und der Umweltverschmutzung bei.

Ein weiterer Ansatz zur Verringerung des CO_2-Fußabdrucks von Smartphones besteht darin, die Lebensdauer der Geräte zu verlängern. Dies kann durch die Herstellung von Geräten mit längerer Lebensdauer oder durch die Bereitstellung von Reparaturservices erleichtert werden. Durch die Verlängerung der Lebensdauer eines Smartphones wird der Bedarf an neuen Geräten reduziert und somit der CO_2-Fußabdruck des Gerätes insgesamt verringert.

Zusammenfassend lässt sich sagen, dass die Herstellung eines Smartphones eine beträchtliche Menge an Energie und Ressourcen erfordert, was zu einem hohen CO_2-Fußabdruck führt. Es gibt jedoch Maßnahmen, die von Herstellern und Verbrauchern ergriffen werden können, um den CO_2-Fußabdruck von Smartphones zu reduzieren und somit die Umweltbelastung zu minimieren.

Was sind eigentlich »seltene Erden«?

Im Zusammenhang mit der Produktion von Smartphones, Tablets, Notebooks oder auch anderen Hightech-Geräten ist immer wieder die Rede von »seltenen Erden«.

Seltene Erden sind eine Gruppe von 17 chemischen Elementen, die in der Natur selten vorkommen (daher der Name) und aufgrund ihrer besonderen Eigenschaften in vielen Hightech-Produkten eingesetzt werden.[40] Sie spielen eine überaus wichtige Rolle in der Produktion von Smartphones, Tablets, Laptops und anderen elektronischen Geräten, aber auch in der Herstellung von Windturbinen, Elektromotoren und anderen Technologien zur Nutzung erneuerbarer Energien.

Die 17 seltenen Erden werden in zwei Gruppen unterteilt: die leichten seltenen Erden und die schweren seltenen Erden. Zu den leichten seltenen Erden gehören zum Beispiel Cer, Lanthan und Neodym, während zu den schweren seltenen Erden Elemente wie Europium, Gadolinium und Terbium gehören.

Warum sind seltene Erden so wichtig und wo werden sie abgebaut?

Seltene Erden sind aufgrund ihrer besonderen physikalischen und chemischen Eigenschaften für viele technologische Anwendungen unverzichtbar. So wird zum Beispiel Neodym für die Herstellung von Magneten in Elektromotoren und Windturbinen verwendet, während Cer für die Herstellung von Katalysatoren in Automobilen benötigt wird. Auch in der Produktion von Smartphones und anderen elektronischen Geräten sind seltene Erden unverzichtbar. So enthält ein durchschnittliches Smartphone etwa acht verschiedene seltene Erden.

Die meisten seltenen Erden werden in (oder durch) China abgebaut und produziert. Dort gibt es die größten Vorkommen und die meisten Förderstätten. Darüber hinaus sichert sich China den Zugang zu Minen in anderen Ländern, vor allem in Afrika. Denn seltene Erden sind auch in anderen Teilen der Welt zu finden, wie zum Beispiel in den USA, Australien und Russland.[41]

Warum sind seltene Erden so klimaschädlich?

Die Gewinnung und Produktion von seltenen Erden ist sehr energieintensiv und mit erheblichen Umweltauswirkungen verbunden. Neben dem starken Eingriff in die Natur sind oft immense Mengen an Wasser nötig, um den Abbau zu gewährleisten.

Für Abbau und Verarbeitung von seltenen Erden ist ausgesprochen viel Energie notwendig, oft verbunden mit der Freisetzung von höchst kritischen Schadstoffen.[42] All das sieht man nicht, wenn man sich das glatt polierte Smartphone anschaut – erklärt aber die enormen Preise, die für hochwertige Smartphones verlangt werden.

Darüber hinaus sind die Vorkommen von seltenen Erden oft mit anderen Rohstoffen wie Uran, Thorium und anderen Schwermetallen verbunden,[43] die ebenfalls umweltschädlich sind. Die Abfälle, die bei der Gewinnung und Produktion von seltenen Erden anfallen, enthalten oft giftige Stoffe wie Schwermetalle und radioaktive Elemente und stellen ein großes Umweltproblem dar.

Wie können wir den Einsatz von seltenen Erden reduzieren?

Die Ressourcen sind selten, der Abbau ist aufwendig: Es liegt auf der Hand, dass etwas passieren muss. Um den Einsatz von seltenen Erden zu reduzieren, gibt es verschiedene Ansätze. Zum einen können alternative Materialien eingesetzt werden, die keine seltenen Erden enthalten. So gibt es zum Beispiel bereits Elektromotoren, die ohne den Einsatz von Neodym auskommen.

Ein weiterer Ansatz ist das Recycling von Elektroschrott. Durch das Recycling von Elektrogeräten können wertvolle Rohstoffe wie seltene Erden zurückgewonnen und wiederverwendet werden. Allerdings ist das Recycling von Elektroschrott noch nicht weit genug verbreitet und es gibt noch erhebliche Potenziale zur Verbesserung.

Seltene Erden sind ein wichtiger Bestandteil vieler Hightech-Produkte, und ihr Einsatz wird auch in Zukunft unverzichtbar sein.[44] Um jedoch die negativen Auswirkungen der Gewinnung und Produktion von seltenen Erden auf die Umwelt und das Klima zu minimieren, müssen alternative Materialien eingesetzt und das Recycling von Elektroschrott verbessert werden.

Es ist auch wichtig, dass wir Verbraucher und Nutzer von Technologieprodukten uns immer wieder bewusst machen, welche Rohstoffe in unseren Geräten enthalten sind und wie diese hergestellt werden. Nur durch eine bewusste Nutzung und die Förderung von nachhaltigen Technologien können wir eine nachhaltige digitale Zukunft schaffen, die sowohl den Anforderungen der Technologie als auch der Umwelt gerecht wird.

Recycling-Roboter Daisy: alle 20 Sekunden ein iPhone zerlegt

Es hat sich bis zu (einigen) Hardware-Herstellern herumgesprochen, dass ein Umdenken erfolgen muss. Überall auf der Welt wertvolle Rohstoffe aus den Bergen holen, sie unter hohem Energieaufwand zusammenzubringen, mit Plastik zu vermischen und als Smartphone auf den Markt zu bringen, das funktioniert nicht endlos. Denn: Ressourcen sind endlich – und sonderlich nachhaltig ist die bisherige Vorgehensweise der Industrie nun auch nicht gerade.

Der Apple-Konzern will bis 2030 komplett klimaneutral sein. Die ambitionierten Ziele lassen sich nur mit Recycling und vollständigen Werkstoffkreisläufen erreichen. Apple übernimmt hier eine Vorreiterrolle in der Branche: Der eigens entwickelte Roboter Daisy ist auf das Zerlegen und Recyceln von iPhones spezialisiert. Ich habe mir den vollautomatisch arbeitenden Zerlege-Roboter angeschaut – weil er als eine Art Prototyp für die Zukunft gelten kann. So oder so ähnlich wie Apple werden in Zukunft alle Hersteller vorgehen müssen.

Was man wissen sollte: Der durchschnittliche Lebenszyklus eines Smartphones liegt bei lediglich 18 bis 24 Monaten. Danach werden die meisten Neugeräte ersetzt – durch noch neuere Modelle.

Die »Alten« landen dann in der Ecke – obwohl meist noch voll funktionsfähig. Rund 200 Millionen alte Smartphones lungern mittlerweile in deutschen Schubladen: Das hat kürzlich der Branchenverband »Bitkom« ermittelt. Demnach haben 83 Prozent der Deutschen mindestens ein Altgerät zu Hause herumliegen, mehr als die Hälfte der Deutschen sogar drei oder mehr Geräte, die nicht mehr interessant genug sind, um ständig mitgeführt zu werden – obwohl sie vielleicht prinzipiell sogar noch funktionieren.

Eigentlich wenig überraschend, schließlich bringt die Industrie im Eiltempo neue Modelle auf den Markt – und erhöht so den Druck auf die Kunden. Vor allem auf jene, die am liebsten immer das Neueste im Einsatz haben.

Es ist offensichtlich: Es liegt natürlich im Interesse der Industrie, wenn sich die Menschen möglichst schnell neue Geräte kaufen – das bringt mehr Umsatz.

Allerdings wird das zu einem Problem, wenn sich ein Unternehmen zum Ziel gesetzt hat, auch bei der Fertigung der Geräte klimaneutral sein zu wollen. Denn die Produktion von Elektrogeräten im Allgemeinen und die von Smartphones im Besonderen ist energieaufwendig und damit klimaschädlich – nicht zuletzt wegen der verwendeten Materialien wie Gold, Kobalt oder seltenen Erden.

Apropos Kobalt: Hersteller Apple ist einer der ersten, der es ernst zu meinen scheint mit dem Ziel, umweltschonend Hardware herzustellen. Schon im Jahr 2025, so der Plan des kalifornischen Konzerns, sollen 100 Prozent des in den Batterien und Akkus aller Geräte verwendeten Kobalts aus Recycling kommen. Ein ehrgeiziger Plan, der aber begleitet wird von vielen anderen Maßnahmen – und daher durchaus realistisch sein könnte.

Womit wir beim Thema Apple wären. Es lohnt sich, an dieser Stelle im Buch etwas genauer auf Apple zu schauen. Denn das einst von Steve Jobs gegründete Unternehmen, zeitweise die wertvollste Marke der Welt, bemüht sich erkennbar, Lösungen für die Umweltfragen bei der Herstellung von Hardware zu finden.

Apple will bis 2030 komplett klimaneutral sein

Genau dieses Ziel hat sich der Hersteller Apple gesteckt. Sarah Chandler, die den Titel »Senior Director Environment and Supply Chain Innovation« trägt, will Apple möglichst schnell klimaneutral machen. »Unser Ziel ist tatsächlich, dass bis 2030 alle unsere Produkte vollständig aus recyceltem oder erneuerbarem Material bestehen – und komplett CO_2-neutral sind«, erklärt sie mir in einem exklusiven Gespräch. Sarah Chandler, die schon in der Jugend Klimaschützerin war, macht definitiv den Eindruck, es wirklich ernst zu meinen.

Auch Sarah spricht zwar im üblichen Marketing-Duktus, doch dahinter ist eine Frau zu erkennen, der Umweltschutz ein ernsthaftes Anliegen ist. Sie kämpft für die Sache. Und das in einem Unternehmen, das es sich zweifellos auch leisten kann – und vielleicht auch muss: Apple hat bei seinen Produkten traumhafte Margen – und kann in Umweltschutz investieren. Muss es auch, wenn die Branche überlebensfähig sein will.

Sarah Chandler erklärt, wie Apple das Ziel erreichen will: »Recycling spielt dabei eine überragende Rolle.«

Das sagt die Managerin aus der Firmenzentrale in Cupertino, während wir in einer auf den ersten Blick ganz normal wirkenden Werkshalle stehen – die für Apple aber eben in puncto Klimaneutralität eine ganz besondere Bedeutung hat.

Denn im niederländischen Breda – da haben wir uns getroffen –, hat Apple einen Roboter gebaut und aufgestellt, den man wohl mit Fug und Recht als Meilenstein in Sachen Recycling bezeichnen darf. Dieser Roboter ist ein wahrer Experte im Recycling – und macht das, was viel zu selten gemacht wird. Er kümmert sich um ein perfektes Recycling ausgedienter Geräte.

Daisy zerlegt alte iPhones im Eiltempo

Wir stehen vor einer Anlage, rund 18 Meter breit und 6 Meter tief, die den liebevollen Namen Daisy trägt. Ein Roboter – oder besser: eine Anlage mit mehreren Robotern, die mit sich unaufhörlich bewegenden Förderbändern miteinander verbunden sind –, der prinzipiell nur die eine Aufgabe hat: alte iPhones in ihre Einzelteile zu zerlegen. Zwecks Recycling.

Als Besucher sieht man, wie im Inneren des komplett verglasten Bereichs unentwegt Greifarme wild umherwirbeln, immer wieder alte iPhones fassen und bereitlegen. Man hört Bohrgeräusche, leises Knacken und Klopfen, ein Zischen wie bei einer Dampfeisenbahn, hinabfallende Gegenstände und das ständige Surren von Förderbändern. Vor Daisy laufen ein halbes Dutzend Menschen auf und ab, um neue iPhones einzuführen, Akkus einzusammeln oder eingesammelte Werkstoffe wegzubringen. Daisy hält die Mitarbeiter ordentlich auf Trab.

Das Ganze wirkt wie ein perfekt funktionierendes Räderwerk. Niemand ist im Stress. Alles läuft wie am Schnürchen. Allerdings normalerweise in deutlich höherem Tempo. Damit wir als Besucher keine Kopfhörer als Lärmschutz tragen müssen und uns einigermaßen gepflegt unterhalten können, hat das Management Daisys Arbeitstempo gedrosselt: Während unseres Besuches arbeitete Daisy mit nur 25 Prozent der üblichen Geschwindigkeit. Sonst sind alle Prozesse deutlich schneller – aber eben auch sehr viel lauter.

Zwei Daisy-Roboter gibt es

Zwei Daisy-Roboter gibt es. Einer steht in Austin, Texas – also in den USA –, der andere im niederländischen Breda. Weil deutlich näher und unkomplizierter zu erreichen, wollte ich mir den schon lange unbedingt einmal aus der Nähe anschauen. Allerdings war das gar nicht so einfach, wie ich anfangs angenommen hatte. Zwar erwähnt Apple gerne stolz seine im Einsatz befindlichen Roboter, die im Dienst des klimafreundlichen Recyclings ihre Arbeit tun. Aber dass ein neugieriger Journalist Daisy bei der Arbeit über die stählerne Schulter schaut, das war bei Apple dann doch nicht vorgesehen.

Über ein Jahr und diverse Anfragen später (ich kann beharrlich sein) hat Apple dann aber doch angeboten, dass ich mir Daisy aus der Nähe ansehen darf. Als einziges Fernsehteam aus Europa – neben der BBC – durfte ich für meine Rubrik *Angeklickt* im WDR-Fernsehen die geheime Anlage besuchen.

Mit strengen Auflagen: Nur in ausgewiesenen Bereichen durften wir drehen, nicht den genauen Standort verraten, nicht mit den Arbeitern sprechen, es sei denn, ein Apple-Mitarbeiter hat das ausdrücklich erlaubt.

Hohe Sicherheitsauflagen

Durchaus übliche Sicherheitsmaßnahmen, wenn man die Räume von Digitalkonzernen besucht. Für eine Werkshalle, in der alte ausmusterte iPhones zerlegt werden, aber dann doch ein wenig überraschend. An der Auffahrt gibt es auch keinerlei Hinweise, dass Apple auf dem Werksgelände eine Art Revolution in Sachen Recycling-Technologie versteckt. Offen gestanden gab es nicht mal einen Hinweis auf Apple.

Ein geheimer Ort.

Die Besuchszeit war knapp bemessen: Eine Stunde für Besichtigung, Dreharbeiten und Interview – für ein Fernsehteam ist das quasi nichts. Aber während unseres Besuches durfte Daisy eben nur mit 25 Prozent des üblichen Tempos arbeiten. Da wollte man die »Störung« der Betriebsabläufe nicht länger als nötig haben.

Daisy zerlegt ein iPhone in 20 Sekunden

Daisy arbeitet schnell: Rund 200 Geräte kann die Anlage pro Stunde bearbeiten. Das sind nicht mal 20 Sekunden pro Altgerät, um es zuverlässig in alle Einzelteile zu zerlegen. So ist sichergestellt, dass sich jeder einzelne Werkstoff auch wiederverwenden lässt.

Daisy ist keineswegs der erste Zerlegeroboter von Apple. Bereits im Jahr 2014 hat Apple mit Liam 1.0 einen ersten Roboter vorgestellt, der iPhones zerlegen konnte. Allerdings brauchte Liam noch ganze 12 Minuten für ein Gerät. Ein Jahr später ist Liam 2.0 an den Start gegangen – und der brauchte dann nur noch 11 Sekunden pro Altgerät. Eine steile Lernkurve.

Daisy braucht 18 Sekunden pro Gerät – also etwas mehr –, kann dafür aber 23 verschiedene Modelle zerlegen. Die Liam-Roboter konnten nur eine Modellreihe auseinanderbauen.

Sinn und Zweck: perfektes Recycling

Aber warum dieser ganze Aufwand?

Nun, normalerweise landen Altgeräte in einer Art Hexler. Der zermalmt alles zu Elektroschrott-Mischmasch. Mit Magneten werden dann noch Metalle herausgeholt. Aber ein verantwortungsvolles oder gar vollständiges Recycling ist das nicht. Oft landen Altgeräte auch in der dritten Welt. Dort müssen Kinder oder unterbezahlte Kräfte mit Lötkolben bewaffnet Werkstoffe von den Platinen holen. Eine nicht nur unwürdige Arbeit, sondern auch gesundheitsgefährdend und wenig effektiv.

All das ist bei Daisy anders. Daisy zerlegt ein altes iPhone so routiniert in alle Einzelteile, wie Roboter sonst solche Geräte unter hoher Präzision zusammenbauen. Daisy demontiert alte iPhones. 1,2 Millionen pro Jahr.

Doch schauen wir uns mal genauer an, wie Daisy im Einzelnen funktioniert.

Schritt 1: Geräte erkennen und sortieren

Wer vor Daisy steht, sieht auf der linken Seite den »Eingang« für die Altgeräte.

Hier werden die Alt-Handys in eine Art Trichter geworfen. Eins nach dem anderen landet auf einem Förderband, mit dem Gesicht nach unten. Auf der Rückseite klebt ein Barcode, der vorher sorgfältig angebracht wurde: Der Code liefert Daisy wichtige Informationen über das Gerät, vor allem, um welches Modell es sich handelt.

20 verschiedene Modelle kann Daisy unterscheiden. Das ist wichtig, denn jedes iPhone-Modell ist anders aufgebaut – und muss entsprechend auch anders zerlegt werden. Daisy »erkennt« nicht, wo geschraubt, gebohrt, gefräst oder demontiert werden muss, sondern »weiß« es. Dadurch müssen keine aufwendigen Bilderkennungsprozesse durchgeführt werden. Der Roboter macht einfach seine Arbeit. Alles ist genauestens einprogrammiert.

Der Greifarm packt entschlossen zu, hebt das Altgerät an, dreht es – und schon wird das Gerät wie eine Nuss geknackt. Daisy trennt mit einem kurzen Ruck das Display ab und erhält somit das erste Teil für den Recycling-Prozess, das in einem Sammelbehälter landet.

Anschließend werden alle Schrauben entfernt. Auch die sammelt Daisy, damit sie recycelt werden können. Allerdings werden die Schrauben nicht mühsam aufgeschraubt, sondern mit sanfter Gewalt aus dem Gerät gedrückt. Jeder, der schon mal ein Möbelstück mit Dutzenden Schrauben auf- oder abbauen musste, weiß: Das dauert ewig. Das Herausstanzen geht viel schneller – und klappt bei jeder Schraube zuverlässig. Aus diesem Grund sieht die Rückwand der von Daisy zerlegten Handys aber auch aus wie ein Schweizer Käse.

Schritt 2: Kälteschock für den Akku

Jetzt wird es im wahrsten Sinne des Wortes »cool«: Die Hardware wird blitzschnell auf minus 70 Grad heruntergekühlt. Das erleichtert es, den verklebten Akku auszulösen. Der Klebstoff zerbröselt durch die plötzliche Kälte und verliert seine Haltkraft. Daisy macht das mittels einer wenig einfühlsam wirkenden Klopfgeste. Schon purzelt ein weiterer Akku in den Sammelbehälter. Ein Mensch greift den Akku und stapelt ihn ordentlich in einer Kiste. Dutzende, Hunderte von Akkus kommen so innerhalb kürzester Zeit zusammen.

Das alles erledigt Daisy in beeindruckendem Tempo. Alle 20 Sekunden ist das nächste iPhone dran. 200 iPhones pro Stunde. Unterstellt man einen durchschnittlichen Kaufpreis von 600 EUR pro Gerät, irgendwann mal, sind das 120.000 EUR, die da pro Stunde in ihre Einzelteile zerlegt werden.

Schritt 3: Dave kümmert sich um Edelmetalle

Jetzt löst Daisy sorgfältig einzelne Bauteile aus der Platine (Logicboard) aus. Zum Beispiel die Taptic Engine. Ein kleiner längsförmiger grauer Kasten, der für die Vibrationen im Gerät sorgt. Etwa, wenn es lautlos klingelt – oder als Bestätigung für einen Tastendruck.

Die Taptic Engine wird nicht zerstört, sondern herausgelöst und separat aufbewahrt. Denn mittlerweile hat Apple einen weiteren Roboter namens Dave am Start – allerdings an anderem Ort –, der nichts anderes macht, als solche Taptic Engines weiter zu zerlegen. Darin enthalten: Magnete, Wolfram und seltene Erden. Alles wird separat gelagert – und wiederverwendet.

Auf dieselbe Weise werden auch alle weiteren Einzelteile und Komponenten vom Logicboard entfernt. Sie landen – von oben betrachtet wie eine nicht enden wollende Ameisenstraße – für die spätere Nachbearbeitung in separaten Sammelbehältern. Denn nicht alles wird direkt innerhalb von Daisy erledigt. Daisy sorgt aber dafür, dass alles sorgfältig voneinander getrennt und so optimal recycelt werden kann.

Um Daisy herum stehen große Container. In dem einen liegen ausschließlich ausgelöste Displays, im nächsten Akkus, in wieder einem anderen die Rahmen und Kameralinsen. Beim Besuch greife ich in den Container mit den Kameralinsen hinein – und halte ohne Weiteres 100 Linsen in der Hand, die in den Jahren davor unzählige Fotoaufnahmen und Videos gemacht haben. Ein merkwürdiger Anblick.

Reichhaltige Beute – und enormer Spareffekt

Wer sich den sorgsam choreografierten Vorgang anschaut, stellt fest: Hier wird ein enormer Aufwand betrieben. Aber die nackten Zahlen machen gleich klar, wieso sich der Aufwand lohnt: Eine Tonne Recycling-Material, das bei Daisy anfällt, erspart rund 2000 Tonnen Material, das mühsam aus Bergwerken und Minen herausgeholt werden muss. Eine beeindruckende Menge. 2000 Tonnen Material, die nicht aus Minen geborgen, dann transportiert, verarbeitet und wieder und wieder transportiert werden müssen. Der Einspareffekt ist enorm – finanziell, aber erst recht für die CO_2-Bilanz und das Klima.

Laut Herstellerangaben kann Daisy pro 100.000 zerlegten iPhones rund 1,9 Tonnen Aluminium, 770 Kilogramm Kobalt, 710 Kilogramm Kupfer, 42 Kilo Zinn, knapp 1 Kilo Gold und 100 Gramm Palladium zurückholen. Und das in einer Qualität, die eine Wiederverwendung erlaubt und ermöglicht. Eine Daisy-Anlage schafft die 12-fache Menge pro Jahr. Die beiden Daisys, die aktuell am Start sind, zusammen die 24-fache Menge. Man kann wohl mit Recht von einer enormen Entlastung für die Umwelt sprechen.

Taz holt Magnete und seltene Erden aus dem Shredder

Auch bei Apple landen am Ende bestimmte Materialien in einem Shredder – wie bei allen Werkstoffverwertern. Aber auch hier entwickelt Apple Technologien, um zuverlässiger Materialien daraus zu trennen. Eine Maschine namens Taz trennt Magneten aus Audiokomponenten (Lautsprecher zum Beispiel). Außerdem kann Taz seltene Erden aus dem Shredder-Material holen – und so der Wiederverwertung zuführen.

Sarah Chandler zeigt die Anlage mit Stolz und sagt: »Das Ziel bei Daisy ist zu zeigen, was möglich ist. Als wir uns das Ziel gesteckt haben, schon bald nur noch recyceltes Material zu verwenden, haben wir gemerkt: Wir brauchen einen komplett neuen Weg, Elektronik zu recyceln. Wir hoffen nun sehr, andere aus der Industrie machen mit.«

Daisy soll Vorbildfunktion haben

Ein wichtiger Punkt: Apple will wirklich zeigen – seht her: Recycling funktioniert und rechnet sich in jeder Hinsicht. Allzu häufig hat es nämlich geheißen, es wäre zu aufwendig oder sogar unmöglich, Altgeräte derart sachgerecht zu zerlegen, wie Daisy es tut. Daisy beweist, dass es geht.

Keine Frage: Daisy kann im Augenblick nur alte iPhones zerlegen. Aber es sollen in Zukunft auch Roboter kommen, die iPads, MacBooks, iMacs und irgendwann alles zerlegen und recyceln. Denn anders lassen sich die Klimaziele nicht erreichen.

Apple bietet Wettbewerbern und auch der Abfallwirtschaft sein Knowhow kostenlos an: Wer Interesse hat, bekommt alle nötigen Informationen und darf Daisy sogar nachbauen. Kostenlos, ohne irgendwelche Lizenzkosten.

Das lohnt sich. Das neue iPhone 14 enthält bereits eine Menge recyceltes Material: 100 Prozent des Wolframs in der Taptic Engine, 100 Prozent des Lötzinns, 100 Prozent recyceltes Gold für die Beschichtung der Hauptplatine sowie die Kabel der Front- und Rückkamera, 100 Prozent recycelte seltene Erden in allen Magneten. Und die Antennenleitungen sind aus recyceltem Plastik. Noch sind nicht alle Werkstoffe aus einem geschlossenen Werkstoffkreislauf, aber das ist das erklärte Ziel.

Ein großes Problem der herkömmlichen Recycling-Prozesse: Die Vermischung aller Recycling-Materialien verursacht einen enormen Grad an Verschmutzung. Es fehlt die nötige Reinheit einzelner Rohstoffe, um sie 1:1 in einem neuen Gerät wiederverwenden zu können. Das will Apple mit dem deutlich besser organisierten Recycling ändern.

Das ist wichtig, denn Apple legt bei der Fertigung seiner Produkte enormen Wert auf eine hochwertige Qualität der verwendeten Materialien. Es soll ja nicht darum gehen, aus einer alten iPhone-Hülle eine Getränkedose herzustellen – das wäre einfach! –, sondern mit dem eingesammelten Material wieder ein Smartphone zu bauen. Um dieses Ziel zu erreichen, muss man zum einen mehr Aufwand beim Trennen der Werkstoffe, aber auch bei der Wiederaufbereitung betreiben. Verunreinigungen jeder Art sind partout zu vermeiden.

Genau das ist das Ziel von Apple. Beim Werkstoff Aluminium gelingt das auch schon recht gut. Laut den Angaben im jährlichen Umweltbericht stammt beim Großteil der Neugeräte – ob Apple Watch, aktuelle MacBooks oder das erst jüngst vorgestellte iPad Air – das verwendete Aluminium des Gehäuses zu 100 Prozent aus recyceltem Material. Ein enormer Erfolg!

Smartphones sind Umweltsünder

Ähnliche Erfolge gibt es schon bei Gold oder den in Lautsprecher-Magneten genutzten seltenen Erden. Bei den insgesamt 14 wichtigsten Materialien erreicht Apple nach eigenen Angaben bereits eine bestätigte Recyclingquote von 18 Prozent. Das ist noch weit entfernt vom vollständigen Werkstoffkreislauf – aber mehr, als praktisch alle anderen Hersteller vorweisen können.

Eine wichtige Entwicklung, denn ein in der Regel rund 80 Gramm schweres Handy trägt einen ökologischen Rucksack von 75,3 Kilogramm

(Quelle: Wuppertal Institut für Klima, Umwelt, Energie GmbH). Damit ist der enorme Energieaufwand gemeint, der zur Produktion eines Handys erforderlich ist. Bei Hightech und vor allem Smartphones ist dieser Aufwand besonders hoch: Er übersteigt damit das Eigengewicht des Gerätes um fast das Tausendfache. Der Rohstoffverbrauch für die Herstellung, Nutzung und Entsorgung eines Handys ist extrem hoch und führt zu entsprechenden Umweltbelastungen.

Menschen liefern zu wenige Geräte ab

Ein Problem gibt es allerdings: Daisy könnte mehr Altgeräte zerlegen – aber es gibt zu wenige. Allein Apple verkauft zwar mehr als 250 Millionen Geräte pro Jahr. Aber es kommen nicht mal die theoretisch zu bewältigenden 2,4 Millionen Geräte bei Apple wieder an.

Die bei dem einen früher, bei dem anderen später ausgemusterten Altgeräte erscheinen den Menschen eben nach wie vor wertvoll, und aus diesem Grund landen sie erst einmal in Schubladen und Kartons. Allein in Deutschland sind es über 200 Millionen Geräte. Weltweit müssen es Milliarden von Smartphones sein.

Refurbished: aufpoliert und so gut wie neu

Doch wie wir am Beispiel Daisy eindrucksvoll sehen: In den alten Geräten schlummern wertvolle Ressourcen. Darum bemüht sich Apple schon länger darum, die Menschen mit Trade In-Programmen zur Rückgabe alter Geräte zu motivieren. Wer bei einem Neukauf sein bisheriges Modell zurückgibt, bekommt – je nach Alter und Zustand des Gerätes – einen durchaus stattlichen Betrag gutgeschrieben. Mittlerweile gibt es das Programm auch für Kunden, die kein neues Gerät kaufen wollen.

Aber Rückgabe bedeutet nicht Recycling. Apple entsorgt zurückgegebene Geräte nicht automatisch, sondern überprüft in jedem Einzelfall, ob sie sich mit vertretbarem Aufwand wieder aufbereiten lassen: Geräte, die erst wenige Monate oder Jahre alt sind, werden intensiv gereinigt, möglicherweise defekte Teile ersetzt, der Akku erneuert und dann als Refurbished-Geräte zu deutlich günstigeren Preisen als die Neugeräte wiederverkauft. Die Hardware bekommt so einen erweiterten Lebenszyklus – die beste und effektivste Art von Umweltschutz.

Denn jedes Gerät, das länger im Einsatz ist, erspart die Herstellung eines neuen Gerätes – und damit auch die Beschaffung wertvoller Materialien wie Gold, Kupfer, seltene Erden, aber auch Plastik und Aluminium.

Endstation Entsorgung oder Wiederverwertung

Irgendwann ist der Punkt erreicht, da lässt sich ein Gerät nicht mehr sinnvoll verwenden. Entweder, weil der Reparaturaufwand zu hoch wäre – oder weil das Gerät einfach am Ende seines Lebenszyklus angekommen ist. Etwa, weil die Leistungsfähigkeit des Prozessors für moderne Anwendungen nicht mehr ausreicht. Spätestens dann ist endgültig der Punkt erreicht, an dem das Gerät entsorgt werden muss – oder recycelt werden kann.

Sofern Recycling infrage kommt, ist Daisy gefragt – oder vergleichbare Roboter, die (hoffentlich) noch gebaut werden, um auch die Geräte anderer Hersteller fein säuberlich in alle Einzelteile zu zerlegen und die auf diese Weise zurückgewonnenen Werkstoffe wiederzuverwenden.

Doch ein fachgerechtes Recycling, so wie bei Apple, ist noch die absolute Ausnahme (selbst bei Apple selbst, denn bislang werden nur iPhones auf diese Weise zerlegt und recycelt). Ein riesiges Problem, denn Elektronikgeräte wie Smartphones, Tablets, PCs und Monitore gehören mittlerweile zu den am häufigsten genutzten Geräten weltweit. Aber was passiert mit diesen Geräten, wenn sie nicht mehr benötigt werden? Leider landen die meisten davon auf Müllhalden und/oder werden zu Elektroschrott.

Enorme Mengen an Elektroschrott weltweit

Weltweit wurden im Jahr 2019 rund 53,6 Millionen Tonnen an Elektroschrott produziert,[45] wie die Studie »Global E-Waste Monitor« ermittelt hat. Das entspricht dem Gewicht von 10 Millionen Elefanten! Davon entfallen auf Europa etwa 12 Millionen Tonnen; wobei Deutschland einer der größten Produzenten von Elektroschrott in Europa ist.

In Deutschland wurden im Jahr 2020 rund 1,9 Millionen Tonnen an Elektroschrott eingesammelt (das entspricht etwa dem Gewicht von 3600 voll beladenen Jumbojets), wie der Elektro-Altgeräte Register (EAR) berichtet.[46] Davon entfielen etwa 82.000 Tonnen auf Smartphones, Tablets, PCs und Monitore. Das bedeutet, dass allein in Deutschland pro Jahr über 2 Millionen dieser Geräte entsorgt werden. Die Mehrheit der Altgeräte lagert allerdings in dunklen Schubladen, Schränken oder im Keller.

Ein durchschnittliches Smartphone wiegt etwa 150 Gramm, ein Tablet etwa 500 Gramm, ein PC rund 5 Kilogramm und ein Monitor zwischen 3 und 8 Kilogramm. Obwohl die meisten dieser Geräte im Vergleich zu anderen Abfallarten relativ leicht sind, ist ihr Anteil am Elektroschrott enorm.

Wertvolle Rohstoffe: 1,5 Milliarden Euro pro Jahr allein in Deutschland

Die meisten dieser Geräte enthalten wertvolle Rohstoffe wie Kupfer, Aluminium und Gold, die wiederverwendet werden können. Allein in Deutschland beläuft sich der Wert des Elektroschrotts auf etwa 1,5 Milliarden Euro pro Jahr.

In Deutschland müssen Elektrogeräte vom Hersteller zurückgenommen werden. Dies geschieht entweder über den Handel oder über spezielle Sammelstellen. Elektroschrott wird dann in speziellen Recyclinganlagen recycelt, wobei die enthaltenen Rohstoffe wiedergewonnen werden.

Laut einem Bericht des Umweltbundesamts werden etwa 80 Prozent der in Deutschland gesammelten Elektrogeräte recycelt. Die Rückgewinnung von Rohstoffen aus Elektroschrott kann einen erheblichen Beitrag zur Reduzierung des Rohstoffverbrauchs und damit zur Schonung der Umwelt leisten.

Enormer Schaden durch die Entsorgung von Elektroschrott

Leider wird Elektroschrott nur selten fachgerecht entsorgt. Viele Geräte landen auf Müllhalden oder werden – weil der Gesetzgeber das nicht ausreichend reguliert und ahndet – illegal exportiert, was zu Umweltverschmutzung und gesundheitlichen Risiken führt.

Elektrogeräte enthalten häufig giftige Stoffe wie Quecksilber und Blei, die bei unsachgemäßer Entsorgung in Boden und Wasser gelangen können. Zudem kann die Entsorgung von Elektroschrott zu hohen CO_2-Emissionen führen, da bei dem Recycling von Elektrogeräten eine erhebliche Menge an Energie verbraucht wird. Genaue Zahlen sind hier allerdings nicht bekannt.

Fest steht: Die fachgerechte Entsorgung von Elektroschrott ist ein wichtiges Thema, das erfreulicherweise immer mehr Beachtung findet, aber dringend strenger reguliert werden muss. Denn weltweit fallen enorme Mengen an Elektroschrott an, darunter eben auch viele Smartphones, Tablets, PCs und Monitore.

In Deutschland werden Elektrogeräte seit einigen Jahren vom Hersteller zurückgenommen (weil der Gesetzgeber das vorschreibt) und in speziellen Recyclinganlagen recycelt.[47] Der Grad des Recyclings ist in Deutschland vergleichsweise hoch und kann so einen erheblichen Beitrag zur Schonung von Rohstoffen und zur Reduzierung des CO_2-Fußabdrucks leisten.

Allerdings ist die unsachgemäße Entsorgung von Elektroschrott nach wie vor ein großes Problem,[48] nicht nur in Deutschland, sondern vor allem global. Giftige Stoffe können in Boden und Wasser gelangen und zu Umweltverschmutzung und gesundheitlichen Risiken führen.

Es ist wichtig, dass alle Beteiligten – Hersteller, Verbraucher und Recycling-Unternehmen – ihren Teil dazu beitragen, um die Entsorgung von Elektroschrott sicherer und umweltfreundlicher zu gestalten. Dabei sollten nicht nur die Rohstoffe zurückgewonnen, sondern auch der CO_2-Fußabdruck minimiert werden. Eine nachhaltige und umweltbewusste Entsorgung von Elektroschrott ist eine Herausforderung, aber auch eine Chance, um Ressourcen zu schonen und die Umwelt zu schützen.

Rückgabe von Altgeräten

Aber was, wenn man kein iPhone benutzt – und trotzdem für eine umweltgerechte Rückgabe sorgen möchte? In Deutschland gibt es verschiedene Möglichkeiten, Altgeräte fachgerecht und umweltbewusst zu entsorgen. Verbraucher können ihre Elektrogeräte entweder kostenlos bei Recyclinghöfen abgeben oder sie an Händler zurückgeben, die eine gesetzliche Rücknahmepflicht haben. Darüber hinaus bieten auch spezialisierte Entsorgungsunternehmen ihre Dienstleistungen an.

Der Prozess der Entsorgung von Elektrogeräten beginnt mit der Erfassung und Sortierung der Geräte. Hierbei werden die Geräte in verschiedene Kategorien eingeteilt, um eine effiziente und umweltbewusste Entsorgung zu gewährleisten. Anschließend werden die Geräte in speziellen Recyclinganlagen demontiert und die einzelnen Komponenten wie Metalle, Kunststoffe und Elektronikbauteile werden sortiert und aufbereitet. Die wertvollen Rohstoffe wie Gold, Silber, Kupfer und seltene Erden können durch das Recycling zurückgewonnen und wiederverwendet werden.

Die Entsorgung von Elektrogeräten verursacht Emissionen und Belastungen für die Umwelt und die Entsorgung des Elektroschrotts erzeugt Abfall und Schadstoffe.

Eine Studie der Universität Bonn aus dem Jahr 2017 kam zu dem Ergebnis, dass die Entsorgung von Elektroschrott in Deutschland im Jahr 2014 rund 287.000 Tonnen CO_2-Äquivalente verursacht hat.

Rückgabe beim Händler oder Recyclinghof

Mitmachen lohnt sich also. Die einfachste Möglichkeit, Altgeräte zu entsorgen, ist die kostenlose Abgabe bei Recyclinghöfen. Hier können Verbraucher ihre Elektrogeräte in der Regel kostenlos abliefern. In vielen Städten und Gemeinden gibt es auch mobile Sammelfahrzeuge, die regelmäßig in den verschiedenen Stadtteilen unterwegs sind und Altgeräte einsammeln. Die Recyclinghöfe sind in der Regel gut ausgeschildert und leicht zu finden. Eine Liste mit Recyclinghöfen und Sammelstellen kann bei den jeweiligen Stadt- und Gemeindeverwaltungen angefragt werden.

Eine weitere Möglichkeit ist die Rückgabe von Elektrogeräten an Händler, die eine Rücknahmepflicht haben. Seit dem Inkrafttreten des ElektroG im Jahr 2015 sind Händler verpflichtet, Elektrogeräte zurückzunehmen, die sie selbst verkaufen oder in ihrem Onlineshop anbieten. Jeder Händler, der auch nur gelegentlich Elektrogeräte verkauft, muss auch Altgeräte annehmen. Die Rückgabe ist für Verbraucher in der Regel kostenlos.

Händler mit einer Verkaufsfläche von mehr als 400 Quadratmetern müssen zudem sicherstellen, dass Verbraucher ihre Elektrogeräte in unmittelbarer Nähe zur Verkaufsfläche abgeben können. Eine Übersicht über Händler mit Rücknahmepflicht kann auf der Webseite des Umweltbundesamtes unter umweltbundesamt.de abgerufen werden.

Um sicherzustellen, dass die Altgeräte fachgerecht und umweltbewusst entsorgt werden, ist es wichtig, darauf zu achten, dass die Entsorgungsunternehmen zertifiziert sind und die geltenden Umweltstandards einhalten. Eine Zertifizierung nach den Standards der DIN EN ISO 9001 und DIN EN ISO 14001 sowie nach dem ElektroG sind ein Indikator für eine umweltbewusste und nachhaltige Entsorgung.

Entsorgung von Batterien und Akkus

Auch die Entsorgung von Batterien und Akkus ist ein wichtiger Teil der Elektroentsorgung. Batterien und Akkus enthalten oft giftige Stoffe wie Quecksilber, Blei oder Cadmium, die bei unsachgemäßer Entsorgung in die Umwelt gelangen können,[49] In Deutschland können Batterien und Akkus kostenlos bei vielen Händlern oder in speziellen Sammelbehältern abgegeben werden. Eine Liste mit Sammelstellen kann bei der Stiftung Gemeinsames Rücknahmesystem Batterien angefragt werden.

Ein weiteres Problem bei der Entsorgung von Elektrogeräten ist die illegale Entsorgung und der Export von Elektroschrott in Entwicklungsländer. Um dies zu verhindern, hat die Europäische Union im Jahr 2012 die Elektroschrott-Verordnung in Kraft gesetzt, die den Export von Elektroschrott in Nicht-EU-Länder verbietet. Allerdings ist die Kontrolle und Überwachung der Umsetzung dieser Verordnung schwierig und es kommt immer noch zu illegalen Exporten von Elektroschrott.

Insgesamt ist die Entsorgung von Elektrogeräten eine wichtige Aufgabe, um Umweltbelastungen zu vermeiden und Ressourcen zu schonen. Verbraucher sollten sich bewusst machen, dass ihre Elektrogeräte wertvolle Rohstoffe enthalten und durch das Recycling dieser Rohstoffe wertvolle Ressourcen geschont werden können. Eine umweltbewusste Entsorgung von Elektrogeräten ist ein wichtiger Beitrag zum Umweltschutz und zur Nachhaltigkeit.

Hardware in den Rechenzentren

Das Beispiel von Daisy zeigt, wie aufwendig es ist, auch nur ein einzelnes Smartphone fach- und sachgerecht zu recyceln. Doch nicht nur wir brauchen Hardware jeder Art, um das Internet nutzen zu können: Das Internet selbst besteht aus einer unfassbaren Ansammlung von Hightech, überall auf der Welt. Server, die Daten bereitstellen; Rechner, die Daten weiterleiten und auswerten; Kabel; Stecker; Router; Access Points. Alles muss mit allem verbunden werden – es ist ein unglaublicher Aufwand.

Der Preis dafür ist hoch: Der Energieverbrauch für den Betrieb des Internets ist enorm und nimmt ständig zu. Doch ein Aspekt, der häufig außer Acht gelassen wird, ist die Hardware, die das Internet am Laufen hält. Wer nur auf den Treibstoff schaut, den ein Schiff in Bewegung verbraucht, und nicht auf den enormen Aufwand, das Schiff in einer Werft zu bauen und instand zu halten, sieht nur einen kleinen Ausschnitt des tatsächlichen Energieverbrauchs.

Ganz ähnlich ist es beim Internet: Wir müssen uns auch die Hardware anschauen, die das eigentliche Internet ausmacht. Für Laien nicht immer ganz einfach, weil sie nur selten Rechenzentren besuchen und durch die langen Flure mit leise vor sich hin surrenden Servern spazieren.

7500 Rechenzentren weltweit – mit jeder Menge Hardware

Laut aktuellen Studien gibt es weltweit rund 7500 große Rechenzentren[50]. Darüber hinaus noch ungezählte in Unternehmen. Die meisten davon befinden sich in den USA, gefolgt von China und Europa. Insgesamt entfallen etwa 2 Prozent des weltweiten Stromverbrauchs auf Rechenzentren.

Doch was genau steckt hinter diesen Zahlen? Ein typisches Rechenzentrum besteht aus Tausenden von Servern, die in sogenannten Racks untergebracht sind. Ein Rack ist ein Regal, das speziell für den Einsatz in Rechenzentren entwickelt wurde und in der Regel bis zu 40 Server aufnehmen kann. In einem durchschnittlichen Rechenzentrum gibt es also Tausende von Racks und damit Hunderttausende von Servern.

Die Hardware, die in Rechenzentren zum Einsatz kommt, umfasst jedoch nicht nur Server, sondern auch Netzwerkausrüstung, Speichersysteme und Kühlgeräte. Laut einer Schätzung von Gartner betrug der Umsatz mit Servern weltweit im Jahr 2020 rund 81,5 Milliarden US-Dollar.

Wie oft wird diese Hardware ersetzt?

Leider wird die Hardware in solchen Rechenzentren häufig ausgetauscht. Zum einen ist der Verschleiß hoch, zum anderen wachsen die Anforderungen, sodass immer die neueste Hardware verbaut werden muss. Die Lebensdauer von Servern beträgt im Durchschnitt etwa 3 bis 5 Jahre[51], bevor sie ersetzt werden. Dies liegt daran, dass sie durch neuere Modelle ersetzt werden müssen, um mit den Anforderungen von immer komplexeren Anwendungen und Diensten Schritt zu halten.

Der Austausch von Servern und anderen Hardware-Komponenten erfolgt jedoch nicht nur aus technologischen Gründen, sondern auch aus Gründen der Wirtschaftlichkeit. Denn ältere Geräte verbrauchen in der Regel mehr Energie und sind damit teurer im Betrieb als neuere und energieeffizientere Modelle.

Wie viel Energie kostet die Herstellung und Entsorgung dieser Hardware?

Die Herstellung von Hardware-Komponenten erfordert eine enorme Menge an Energie. Insbesondere die Herstellung von Halbleitern, die in der Regel in der Produktion von Prozessoren und Speicherchips verwendet werden, ist sehr energieintensiv. Ein Bericht des European Environmental Bureau (EEB) schätzt,[52] dass die Herstellung eines typischen Server-Prozessors mehr als 15-mal so viel Energie verbraucht wie dessen Betrieb über 3 Jahre.

Auch die Entsorgung von Elektronikschrott, der durch den Austausch von Hardware entsteht, ist ein großes Problem. So wie bei den Smartphones enthält auch Elektronikschrott aus Rechenzentren gefährliche Stoffe wie Blei und Quecksilber, die bei unsachgemäßer Entsorgung die Umwelt und die Gesundheit von Menschen gefährden können. Laut dem Global E-Waste Monitor wurden im Jahr 2020 weltweit rund 53,6 Millionen Tonnen Elektronikschrott produziert.[53]

So lässt sich der Energieverbrauch von Hardware reduzieren

Es gibt verschiedene Ansätze, um den Energieverbrauch von Hardware zu reduzieren und somit den ökologischen Fußabdruck von Rechenzentren und anderen IT-Infrastrukturen zu verringern. Einer dieser Ansätze ist die Verwendung von energieeffizienten Hardware-Komponenten. Moderne

Server und andere Geräte sind in der Regel energieeffizienter als ältere Modelle und können somit den Energieverbrauch von Rechenzentren reduzieren.

Ein weiterer Ansatz ist die sogenannte Virtualisierung. Bei diesem Verfahren laufen mehrere virtuelle Maschinen auf einem physischen Server und werden dort ausgeführt. Dadurch kann die Auslastung von Servern erhöht werden, was wiederum zu einer höheren Energieeffizienz führt.

Auch die Kühlung von Rechenzentren kann und muss energieeffizienter gestaltet werden. Eine Möglichkeit hierfür ist die bereits beschriebene Verwendung von Freikühlung, bei der die Außenluft zur Kühlung genutzt wird, anstatt energieintensive Kühlsysteme zu verwenden.

Zusammenfassend lässt sich sagen, dass die enorme Menge an Hardware, die für den Betrieb des Internets benötigt wird, einen erheblichen ökologischen Fußabdruck hinterlässt. Die Herstellung und Entsorgung von Hardware-Komponenten ist sehr energieintensiv und kann erhebliche Umweltauswirkungen haben.

Um den Energieverbrauch und die Umweltauswirkungen des Internets zu reduzieren, müssen alle Beteiligten ihren Beitrag leisten. Dies beinhaltet die Verwendung energieeffizienter Hardware-Komponenten, die Virtualisierung von Ressourcen und die Implementierung effizienter Kühltechnologien in Rechenzentren. Es ist auch wichtig, auf eine ordnungsgemäße Entsorgung von Elektronikschrott zu achten, um Umweltverschmutzung und gesundheitliche Risiken zu minimieren.

Den Entwicklern von Hardware-Komponenten kommt hier eine wichtige Rolle zu. Sie müssen dringend energieeffiziente Produkte entwickeln und auf eine umweltfreundliche Produktion und Entsorgung achten. Unternehmen und Organisationen, die Rechenzentren betreiben, können durch den Einsatz von energieeffizienten Technologien und einer optimierten Infrastruktur ihren Energieverbrauch und damit ihre Betriebskosten senken. Selbstverständlich muss der Gesetzgeber die nötigen Rahmenbedingungen vorgeben.

Es ist jedoch auch wichtig, dass die Verbraucher und Nutzer des Internets ihren Teil beitragen, indem sie energieeffiziente Geräte und Infrastrukturen nutzen und auf eine bewusste Nutzung von Ressourcen achten. Nur durch eine gemeinsame Anstrengung können wir eine nachhaltige digitale Zukunft erreichen und das Internet als wichtigen Bestandteil unseres Lebens erhalten, ohne dabei die Umwelt zu belasten.

KAPITEL 8

Projekte, die Hoffnung machen

Die Digitalisierung hat unsere Welt in vielen Aspekten verändert – und in vielen Bereichen (keineswegs in allen) verbessert. Sie hat Prozesse optimiert, Arbeitswege verkürzt und ermöglicht völlig neue Wege der Kommunikation und Interaktion. Die Digitalisierung ist derart stark in unseren Alltag integriert (wenn auch nicht in deutschen Behörden und Verwaltungen), dass wir uns eine Welt ohne Digitalisierung kaum noch vorstellen können – und viele das auch nicht wollen.

Allerdings kommen diese Errungenschaften nicht ohne Kosten und Nebenwirkungen – das haben die vorangegangenen Kapitel wohl deutlich

gemacht. Die Energie, die zur Unterstützung unserer digitalen Komfortwelt benötigt wird, ist beträchtlich und wirft ernsthafte Fragen zur Nachhaltigkeit und zum Energieverbrauch auf.

Es wurde deutlich, inwiefern Digitalisierung erheblich zur globalen Energiebelastung beiträgt (Streaming, Bitcoin, KI ...). In diesem Kapitel wollen wir den Scheinwerfer auf jene Projekte und Modelle richten, die Hoffnung machen. Sie zeigen uns, dass es möglich ist, in unserer digitalen Welt energieeffizienter und nachhaltiger zu handeln.

Die zentrale These lautet: Digitalisierung und weniger Energieverbrauch müssen sich nicht ausschließen. Mit innovativen Technologien und klugen Ansätzen können wir den digitalen Fortschritt fördern und gleichzeitig unseren Energieverbrauch in den Griff bekommen. Es geht darum, eine grüne Digitalisierung zu erreichen – eine Digitalisierung, die sich ihrer ökologischen Verantwortung bewusst ist und aktiv danach strebt, ihren Energieverbrauch zu reduzieren und nachhaltiger zu handeln.

Deshalb stelle ich nachfolgend eine Reihe von Projekten und Modellen vor, die dieses Ziel verfolgen. Einige davon sind vielleicht schon bekannt – zumindest prinzipiell –, andere könnten neu sein. Alle jedoch demonstrieren, dass es bereits heute möglich ist, digital zu sein und gleichzeitig Energie zu sparen.

Eines der vorgestellten Projekte ist Project Natick von Microsoft, bei dem Server im Wasser versenkt werden. Die natürliche Kühlung durch das Meerwasser hilft, den Energieverbrauch zu senken. Oder nehmen wir den Stockholm Data Park, der die Abwärme von Rechenzentren nutzt, um städtische Gebäude zu beheizen. Abwärme von Rechenzentren zu nutzen, um Wohnungen zu heizen oder Schwimmbäder zu wärmen, das sind Projekte, die es überall auf der Welt gibt.

Ebenfalls beachtenswert ist der Einsatz von künstlicher Intelligenz (KI) zur Steigerung der Energieeffizienz. Google nutzt beispielsweise DeepMind, eine KI-Plattform, die das Kühlungssystem in seinen Rechenzentren steuert und dadurch den Energieverbrauch um bis zu 40 Prozent reduziert.

Jedes dieser Projekte stellt einen Schritt in Richtung einer grüneren, nachhaltigeren Digitalisierung dar. Sie zeigen uns, dass es nicht nur möglich, sondern auch notwendig ist, unseren digitalen Energieverbrauch zu senken.

Doch es reicht nicht aus, nur auf Einzelprojekte zu schauen. Wir müssen das Gesamtbild betrachten. Daher werden wir uns auch mit den größeren Trends und Bewegungen auseinandersetzen, die diese Projekte antreiben und fördern.

Und bitte nicht vergessen: Die Zukunft der grünen Digitalisierung liegt nicht nur in den Händen einzelner Unternehmen oder Projekte. Sie liegt in unserer gemeinsamen Fähigkeit, innovative Technologien zu entwickeln und umzusetzen, bestehende Praktiken zu hinterfragen und den Mut zu haben, neue Wege zu gehen.

Die Projekte, die wir vorstellen, sind keine vollständigen Lösungen. Sie sind erste Schritte auf einem langen Weg zur Energieeffizienz. Doch sie sind wichtige Schritte, die uns zeigen, dass es möglich ist, den Energieverbrauch zu senken und gleichzeitig die Vorteile der Digitalisierung zu nutzen.

Es liegt an uns allen, diese Projekte zu unterstützen, ihre Ideen weiterzuentwickeln und sie auf breiter Front umzusetzen. Wenn wir das tun, können wir eine grüne Digitalisierung erreichen – eine Digitalisierung, die nicht nur unsere Arbeitsweise und unser Leben verbessert, sondern auch unseren Planeten schont. Es ist eine Herausforderung, die wir annehmen müssen, und wir hoffen, dass dieses Kapitel dazu beiträgt, das Bewusstsein und den Willen zur Umsetzung zu stärken.

Project Natick von Microsoft: Unterwasser-Datencenter

Jeder, der schon mal in einem Rechenzentrum war, weiß nur zu gut: Dort ist es unglaublich laut – weil so viele Ventilatoren die Rechner kühlen. Und eigentlich auch kühl, weil Klimaanlagen die Räume kühlen. Doch es gibt Ideen und Konzepte, den Aufwand für die Kühlung zu reduzieren – oder die Abwärme sogar nutzbar zu machen.

Wenn wir ein Notebook auf dem Schoß haben, dann merken wir das mitunter: Beim Arbeiten wird das Gerät ganz schön warm. Wenn es intensiv arbeiten muss, auch schon mal heiß. Auch das Smartphone erwärmt sich, wenn zum Beispiel damit Spiele gespielt oder Videos geschnitten werden.

Es gibt kreative Ideen, wie sich Rechenzentren kühlen lassen: Warum eigentlich immer mit Luft? Das hat sich auch Microsoft gedacht und schon 2018 ein Rechenzentrum im Wasser versenkt, vor den schottischen Orkney-Inseln im Meer, um genau zu sein. Beim Project Natick wurde erstmals untersucht,[54] ob Wasserkühlung eine Alternative ist.

Ein Rechenzentrum unter Wasser

Das Projekt klingt hollywoodreif. Microsoft hat testweise ein Rechenzentrum mit 874 Servern und 27,6 Petabyte Festplatten kurzerhand im Meer versenkt. Zwei Jahre lang war das Rechenzentrum auf dem Meeresgrund – und wurde auch betrieben. Danach wurde es wieder geborgen; nicht zuletzt, um alles untersuchen zu können.

Die Ingenieure haben festgestellt: Die Kühlung mit Wasser spart viel Energie.

Ziel des Projekts ist es, Rechenzentren auf den Meeresboden zu verlagern, um von der natürlichen Kühlwirkung des Wassers zu profitieren. Denn dieser Ansatz hat das Potenzial, den Energieverbrauch von Rechenzentren erheblich zu reduzieren und gleichzeitig die sogenannten Latenzzeiten zu verkürzen. Da viele Menschen in Küstennähe wohnen und große Städte am Meer liegen, ist das eine durchaus interessante Alternative.

Die Wurzeln von Project Natick gehen sogar auf das Jahr 2014 zurück, als ein kleines Team von Microsoft-Mitarbeitern begann, die Machbarkeit von Unterwasserrechenzentren zu erforschen. Die erste Testphase des Projekts, Natick Phase 1, startete im Jahr 2015 mit einem 30-Tage-Experiment, bei dem ein Stahlzylinder mit Servern vor der kalifornischen Küste abgesenkt wurde.

Die Ergebnisse waren vielversprechend und führten zur Entwicklung von Natick Phase 2, einem weit größeren und ehrgeizigeren Vorhaben. Ein Rechenzentrum, bestehend aus 874 Servern in einem 12 Meter langen und 2,8 Meter breiten Stahlrohr, wurde vor der schottischen Orkney-Inselgruppe versenkt. Dort blieb es für zwei Jahre, von 2018 bis 2020, auf dem Meeresboden und lieferte während dieser Zeit wertvolle Daten und Erkenntnisse.

Das Besondere an Project Natick ist die Nutzung der natürlichen Ressourcen zur Energieversorgung und Kühlung des Rechenzentrums. Die Anlage auf den Orkney-Inseln bezog ihren Strom zu 100 Prozent aus erneuerbaren Quellen, hauptsächlich aus Wind- und Sonnenenergie sowie aus Meeresströmungen. Die Kühlung erfolgte passiv, indem die Abwärme der Server einfach ins Meer abgeleitet wurde.

Das Ergebnis: ein beeindruckendes Maß an Energieeffizienz. Im Vergleich zu landgestützten Datenzentren verbrauchte das unterseeische Rechenzentrum von Project Natick nach Angaben von Microsoft etwa 30 Prozent weniger Energie. Ein großer Teil dieser Einsparung resultiert aus dem Wegfallen des Bedarfs an energieintensiven Klimaanlagen, die in herkömmlichen Rechenzentren einen Großteil des Stroms verbrauchen.

Die Hälfte der Weltbevölkerung lebt in Wassernähe

Doch die Energieeinsparungen sind nicht der einzige Vorteil von Project Natick. Durch die Verlagerung der Rechenzentren in Küstennähe konnte Microsoft auch die Latenzzeiten verkürzen, die Verzögerung, die entsteht, wenn Daten über weite Strecken übertragen werden. Da mehr als die Hälfte der Weltbevölkerung in Küstennähe lebt, könnten unterseeische Rechenzentren dazu beitragen, den Datenverkehr effizienter zu gestalten und die Internetgeschwindigkeiten zu erhöhen.

Erstaunlich: Obwohl man vielleicht das Gegenteil annehmen könnte, erwiesen sich die unterseeischen Bedingungen sogar als günstig für die Zuverlässigkeit der Hardware. Die Server im Rechenzentrum »unter Wasser« hatten eine Ausfallrate von nur einem Achtel im Vergleich zu den Servern in einem herkömmlichen Rechenzentrum.

Microsoft führt diese Verbesserung auf mehrere Faktoren zurück, darunter die Abwesenheit von Menschen, die Hardware beschädigen könnten (sic!), die stabile Temperatur und die geringe Sauerstoff- und Feuchtigkeitsmenge.

Bislang nur ein Experiment

Bislang befindet sich Project Natick in der experimentellen Phase. Es gilt, noch viele technische Herausforderungen zu meistern und Umweltaspekte zu berücksichtigen, bevor unterseeische Rechenzentren allgemein umgesetzt werden könnten. Dennoch zeigt das Projekt, wie durch innovatives Denken und die Nutzung natürlicher Ressourcen der Energieverbrauch von Rechenzentren erheblich reduziert werden kann.

Wer nun befürchtet: »Dann erhitzt sich doch das Meer?« Das tut es offensichtlich nicht. Wenige Meter entfernt vom Rechenzentrum haben die Forscher die Meerestemperatur überwacht und ständig gemessen, und die war nur wenige Tausendstel Grad wärmer als gewöhnlich. So ein Ozean ist nun mal riesig.

Microsofts Project Natick ist ein leuchtendes Beispiel dafür, wie Unternehmen durch kreative Lösungen dazu beitragen können, den Energieverbrauch in der digitalen Welt zu senken. Es zeigt, dass die Zukunft der Datenverarbeitung nicht zwangsläufig von einem ständig wachsenden Energiebedarf geprägt sein muss, sondern dass wir durch innovative Ansätze und den mutigen Einsatz neuer Technologien den Weg zu einer nachhaltigeren und energieeffizienteren digitalen Welt ebnen können.

Stockholm Data Parks – Abwärmenutzung von Rechenzentren

Wenn etwas deutlich geworden sein sollte in diesem Buch, dann wohl das: Energie muss effektiv genutzt werden – vor allem in Rechenzentren, von denen es auf der Welt immer mehr und immer größere gibt. Eine besondere Herausforderung stellen dabei vor allem solche Prozesse dar, bei denen ein Großteil der eingesetzten Energie als Abwärme verloren geht, ohne dass die Energie sinnvoll genutzt wird. Das trifft auf so ziemlich jedes Rechenzentrum zu, die alle eine beträchtliche Menge an Wärme produzieren, die meist ungenutzt bleibt.

Genau hier setzt das innovative Konzept der »Stockholm Data Parks«[55] an. Initiiert von der Stadt Stockholm und den städtischen Versorgungsunternehmen Stockholm Exergi, Ellevio und Stokab, besteht das Ziel ganz konkret darin, die nahezu rund um die Uhr entstehende Abwärme von Rechenzentren sinnvoll zu nutzen – und (in diesem Fall) in das städtische Fernwärmenetz einzuspeisen.

Wegweisendes Konzept: Stockholm will klimaneutral werden

Der Ansatz von Stockholm Data Parks ist denkbar einfach – und gleichzeitig revolutionär: Anstatt die von den Servern produzierte Wärme zu verschwenden, wird die Wärme zur Heizung von Wohn- und Geschäftsgebäuden in der Stadt genutzt. Mit dieser Methode lassen sich nicht nur die Energieeffizienz steigern und die CO_2-Emissionen verringern, sondern darüber hinaus sogar neue Einkommensquellen für die Betreiber der Rechenzentren schaffen, da sie für die bereitgestellte Wärme entlohnt werden.

Das Projekt ist Teil der Bemühungen Stockholms, bis 2040 eine fossilfreie Stadt zu sein. Der Ansatz ist sowohl ökologisch als auch ökonomisch sinnvoll, da er dazu beiträgt, die Kosten für die Wärmeerzeugung zu senken und gleichzeitig die Energieeffizienz zu erhöhen.

Die Stadt Stockholm stellt für dieses von langer Hand geplante Projekt speziell ausgewiesene Grundstücke zur Verfügung, die als Data Parks bezeichnet werden. Diese Data Parks sind mit der erforderlichen Infrastruktur ausgestattet, um die Wärme der dort installierten Rechenzentren verlustfrei abzuleiten und in das Fernwärmenetz einzuspeisen.

Hier müssen Architekten umdenken: Anstatt die anfallende Abwärme so schnell wie möglich nach außen zu transportieren, wie sonst üblich, muss sie geschickt eingefangen, gesammelt und möglichst verlustfrei der Verwertung zugeführt werden.

Interxion: Abwärme ins Fernwärmenetz

Eines der bemerkenswertesten Projekte im Rahmen der Stockholm Data Parks ist das Rechenzentrum von Interxion, einem der führenden Anbieter von Co-Location-Datencenter-Dienstleistungen. Im Jahr 2018 hat Interxion angefangen, die Abwärme seines Rechenzentrums in Stockholm in das städtische Fernwärmenetz einzuspeisen. Bei voller Kapazität kann die Anlage bis zu 20.000 Haushalte mit Heizwärme versorgen.

Die Einsparungen durch dieses System sind erheblich. Nach Angaben von Stockholm Exergi spart jede eingespeiste Gigawattstunde Wärme, die aus einem Rechenzentrum gewonnen wird, die Verbrennung von etwa 200.000 Litern Öl für die Fernheizung. Das führt zu einer jährlichen Reduzierung von mehreren Tausend Tonnen CO_2-Emissionen.

Zudem hat Stockholm Exergi im Jahr 2020 ein Abkommen mit Amazon Web Services (AWS) geschlossen (das sind die Cloud-Rechenzentren von Amazon, die zu den größten der Welt gehören), das vorsieht, dass die Wärme aus dem neuen AWS-Rechenzentrum in Stockholm ebenfalls in das Fernwärmenetz eingespeist wird. Experten schätzen, dass dieses Rechenzentrum genug Wärme liefern könnte, um weitere 10.000 Wohnungen zu beheizen.

Wichtig ist ein konzeptioneller Ansatz

Das Projekt Stockholm Data Parks zeigt eindrucksvoll, wie eine innovative und kreative Herangehensweise dazu beitragen kann, die Herausforderungen der Energieeffizienz anzugehen. Durch die konstruktive Nutzung der ansonsten ungenutzt verpufften Abwärme von Rechenzentren trägt es nicht nur zur Reduzierung des Energieverbrauchs bei, sondern schafft auch einen wirtschaftlichen Anreiz für die Betreiber von Rechenzentren, einen aktiven Beitrag zum Klimaschutz zu leisten.

Es ist zu erwarten, dass es in Zukunft mehr solcher Projekte gibt. Die Nachfrage nach Rechenleistung und Speicherplatz wird weiterhin rasant steigen, und damit unweigerlich auch die Menge an erzeugter Abwärme. Denn selbst, wenn der von den Rechenzentren verwendete Strom zu 100 Prozent aus regenerativen Quellen stammt: Die Server produzieren trotzdem Abwärme, die sich auf diese Weise nutzen lässt.

Innovative Ansätze wie die Stockholm Data Parks können also dazu beitragen, diesen Trend von mehr Rechenzentren überall auf der Welt in eine Chance zur Steigerung der Energieeffizienz und zur Reduzierung der CO_2-Emissionen zu verwandeln.

Allerdings kann das nur funktionieren, wenn alle Hand in Hand arbeiten. Auch das macht das Musterprojekt in Stockholm deutlich: Der Erfolg dieses Projekts beruht auf einer fruchtbaren Zusammenarbeit zwischen der Stadt Stockholm, den Versorgungsunternehmen und den Betreibern der Rechenzentren. Was zeigt, dass durch solcherlei Kooperation und gegenseitige Unterstützung innovative Lösungen gefunden werden können, die nicht nur ökologisch, sondern auch ökonomisch sinnvoll sind.

Stockholm Data Parks ist ein Beispiel dafür, wie Städte und Unternehmen gemeinsam innovative Lösungen entwickeln können, um den Energieverbrauch zu senken und den Übergang zu einer nachhaltigeren und effizienteren Energieversorgung zu fördern. Es zeigt, dass die Herausforderungen der Energieeffizienz nicht nur als Probleme, sondern auch als Chancen gesehen werden können – Chancen für Innovation, Zusammenarbeit und einen nachhaltigeren Umgang mit unseren Ressourcen.

Das hat sich sogar bis zu unserer Bundesregierung herumgesprochen: Ursprünglich sollte ab 2026 die Abwärme von Rechenzentren in Wärmenetze fließen. Allerdings geht die deutsche Bundesregierung wenig beherzt an die Sache heran. Es gab einen Gesetzentwurf, der vorsah, dass neue Rechenzentren ab einer gewissen Größe im Umkreis von 5 Kilometern um ein Wärmenetz hätten gebaut oder binnen 10 Jahren an ein geplantes angeschlossen werden müssen. Ein richtiger Ansatz, der dem Modell aus Stockholm folgt.

Doch diese Abstandsregelung hat die Bundesregierung wieder fallen lassen,[56] lediglich eine Übergabestation müssen die Betreiber vorhalten – wie genau die aussehen muss, bleibt unklar.

Google DeepMind und das energieeffiziente Kühlsystem

Werfen wir einen Blick auf eine andere Methode, die Energieeffizienz zu erhöhen: künstliche Intelligenz. Zwar ist KI selbst ein Energiefresser (siehe Kapitel 3), aber klug eingesetzt kann sie durchaus dabei behilflich sein, Energie einzusparen.

Der US-Konzern Google, einer der größten Betreiber von Rechenzentren weltweit, hat das Potenzial der KI zur Steigerung der Energieeffizienz schon frühzeitig erkannt. Das Unternehmen arbeitet bereits seit einigen Jahren daran, die Leistung seiner Rechenzentren mithilfe von KI-Algorithmen zu optimieren.

Künstliche Intelligenz analysiert Energienutzung

Ein Schlüsselelement dieser Bemühungen ist die Zusammenarbeit von Google mit DeepMind, einem Tochterunternehmen, das sich auf die Entwicklung von KI-Systemen spezialisiert hat (und KI-Anwendungen wie AlphaGo oder AlphaZero entwickelt hat: KI-Systeme, die besser »Go« spielen als jeder Mensch).

Bereits 2014 haben Google und DeepMind damit begonnen, nach Möglichkeiten zur Verbesserung der Energieeffizienz in Googles Rechenzentren zu forschen. Auch hier ging und geht es mal wieder um die Kühlung: Sofern die Abwärme nicht zum Heizen genutzt wird, müssen Rechenzentren heruntergekühlt werden. Um zu verhindern, dass die Server überhitzen, muss diese Wärme abgeführt werden, was in der Regel einen erheblichen Energieaufwand erfordert.

Das Team von Google und DeepMind entwickelte ein System, das mithilfe von KI-Algorithmen die verschiedenen Parameter optimiert, die die Kühlung in einem Rechenzentrum beeinflussen. Dieses System, das auf maschinellem Lernen basiert, ist in der Lage, eine Vielzahl von Datenpunkten zu analysieren und genaue Vorhersagen darüber zu treffen, wie sich Änderungen in bestimmten Einstellungen auf den Energieverbrauch auswirken werden. Auf dieser Grundlage kann das System Empfehlungen für die effizienteste Einstellung der Kühlungsanlagen geben.

Effekt: 40 Prozent Einsparungen

Die Ergebnisse dieses Projekts waren durchaus beeindruckend. Nach der Implementierung des von DeepMind entwickelten Systems konnte Google den Energieverbrauch für die Kühlung seiner Datenzentren um 40 Prozent reduzieren.

Wie bei Microsofts Forschungsprojekt, dem Unterwasser-Server, wurde aber auch hier nicht nur Energie eingespart: Das durch die KI gesteuerte System führt darüber hinaus – unerwartet! – auch zu einer 15-prozentigen Verbesserung der »Power Usage Effectiveness« (PUE), einer Maßzahl, die das Verhältnis des gesamten Energieverbrauchs eines Rechenzentrums zur Energie beschreibt, die für das Betreiben der IT-Infrastruktur aufgewendet wird. Dabei bedeutet ein niedrigeres Rating eine höhere Effizienz.

Was diese Ergebnisse sogar noch bemerkenswerter macht, ist die Tatsache, dass sie ohne jegliche Änderungen an der Hardware erzielt wurden. Das System von DeepMind verbessert lediglich die Art und Weise, wie die ohnehin vorhandenen Systeme genutzt werden, ohne dass teure und energieintensive Hardware-Upgrades erforderlich sind.

Ein weiterer Aspekt, so beschreiben es zumindest die Ingenieure, ist die Flexibilität des von DeepMind entwickelten Systems: Es kann mit nur geringem Aufwand in jedem vorhandenen Rechenzentrum implementiert werden, unabhängig von seiner Größe oder Konfiguration. Das bedeutet, dass die von Google erzielten Energieeinsparungen potenziell auf eine Vielzahl anderer Rechenzentren weltweit ausgeweitet werden könnten.

Energieeinsparungen durch KI-Einsatz möglich

Das Projekt von Google und DeepMind zeigt eindrucksvoll, wie KI genutzt werden kann, um die Energieeffizienz in Rechenzentren zu verbessern und den Energieverbrauch zu optimieren. Weniger Stromverbrauch, weniger Energie – weniger CO_2.

Es ist ein beeindruckendes Beispiel dafür, wie technologische Innovationen dazu beitragen können, die Herausforderungen der Energieeffizienz anzugehen und zu einer nachhaltigeren und effizienteren Nutzung unserer Ressourcen zu führen.

Es zeigt auch, dass die Lösung für einige der größten Herausforderungen unserer Zeit in der Technologie liegen kann. Wir sollten uns nicht allein darauf verlassen, sie aber nutzen, wo es sinnvoll und nützlich ist. Das Beispiel zeigt: Mit dem richtigen Einsatz von KI und maschinellem Lernen lassen sich nicht nur die Leistung bereits vorhandener Systeme verbessern, sondern es lässt sich auch ein bedeutender Beitrag zur Reduzierung des Energieverbrauchs und zur Bekämpfung des Klimawandels leisten.

Grönland – die Eiskühlung von Datenzentren

Bleiben wir beim Thema Kühlung von Rechenzentren.

Wenn man an Grönland denkt, fallen einem wahrscheinlich als Erstes die eisigen Temperaturen und die ausgedehnten Gletscherlandschaften ein.

Was viele nicht wissen: Dieses ganzjährig anzutreffende kalte Klima kann auch große Vorteile bieten, besonders wenn es um die Energieeffizienz geht. Die Idee liegt an dieser Stelle wohl auf der Hand: Grönland bietet ideale Bedingungen für den Betrieb von Datenzentren, die mit natürlicher Kühlung betrieben werden können.

Mit Außenluft kühlen

Die dänische Firma Verne Global hat diesen Vorteil erkannt und im Jahr 2012 ein Rechenzentrum in Grönland eröffnet. Das Unternehmen setzt auf das Prinzip der sogenannten Freikühlung: Die kühle Außenluft wird in das Gebäude und durch die Serverräume geleitet, um die Wärme abzuführen.

Ein Konzept, das gut funktioniert: Im Vergleich zu traditionellen Kühlsystemen, die auf mechanische Kühlung setzen, kann durch die Freikühlung bis zu 40 Prozent der Energie eingespart werden, die ansonsten für die Kühlung aufgewendet werden müsste.

Nicht der einzige Standortvorteil von Grönland. Das Land hat auch eine überschüssige Kapazität an erneuerbarer Energie, vor allem in Form von Wasserkraft, die für den Betrieb der Rechenzentren genutzt werden kann. So betreibt Verne Global sein Rechenzentrum ausschließlich mit erneuerbarer Energie, was zusätzlich zur Energieeffizienz des Kühlungssystems dazu beiträgt, den CO_2-Fußabdruck des Unternehmens zu minimieren.

Bis zu 70 Prozent niedrigere Betriebskosten

In der Praxis hat sich gezeigt, dass diese Kombination aus natürlicher Kühlung und erneuerbarer Energie zu erheblichen Einsparungen führen kann. Verne Global gibt an, dass die Betriebskosten in ihrem grönländischen Rechenzentrum um bis zu 70 Prozent niedriger sind als in vergleichbaren Einrichtungen in anderen Teilen der Welt. Diese Einsparungen resultieren sowohl aus dem reduzierten Energieverbrauch für die Kühlung als auch aus den niedrigeren Kosten für erneuerbare Energie.

Zusätzlich zu den finanziellen Vorteilen bringt das Konzept der Eiskühlung auch erhebliche ökologische Vorteile mit sich. Durch die Ausnutzung der natürlichen Kühlung mittels Außenluft und die Verwendung erneuerbarer Energiequellen lässt sich der CO_2-Ausstoß erheblich reduzieren. Ein weiteres Beispiel, wie sich mit guten Ideen und Konzepten ein sinnvoller Beitrag zur Bekämpfung des Klimawandels erreichen lässt; der in Grönland aufgrund der schmelzenden Gletscher und der Erwärmung des arktischen Klimas besonders spürbar ist.

Die Eiskühlung von Rechenzentren in Grönland ist ein eindrucksvolles Beispiel dafür, wie die natürlichen Bedingungen eines Ortes genutzt werden können, um die Energieeffizienz zu erhöhen und den Energieverbrauch zu senken. Mittlerweile haben sich auch viele Rechenzentren in Finnland angesiedelt: Auch hier gibt es fast das ganze Jahr über deutlich niedrigere Außentemperaturen als im Rest Europas.

Es gibt sie also: innovative Lösungen, die sowohl ökonomisch als auch ökologisch nachhaltig sind.

GIGA Data Centers – Modularität und Effizienz

Doch nicht jedes Rechenzentrum kann in Gegenden mit kalter Umgebungsluft gebaut werden. In Kalifornien und Nevada, den beiden US-Bundestaaten, in denen besonders viele Rechenzentren stehen (wegen des Silicon Valleys), ist es – im Gegenteil – eher warm.

Die Sonne kann zwar zur Energiegewinnung genutzt werden (und wird es auch) – aber das Problem mit der Kühlung der Rechenzentren ist hier eher größer als kleiner. Es lohnt ein Blick auf eine Lösung, die GIGA Data Centers entwickelt hat. Das in den USA ansässige Unternehmen hat ein Modell für die Energieeffizienz von Rechenzentren entwickelt, das durch Modularität und Innovation besticht. Es handelt sich um eine skalierbare und flexible Lösung, die auch in Gegenden mit hohen Temperaturen funktioniert und dabei dennoch eine beeindruckende Energieeffizienz erreicht.

Modulares Konzept: wenn Server »schwitzen«

Die modularen Einheiten von GIGA, »Molecule« genannt, sind so konzipiert, dass sie in beliebiger Anzahl und Konfiguration eingesetzt werden können, je nach den spezifischen Anforderungen und Platzbeschränkungen eines Rechenzentrums (die spezifischen Anforderungen können sehr unterschiedlich ausfallen).

Jede dieser Einheiten ist eine eigenständige Struktur mit einer eigenen Stromversorgung, Kühlung und Sicherheitsvorkehrungen. Dieses modulare Design ermöglicht es, ein Rechenzentrum je nach Bedarf zu erweitern oder zu verkleinern, was zu einer erheblichen Flexibilität führt.

Aber das ist nicht alles: Die Einheiten sind mit einer innovativen Kühltechnologie ausgestattet, die als WindChill bezeichnet wird und eine enorme Energieeffizienz ermöglicht. WindChill nutzt das Prinzip der Verdunstungskühlung – und kommt dadurch tatsächlich ohne Kühlmittel oder mechanische Kühlung aus. Also: keine Klimaanlagen.

Stattdessen wird die aus den Räumen der Rechenzentren entnommene Luft durch ein feuchtes Medium geleitet. Dabei verdunstet Wasser und die Luft kühlt ab. Ein physikalischer Prozess, den man auch in der Natur findet, etwa, wenn wir schwitzen. Die auf diese Weise elegant und sparsam gekühlte Luft wird dann genutzt, um die Server zu kühlen.

Diese Methode ist extrem energieeffizient und ermöglicht es GIGA, ein außerordentlich niedriges »Power Usage Effectiveness« (PUE) Rating zu erreichen. Laut GIGA erreicht das WindChill System einen PUE-Wert von 1,15. Das liegt deutlich unter dem Branchendurchschnitt von etwa 1,7.

Funktioniert auch bei hohen Außentemperaturen

Noch beeindruckender ist, dass diese Effizienz auch bei hohen Außentemperaturen erreicht wird. Die WindChill™ Technologie ermöglicht es, die Server selbst bei Außentemperaturen von bis zu 40 Grad Celsius effektiv zu kühlen. Dies ist ein wesentlicher Vorteil in Regionen mit heißem Klima, wo die Kühlung von Rechenzentren oft besonders energieintensiv ist.

Zusätzlich zur Energieeffizienz bietet das modulare Design von GIGA auch andere Vorteile. Da jede Molecule-Einheit völlig eigenständig ist, können jederzeit Wartungsarbeiten an einer Einheit durchgeführt werden, ohne den Betrieb der anderen zu beeinträchtigen. Dasselbe gilt für Ausfälle an einem solchen Modul. Das erhöht die Zuverlässigkeit und Verfügbarkeit des Dienstes.

Insgesamt hat das Unternehmen einen ausgefallenen Ansatz entwickelt, der durch Modularität, Innovation und Flexibilität besticht. Durch die Kombination von skalierbaren Einheiten und einer hocheffizienten Kühltechnologie ermöglicht das Unternehmen erhebliche Energieeinsparungen und eine höhere Zuverlässigkeit. Auch das also ein starkes Beispiel dafür, wie technologische Innovationen und kreatives Denken dazu beitragen können, die Energieeffizienz in der digitalen Infrastruktur zu verbessern. Und wer hätte gedacht, dass es sich lohnen würde, die Rechenzentren sozusagen »schwitzen« zu lassen.

The Green Web Foundation – Energieeffizienz durch grünes Hosting

Es gibt noch weitere interessante Ansätze. Insgesamt, das scheint deutlich und klar, muss die IT grüner werden. Es braucht also konkrete Anforderungen – aber auch die Möglichkeit, den Energieeinsatz und mögliche Erfolge beim Bemühen nach Energieeffizienz sichtbar zu machen.

Ein Beispiel: Die Green Web Foundation ist ein niederländisches Non-Profit-Projekt, das 2006 gegründet wurde, mit dem Ziel, das Internet grüner zu machen. Sie tun dies, indem sie Transparenz über die Energiequellen schaffen, die die Infrastruktur des Internets antreiben. Ganz wichtig bei dem Projekt ist, Webseitenbesitzer zu ermutigen, zu »grünen« Hosting-Optionen zu wechseln.

Die Grundlage für die Arbeit der Foundation ist die Green Web Database, [57] eine umfangreiche Datenbank von Webhosting-Unternehmen und ihren Energiequellen. Diese Datenbank wird ständig aktualisiert und enthält Informationen darüber, ob die Energie, die von einem bestimmten Anbieter verwendet wird, aus erneuerbaren Quellen stammt oder nicht.

Individueller Check: Ist eine Domain grün?

Auf der Grundlage dieser Daten hat die Green Web Foundation das Green Web Check-Tool entwickelt, ein einfaches Online-Tool, mit dem jeder die Energiequelle einer Website überprüfen kann. Geben Sie einfach die URL (Internetadresse) einer Website ein, und das Tool meldet kurzerhand zurück, ob die Website mit grüner Energie betrieben wird. Es gibt auch Erweiterungen (Plugins) für gängige Web-Browser, die anzeigen, ob die Websites, die Sie besuchen, grün sind oder nicht.

Konkretes Beispiel: Wer hier www.schieb.de eingibt, die Adresse meiner wichtigsten Website, bekommt ein grünes Erscheinungsbild präsentiert. Der Grund: Ich »hoste« (also betreibe) meinen Server bei der Firma Hetzner. Die haben Server an deutschen Standorten, aber auch in Finnland. Dort wird bereits mit Außenluft gekühlt – und es kommt Energie aus regenerativen Quellen zum Einsatz. Das war mir wichtig, deshalb habe ich schon vor Monaten den Provider gewechselt.

Die Analyse der Green Web Foundation erkennt das alles – und attestiert mir, dass meine Website »grün« ist. Wer mag, kann seine eigene Domain (Website) hier überprüfen: Und wenn das Ergebnis positiv ausfällt, seine Website mit einem Badge ausstatten, der signalisiert, dass es sich um eine »grüne« Webpräsenz handelt. Überlegenswert, denn das erhöht die Sensibilität für das Thema.

Diese Tools sind nicht nur für Einzelpersonen nützlich, sondern auch für Unternehmen und Organisationen. Mit dem Green Web Check können Unternehmen feststellen, ob ihre Websites und Onlinedienste mit grüner Energie betrieben werden, und wenn nicht, Maßnahmen ergreifen, um zu einem grünen Hosting-Anbieter zu wechseln. Dies kann ein wichtiger Teil der Nachhaltigkeitsbemühungen eines Unternehmens sein und dazu beitragen, die CO_2-Bilanz zu reduzieren.

Während die Green Web Foundation nicht selbst direkt Energie einspart, ermöglicht sie doch mehr Transparenz und so zumindest indirekt den Übergang zu erneuerbaren Energien. Die Nutzung von erneuerbaren Energien für das Hosting von Websites und Onlinediensten kann einen erheblichen Beitrag zur Verringerung des CO_2-Fußabdrucks des Internets leisten.

Forschungs- und Bildungsprojekte

Neben diesen Tools führt die Green Web Foundation auch Forschungs- und Bildungsprojekte durch, um das Bewusstsein für die Umweltauswirkungen des Internets zu erhöhen und Wege zur Verringerung dieser Auswirkungen aufzuzeigen. Sie organisieren Veranstaltungen und Workshops, um Best Practices zu teilen und die Zusammenarbeit zwischen den verschiedenen Akteuren zu fördern.

Darüber hinaus fördert die Green Web Foundation die Verbreitung von grünem Hosting durch Forschung und Bildung, und trägt so dazu bei, die Verbreitung erneuerbarer Energien und energieeffizienter Technologien zu fördern.

Insgesamt zeigt das Beispiel der Green Web Foundation, wie Transparenz, Bildung und Zusammenarbeit dazu beitragen können, die Energieeffizienz zu verbessern und den Übergang zu erneuerbaren Energien zu fördern. Es zeigt auch, dass jeder Einzelne, jede Organisation und jedes Unternehmen einen Beitrag leisten kann, indem bewusste Entscheidungen über die Energiequellen getroffen werden, die ihre Onlineaktivitäten antreiben.

Mit der stetigen Zunahme des Datenverkehrs und der Onlineaktivitäten ist es wichtiger denn je, dass wir uns für grünes Hosting entscheiden und so einen Beitrag zur Reduzierung der Umweltauswirkungen des Internets leisten. Die Arbeit der Green Web Foundation zeigt, dass dies möglich ist und dass jeder von uns die Möglichkeit hat, etwas zu bewirken.

Facebooks Hyperscale Data Center – Design für Energieeffizienz

Schauen wir noch auf einen weiteren Riesen: Meta, der Konzern, der Plattformen wie Facebook, Instagram und WhatsApp betreibt. Das Unternehmen ist bekannt für seine gigantischen Hyperscale-Rechenzentren, die Millionen von Benutzern weltweit bedienen.

Doch abseits der beeindruckenden Kapazitäten und Leistungsfähigkeiten dieser Anlagen hat Facebook auch Schritte unternommen, um seine Energieeffizienz zu verbessern und seinen CO_2-Fußabdruck zu reduzieren. Eine nennenswerte Initiative in diesem Zusammenhang ist das Design seines Hyperscale-Rechenzentrums in Fort Worth, Texas.

Eingeweiht im Jahr 2017, stellt das Fort Worth Data Center eine neue Generation von Facebooks Rechenzentren dar. Es wurde mit dem ausdrücklichen Ziel konzipiert, die Energieeffizienz zu maximieren und den Energieverbrauch zu minimieren. Hierzu wurden mehrere innovative Design- und Betriebsstrategien implementiert.

Ein Schlüsselmerkmal des Fort Worth Data Centers ist sein Kühlungssystem. Anstatt traditionelle Kühlsysteme zu verwenden, die eine erhebliche Menge an Energie verbrauchen, nutzt das Zentrum ein direktes Verdunstungskühlsystem, ähnlich dem, das ich bereits vorgestellt habe.

Dieses System nutzt die natürlichen Windströmungen und die Verdunstungskühlung, um die Server zu kühlen, wodurch der Bedarf an mechanischer Kühlung reduziert wird. Darüber hinaus wurde das Gebäude so gestaltet, dass es die vorherrschenden Windmuster optimal nutzt, um die Luftzirkulation zu maximieren und die Kühlungsbedürfnisse weiter zu reduzieren.

Ein weiteres Merkmal des Zentrums ist sein Energiemanagement. Das Zentrum nutzt eine Reihe von Hochspannungs-Gleichstromnetzen, um die Energieeffizienz zu verbessern und den Energieverlust zu reduzieren. Darüber hinaus wurde die Serverhardware so konzipiert und konfiguriert, dass sie energieeffizient arbeitet und die Leistung maximiert.

Zusätzlich zu diesen Design- und Betriebsstrategien bezieht das Fort Worth Data Center auch 100 Prozent seiner Energie aus erneuerbaren Quellen. Facebook hat mehrere Windkraftprojekte in Texas finanziert, die genug Energie erzeugen, um das Zentrum zu versorgen und den Rest ins Stromnetz einzuspeisen. Damit ist das Zentrum nicht nur energieeffizient, sondern auch klimaneutral.

Nach Angaben von Betreiber Meta haben diese Maßnahmen dazu beigetragen, den Energieverbrauch des Fort Worth Data Centers im Vergleich zu herkömmlichen Rechenzentren um bis zu 38 Prozent zu reduzieren. Darüber hinaus hat das Zentrum ein Power Usage Effectiveness (PUE) Rating von 1,07 erreicht, was erheblich unter dem Industriedurchschnitt von 1,7 liegt und ein hohes Maß an Energieeffizienz bedeutet.

Insgesamt zeigt das Beispiel des Facebook Fort Worth Data Centers, dass es möglich ist, Hyperscale-Rechenzentren zu betreiben, die sowohl leistungsstark als auch energieeffizient sind. Durch innovative Design- und Betriebsstrategien, gepaart mit einem Engagement für erneuerbare Energien, hat Facebook einen Weg aufgezeigt, wie die digitale Infrastruktur der Zukunft aussehen könnte – leistungsstark, effizient und nachhaltig.

Dieses Modell ist nicht nur für Facebook oder andere große Technologieunternehmen relevant. Es liefert wertvolle Einblicke und Lehren, die auf andere Rechenzentren und digitale Infrastrukturen angewendet werden können, um die Energieeffizienz zu verbessern und den Übergang zu erneuerbaren Energien zu beschleunigen. Es ist ein starkes Beispiel dafür, was möglich ist, wenn Innovation und Nachhaltigkeit Hand in Hand gehen.

Amazon Solar- und Windprojekte

Die meisten von uns kennen Amazon als größten Onlineshop der Welt – oder als Plattform für andere Händler. Stimmt auch. Doch damit Amazon rund um die Uhr überall auf der Welt perfekt erreichbar ist, hat Amazon das »Hosting« – also das Bereitstellen von Servern und Datenbanken – schon sehr früh selbst in die Hand genommen. Das hat Amazon, so ganz nebenbei, zu einem der wichtigsten Anbieter für Rechenkapazitäten und Hosting weltweit gemacht. Unzählige Websites, Start-ups und Apps basieren und verlassen sich auf Amazon.

Amazon ist einer der weltweit größten und wichtigsten Akteure in der Cloud-Computing-Branche. Daher ist Folgendes wichtig: Das Unternehmen aus Seattle hat sich dazu verpflichtet, bis 2025 in seinen Rechenzentren 100 Prozent erneuerbare Energien zu nutzen. Amazon hat eine Reihe von Initiativen gestartet, um dieses Ziel zu erreichen.

Ein Schwerpunkt dieser Bemühungen liegt auf der Errichtung von Solar- und Windprojekten, um saubere Energie für den Betrieb seiner Rechenzentren zu erzeugen. Der Konzern hat bis 2023 bereits 206 erneuerbare Energieprojekte auf der ganzen Welt in Betrieb genommen, darunter 71 Utility-Scale-Wind- und Solarprojekte und 135 Solaranlagen auf Dächern weltweit. Diese Projekte summierten sich zu einer Gesamtkapazität von über 8,5 Gigawatt, genug, um etwa 2 Millionen US-Haushalte ein Jahr lang mit Strom zu versorgen.

Ein bemerkenswertes Beispiel ist das Windenergieprojekt »Amazon Wind Farm US East« in North Carolina,[58] das im Dezember 2016 in Betrieb genommen wurde. Mit einer Kapazität von 208 Megawatt ist es das größte Windprojekt, das von Amazon bis dahin aufgebaut wurde. Es erzeugt mehr als 670.000 Megawattstunden sauberen Strom pro Jahr, was ausreicht, um mehr als 61.000 US-Haushalte für ein Jahr mit Strom zu versorgen.

Ein weiteres bemerkenswertes Projekt ist die Solarfarm US East in Virginia, die im Oktober 2016 in Betrieb genommen wurde. Mit einer Kapazität von 80 Megawatt ist sie das bislang größte Solarprojekt von Amazon. Die Anlage erzeugt jährlich mehr als 170.000 Megawattstunden sauberen Strom, was ausreicht, um über 15.000 US-Haushalte ein Jahr lang mit Strom zu versorgen.

Diese und vergleichbare Projekte sind nicht nur bedeutende Beiträge zur Erzeugung erneuerbarer Energien, sondern sie helfen Amazon auch, seine Energiekosten zu senken und den CO_2-Fußabdruck erheblich zu reduzieren. Durch den Bezug von Strom aus diesen Projekten statt aus konventionellen, fossil betriebenen Quellen spart Amazon jedes Jahr erhebliche Mengen an CO_2-Emissionen ein.

Solche Projekte – und nahezu alle großen Betreiber aus den USA investieren hier, ob Microsoft, Apple, Google, Facebook oder Amazon – zeigen, dass ein möglichst konsequenter Übergang zu erneuerbaren Energien nicht nur gut für den Umweltschutz, sondern auch sinnvoll für das Geschäft ist. Durch den Aufbau eigener Energieprojekte kann Amazon seine Energiekosten senken, seine Energieversorgung sichern und seinen CO_2-Fußabdruck reduzieren, während es gleichzeitig einen positiven Beitrag zum Klimaschutz leistet.

Ein Modell, das sich auch auf andere Unternehmen und Branchen übertragen ließe. Mit der kontinuierlichen Verbesserung der erneuerbaren Energietechnologien und dem Sinken der Kosten kann es für immer mehr Unternehmen wirtschaftlich sinnvoll sein, auf erneuerbare Energien umzusteigen. Es ist ein starkes Beispiel dafür, dass es möglich ist, sowohl umweltfreundlich als auch wirtschaftlich erfolgreich zu sein.

Projekte aus Deutschland

Aber auch in Deutschland gibt es interessante Projekte, die dabei helfen sollen und wollen, die Digitalisierung nachhaltiger zu gestalten. Die meisten Rechenzentren in Deutschland haben zwar nicht die Dimensionen der Rechenzentren großer Konzerne in den USA. Aber zum einen macht es die Masse, zum anderen sind die Rechenzentren auch bei uns ganz schön groß. Und: Wir betreiben in Frankfurt den größeren Netzknoten der Welt. Dieser »Knoten« ist ein eigenes gigantisches Rechenzentrum. Grund genug also, mal genauer zu schauen, welche Projekte es in Deutschland so gibt.

Projekt 1: Cloud&Heat Technologies

Auch deutsche Unternehmen machen sich Gedanken, wie sich die Abwärme von Rechenzentren sinnvoll nutzen lässt. In der sächsischen Landeshauptstadt Dresden hat das Unternehmen Cloud&Heat Technologies eine innovative Lösung zur Nutzung der Abwärme von Cloud-Servern entwickelt. Cloud&Heat Technologies hat eine Methode entwickelt, um diese Wärme zur Heizung von Gebäuden und zur Bereitstellung von Warmwasser zu nutzen.

Die Server von Cloud&Heat sind in speziellen Gehäusen untergebracht, die als Heizkörper in Wohn- und Bürogebäuden dienen können. Die Wärme, die die Server bei ihrer Arbeit erzeugen, wird direkt genutzt, um die Gebäude zu beheizen. So wird nicht nur der Energieverbrauch des Gebäudes reduziert, sondern auch der Kühlbedarf des Servers, was zu einer insgesamt höheren Energieeffizienz führt.

Dieses innovative System zeigt, wie durch eine intelligente Integration von digitaler Infrastruktur und Gebäudetechnik eine Win-win-Situation für beide Seiten geschaffen werden kann. Das ermöglicht nicht nur eine erhebliche Energieeinsparung, sondern bietet auch eine nachhaltige und umweltfreundliche Alternative zur herkömmlichen Gebäudeheizung.

Projekt 2: AlbisLeasing AG

Auch die AlbisLeasing AG, ein Hamburger Unternehmen, hat die Vorzüge der Abwärmenutzung aus Rechenzentren erkannt und nutzt diese zur Heizung ihres Unternehmensgebäudes. In diesem konkreten Fall wird die während der Serverprozesse erzeugte Wärme nicht einfach abgeführt und verschwendet, sondern gezielt zur Temperierung der Büroräume genutzt.

Durch die Umleitung der Wärme in das Gebäude kann eine erhebliche Menge an Heizenergie eingespart werden. Darüber hinaus wird der Kühlbedarf des Rechenzentrums reduziert, was zusätzliche Energieeinsparungen ermöglicht. Diese innovative Methode zur Nutzung von Abwärme ermöglicht es AlbisLeasing, die Betriebskosten des Rechenzentrums zu senken und gleichzeitig einen Beitrag zur Senkung des CO_2-Ausstoßes zu leisten.

Das Projekt zeigt, wie die Herausforderungen der digitalen Infrastruktur zu neuen, umweltfreundlichen Lösungen führen können. Es verdeutlicht auch, dass Nachhaltigkeit und Effizienz Hand in Hand gehen können, wenn Unternehmen bereit sind, traditionelle Ansätze zu überdenken und neue Wege zu beschreiten.

Projekt 3: WindCORES von Energiekontor

Die direkte Nutzung erneuerbarer Energien zur Stromversorgung von Rechenzentren ist eine der effektivsten Methoden, um deren ökologischen Fußabdruck zu reduzieren. Genau das ist das Hauptziel des WindCORES-Projekts, das vom deutschen Unternehmen Energiekontor durchgeführt wird.

Bei diesem innovativen Projekt werden Rechenzentren direkt an Windparks angeschlossen, um die von den Windturbinen erzeugte Energie zu nutzen. Durch diese direkte Verbindung können die Rechenzentren erneuerbare Energie nutzen, wann immer sie verfügbar ist, und so ihren Energieverbrauch aus fossilen Brennstoffen reduzieren.

Ein besonderer Vorteil dieses Systems besteht darin, dass es bei hohen Windgeschwindigkeiten, wenn viel Energie produziert wird, auch möglich ist, die Rechenkapazitäten zu erhöhen. Auf diese Weise kann der Energieverbrauch des Rechenzentrums flexibel an die Verfügbarkeit von Windenergie angepasst werden.

Das WindCORES-Projekt zeigt, dass die direkte Integration von erneuerbaren Energien in die digitale Infrastruktur eine wirksame Methode zur Steigerung der Energieeffizienz von Rechenzentren sein kann. Es leistet einen wichtigen Beitrag zur Energiewende und zeigt, wie die digitale Welt aktiv zur Verringerung des CO_2-Ausstoßes beitragen kann.

Projekt 4: Wohnräume heizen (Nerdalize)

Obwohl das Unternehmen Nerdalize ursprünglich aus den Niederlanden stammt, hat es auch in Deutschland Beachtung gefunden und wird hier als innovatives Beispiel für die Nutzung von Abwärme aus Rechenzentren vorgestellt.

Nerdalize verfolgt einen einzigartigen Ansatz, indem es Server nicht in großen, zentralisierten Rechenzentren, sondern in Heizgeräten in Wohnhäusern unterbringt. Die Heizgeräte, die auch als eRadiator bezeichnet werden, enthalten die Server-Hardware und nutzen die von den Servern erzeugte Wärme, um die Wohnräume zu heizen.

Dieser Ansatz bringt mehrere Vorteile mit sich. Zum einen werden die Kosten und der Energieverbrauch für die Kühlung der Server drastisch reduziert, da die erzeugte Wärme direkt genutzt und nicht abgeführt werden muss. Zum anderen profitieren die Hausbesitzer von einer kostenlosen Heizquelle und tragen dazu bei, die Energieeffizienz des gesamten Systems zu erhöhen.

Nerdalize zeigt eindrucksvoll, dass die Digitalisierung und die Energiewende Hand in Hand gehen können. Mit seinem innovativen Konzept leistet das Unternehmen einen wichtigen Beitrag zur Verbesserung der Energieeffizienz und zur Reduzierung des CO_2-Ausstoßes in der digitalen Welt.

Projekt 5: The Datacenter Group (TDCG)

Ganz ähnlich auch das Projekt der niederländischen Firma The Datacenter Group (TDCG). Sie hat ein erfolgreiches und zukunftsorientiertes Konzept entwickelt, um die Energieeffizienz von Rechenzentren zu steigern. Dabei kommen sowohl Abwärmenutzung als auch innovative Kühltechniken zum Einsatz, die trotz ihrer Herkunft auch in Deutschland Anwendung finden könnten.

Die TDCG nutzt die Abwärme ihrer Rechenzentren, um benachbarte Gebäude zu heizen. Anstatt die Wärme ungenutzt abzugeben, wird sie in ein Nahwärmenetz eingespeist und so zur Beheizung von Bürogebäuden, Wohnhäusern oder Schwimmbädern genutzt. Damit leistet die TDCG einen aktiven Beitrag zur Reduzierung des Energieverbrauchs und des CO_2-Ausstoßes.

Darüber hinaus setzt das Unternehmen auf die sogenannte Freikühlung. Diese Technik nutzt die kalte Außenluft, um die Serverräume zu kühlen, wenn die Außentemperatur unter der Innentemperatur liegt. Damit wird der Bedarf an energieintensiven Klimaanlagen reduziert und zusätzliche Energie eingespart.

Die TDCG zeigt, dass die konsequente Nutzung aller verfügbaren Ressourcen und eine intelligente Planung dazu beitragen können, die Energieeffizienz von Rechenzentren deutlich zu steigern und so einen Beitrag zur Energiewende zu leisten.

Projekt 6: Green IT Cube des Deutschen Elektronen-Synchrotrons (DESY)

Hochleistung und Effizienz – kann das zusammengehen? Lassen sich leistungsfähige Computer und Rechenzentren bauen, die gleichzeitig effizient arbeiten und weniger Energie verbrauchen als herkömmlich gebaute Rechenzentren? Dass so etwas durchaus geht, zeigt das Deutsche Elektronen-Synchrotron (DESY) in Hamburg.

Hier wurde mit dem Green IT Cube ein energieeffizientes Hochleistungsrechenzentrum geschaffen, das als Vorbild für andere Projekte dienen kann. Der Green IT Cube zeichnet sich durch seine effiziente Architektur aus, die auf zwei zentralen Prinzipien beruht: direkte freie Kühlung und Heißgangeinhausung.

Bei der direkten freien Kühlung wird die Wärme der Server durch eine Kühlmittelzirkulation abgeführt, ohne dass ein zusätzlicher Kühlschritt nötig ist. Die Heißgangeinhausung verhindert, dass die warme Abluft der Server mit der kühlen Zuluft vermischt wird, was die Effizienz der Kühlung erhöht.

Das Ergebnis ist ein Rechenzentrum, das im Vergleich zu herkömmlichen Einrichtungen deutlich weniger Energie verbraucht und gleichzeitig eine hohe Rechenleistung bietet. Der Green IT Cube zeigt, dass durch intelligente Planung und den Einsatz effizienter Technologien ein deutlich geringerer Energieverbrauch in Rechenzentren möglich ist.

Dieses Projekt zeigt exemplarisch, wie durch technologische Innovationen und eine nachhaltige Planung erhebliche Energieeinsparungen in der digitalen Infrastruktur erzielt werden können. Es ist ein wichtiges Beispiel dafür, wie die Digitalisierung und die Energiewende Hand in Hand gehen können.

Projekt 7: Aquila Group – Alpincenter Bottrop

Ein weiteres Projekt, bei dem es um die Ausnutzung von Abwärme geht (es liegt einfach so nah!), kommt von der Aquila Group. Gemeinsam mit dem Alpincenter Bottrop ist ein innovatives Projekt entstanden, das den Energieverbrauch und die CO_2-Emissionen von Rechenzentren durch den Einsatz erneuerbarer Energien und die Nutzung von Abwärme reduziert.

Das Alpincenter Bottrop ist nicht nur das längste Indoor-Skigebiet der Welt, sondern auch Heimat eines hocheffizienten Rechenzentrums. Das Rechenzentrum nutzt erneuerbare Energie aus Photovoltaik-Anlagen und Windkraft, die vor Ort produziert wird, um die Server zu betreiben.

Ein besonders innovativer Aspekt des Projekts ist die Nutzung der Abwärme des Rechenzentrums. Die von den Servern produzierte Wärme wird genutzt, um das Alpincenter zu beheizen und sogar die Schneeproduktion zu unterstützen. Auf diese Weise wird eine erhebliche Menge an Energie eingespart, die sonst zur Beheizung des Gebäudes und zur Schneeproduktion benötigt würde.

Das Alpincenter Bottrop zeigt, wie innovative Konzepte und eine ganzheitliche Planung dazu beitragen können, den Energieverbrauch und die CO_2-Emissionen von Rechenzentren drastisch zu reduzieren. Es ist ein hervorragendes Beispiel dafür, wie die Herausforderungen der Digitalisierung und der Energiewende gemeinsam bewältigt werden können.

Projekt 8: Rechenzentrum der Universität Stuttgart (RUS)

Es geht weiter. Das Rechenzentrum der Universität Stuttgart (RUS) ist ein weiteres Beispiel für die innovative Nutzung von Abwärme aus Rechenzentren. Das RUS hat ein ausgeklügeltes System entwickelt, um die von seinen Hochleistungscomputern erzeugte Wärme effizient zu nutzen.

In diesem System wird die Wärme, die bei der Verarbeitung von Daten erzeugt wird, nicht einfach abgeführt und verschwendet. Stattdessen wird sie in das Heizsystem des Gebäudes eingespeist und zur Temperierung der Räume genutzt. Dies führt zu einer erheblichen Reduzierung des Energieverbrauchs, da die notwendige Heizenergie zum Teil aus der Abwärme des Rechenzentrums gewonnen wird.

Darüber hinaus verwendet das RUS eine Wasserkühlung für seine Hochleistungscomputer, was eine effizientere Kühlung als bei herkömmlichen Luftkühlsystemen ermöglicht und somit ebenfalls zur Energieeffizienz beiträgt.

Mit seinem ganzheitlichen Ansatz zur Energieeffizienz zeigt das RUS, wie Hochschulen und Forschungseinrichtungen einen wichtigen Beitrag zur Energiewende leisten können. Es unterstreicht die Bedeutung einer intelligenten Planung und Nutzung von Ressourcen in der digitalen Welt.

Projekt 9: Freikühlung in Biere, Sachsen

Die Deutsche Telekom, einer der größten Telekommunikationsanbieter Deutschlands, betreibt ein hochmodernes Rechenzentrum in Biere, Sachsen-Anhalt, das als eines der sichersten und energieeffizientesten Rechenzentren der Welt gilt. Das Zentrum nutzt innovative Kühltechnologien, um die Energieeffizienz zu maximieren und den Energieverbrauch zu reduzieren.

Ein Beispiel dafür ist die Verwendung von Freikühlung, bei der die Außenluft zur Kühlung der Server genutzt wird, wenn die Außentemperatur unter einem bestimmten Schwellenwert liegt.

Dies ermöglicht es dem Zentrum, auf energieintensive Klimaanlagen zu verzichten und so Energie zu sparen. Laut Telekom hat das Zentrum einen Power Usage Effectiveness-Wert von 1,3 erreicht, was weit unter dem Branchendurchschnitt von 1,7 liegt und ein hohes Maß an Energieeffizienz zeigt.

Projekt 10: Besser kühlen: e-shelter innovations – CoolBlast

Auch mit den Vorzügen der Verdunstung wird experimentiert. Das Unternehmen e-shelter innovations hat ein neues System mit dem Namen CoolBlast entwickelt, das die Kühleffizienz von Rechenzentren erheblich verbessert und somit Energie spart.

CoolBlast basiert auf der adiabaten Kühlungstechnologie, auch bekannt als Verdunstungskühlung (ein Verfahren, das weiter oben schon vorgestellt wurde). Dieses Verfahren ist besonders effizient und umweltfreundlich, da es im Vergleich zu herkömmlichen Kühlsystemen erheblich weniger Strom verbraucht. Bei dieser Methode wird Wasser zu feinem Nebel zerstäubt, der dann verdunstet. Durch die Verdunstung wird Wärme aus der Umgebungsluft absorbiert, wodurch die Luft abkühlt.

Dieses System wird in Kombination mit traditionellen luftbasierten Kühlmethoden verwendet, um die Effizienz weiter zu steigern und den Energieverbrauch zu senken. Durch diese Kombination von Methoden kann CoolBlast auch an sehr warmen Tagen eine zuverlässige Kühlung gewährleisten.

Das CoolBlast-Projekt zeigt, dass auch im Bereich der Kühltechnologien innovative Ansätze dazu beitragen können, den Energieverbrauch von Rechenzentren zu senken und so einen wichtigen Beitrag zur Energiewende zu leisten.

Projekt 11: Fraunhofer-Institut

Aber nicht nur die Industrie, sondern auch die Forschung sucht nach Lösungen, damit Digitalisierung weniger Energie kostet. Das Fraunhofer-Institut für Zuverlässigkeit und Mikrointegration (IZM) hat mit seinem Projekt Thermally Adaptive Networks for Smart Integration of IT-Equipment (TANDEM) einen innovativen Ansatz zur Verbesserung der Energieeffizienz von Rechenzentren entwickelt.

Das Kernstück des TANDEM-Projekts ist die Entwicklung eines energieeffizienten Kühlungssystems, das auf der Grundlage der thermischen

Anpassungsfähigkeit von IT-Geräten arbeitet. Anstatt die gesamte Serverumgebung auf eine konstant niedrige Temperatur zu kühlen, passt das TANDEM-System die Kühlung an die spezifischen Anforderungen der einzelnen Geräte an.

Durch diese gezielte Kühlung können nicht nur erhebliche Mengen an Energie eingespart werden, sondern auch die Lebensdauer der Hardware wird verlängert, da die Temperaturschwankungen reduziert werden.

Das TANDEM-Projekt ist ein herausragendes Beispiel dafür, wie Forschung und Entwicklung zur Verbesserung der Energieeffizienz in der digitalen Welt beitragen können. Es zeigt, dass durch den Einsatz von intelligenten Technologien und durch eine sorgfältige Planung erhebliche Energieeinsparungen erreicht werden können, die zur Erreichung der Ziele der Energiewende beitragen.

Projekt 12: Energiepark Mainz: Speicherung von Energie

Das letzte Beispiel hat nicht unmittelbar mit Rechenzentren zu tun, könnte mittelbar aber trotzdem einen Effekt haben. Der Energiepark Mainz ist ein innovatives Projekt, das die Verwendung von erneuerbaren Energien in der digitalen Welt fördert. Es ist das weltweit größte Forschungs- und Industrieprojekt zur Speicherung von erneuerbaren Energien in Form von Wasserstoff. Im Energiepark Mainz wird überschüssiger Windstrom in Wasserstoff umgewandelt, der dann zur späteren Verwendung gespeichert oder in das Erdgasnetz eingespeist wird.

Dies bietet eine Lösung für eines der Hauptprobleme bei der Nutzung von erneuerbaren Energien: die intermittierende Energieerzeugung. Durch die Speicherung von überschüssigem Strom kann der Energiepark sicherstellen, dass erneuerbare Energie auch dann verfügbar ist, wenn der Wind nicht weht oder die Sonne nicht scheint. Dies macht erneuerbare Energie zu einer zuverlässigeren Energiequelle und ermöglicht es Rechenzentren, ihren Betrieb weiter zu optimieren und ihren Energieverbrauch zu senken.

KAPITEL 9

Jetzt sind wir dran: Was kann jeder Einzelne tun?

Bleibt zum Schluss dieses Buches noch eine wichtige Frage: Was können wir tun, um die Lage zu verbessern? Was kann jeder Einzelne machen, damit die zunehmende Digitalisierung in unserem Alltag weniger Energie verbraucht und damit weniger klimaschädlich ausfällt? Möglicherweise möchte die eine oder der andere nach der Lektüre der vorangehenden Kapitel etwas am eigenen Digitalkonsum ändern, um (zumindest etwas) weniger klimaschädlich unterwegs zu sein.

Die gute Nachricht: Man kann durchaus etwas tun. Schon kleine Veränderungen am Verhalten können große Auswirkungen auf die Energiebilanz haben.

Die Verantwortung liegt nur begrenzt beim Konsumenten

Allerdings ist mir eines wirklich wichtig: Ich sehe die Verantwortung beim Thema »Energieeffizienz bei der Digitalisierung« nur sehr begrenzt bei uns Konsumenten. Zwar zeigen Politik und Industrie gerne mit dem Finger auf uns und murmeln ein: »Die Verbraucher sollen kompetent entscheiden.« Aber das ist natürlich nur ein dreistes Ablenkungsmanöver. In Wahrheit ist es doch so: Die Regierung muss die Rahmenbedingungen vorgeben. Die haben das Sagen. Allerdings ist in diesem Bereich bislang wenig passiert (siehe Kapitel 8).

Denn wie sollen wir achtsam sein, wenn es völlig an Transparenz fehlt? Weder die Hersteller von Hardware noch die von Geräten, ebenso wenig Mobilfunk-Anbieter oder DSL-Provider machen in der Regel irgendwelche konkreten Angaben, die uns weiterbringen. So erfahren wir weder, welche wertvollen Ressourcen in der Hardware verbaut sind, noch wie viel CO_2 beim Abbau ausgestoßen oder wie viel Wasser dabei verbraucht wurde, noch können wir diese Werte in irgendeiner Weise sinnvoll miteinander vergleichen.

Auch ob der verwendete Strom beim Cloud-Dienst unseres Vertrauens aus regenerativen Quellen kommt, oder zu welchem Anteil, erfahren wir in der Regel nicht. Erst recht nicht, welche Hardware in den Rechenzentren der Cloud-Anbieter verbaut ist – und welcher Energieaufwand betrieben werden musste, um diese herzustellen.

Wenn wir das aber nicht wissen: Wie sollen wir dann entscheiden, welche Produkte wir kaufen oder buchen sollen – und ob wir lieber bei dem einen oder dem anderen Provider den Vertrag zur Belieferung mit Internet unterschreiben, um klimafreundlich zu sein?

Zweifellos: Die Tatsache, dass auch wir Konsumenten uns in der Mehrheit für solche Aspekte bislang kaum oder gar nicht interessiert haben, spielt gewiss eine Rolle für die aktuelle Situation. Aber es ist Aufgabe des Gesetzgebers, so etwas klar zu regeln – und für entsprechende Vorschriften zu sorgen. Mit genauen Vorgaben für Transparenz – und mit genauen Angaben für den Rahmen, in dem die Industrie agieren darf und soll.

Bei unverarbeitetem Rindfleisch, Eiern und den meisten frischen Obst- und Gemüsearten ist eine Herkunftskennzeichnung vorgeschrieben. Bei Produkten wie Nudeln steht auf der Packung, was drin ist. Woher die Eier kommen, mit denen die Nudeln gemacht wurden. Wie viele Kalorien 100 Gramm Nudeln haben. Welche Zusatzstoffe enthalten sind. Es geht also! Doch sobald wir Technik in der Hand halten oder es sich um Digitalisierung dreht, gibt es keinerlei Angaben zu Inhaltsstoffen, Risiken oder Nebenwirkungen. Wirklich rein gar nichts.

Hardware: Wieso weniger besser ist

Im letzten Kapitel befassen wir uns mit der drängenden Frage, welche Rolle jeder Einzelne bei der Bekämpfung der ökologischen Herausforderungen spielen kann, die die Digitalisierung unweigerlich mit sich bringt. Eine der zweifellos praktikabelsten und zugleich effektivsten Maßnahmen ist der bewusste und reduzierte Konsum von Hardware.

Es liegt wohl auf der Hand, dass es sinnvoll ist, seltener neue Hardware zu kaufen oder Hardware auszutauschen. Denn wer neue Hardware kauft, benötigt neue Ressourcen. Wer sich in dieser Hinsicht sparsam verhält, kann seinen ökologischen Fußabdruck positiv beeinflussen.

In Hardware stecken Ressourcen und Energie

Wie in Kapitel 7 bereits ausführlich beschrieben, ist der Energieverbrauch im Zusammenhang mit der Herstellung von Hardware immens. Nach Angaben des UN-Umweltprogramms waren die Herstellung und Nutzung digitaler Technologien im Jahr 2019 für etwa 4 Prozent der globalen Treibhausgasemissionen verantwortlich.[59] Dieser Anteil könnte Prognosen zufolge durch wachsenden Bedarf und Konsum bis 2040 auf 8 Prozent ansteigen.

Größter Emittent dabei ist die Produktion von Halbleitern und Bildschirmen, gefolgt von den Herstellungsprozessen für Smartphones und Server. Jedes neue Gerät, das produziert wird, trägt also zu diesem wachsenden Problem bei.

Bei der Hardware fallen darüber hinaus große Mengen Elektroschrott an, die häufig (sogar meistens) nicht ordnungsgemäß entsorgt werden. Leider enthält dieser Abfall (Elektroschrott) viele wertvolle Materialien, die zurückgewonnen werden könnten, wenn der Schrott korrekt und fachgerecht recycelt würde.

Bislang sind die Recyclingraten für Elektroschrott weltweit allerdings erschreckend niedrig: Nach Schätzungen der Vereinten Nationen wurden im Jahr 2019 nur etwa 17,4 Prozent des weltweit erzeugten Elektroschrotts fachgerecht entsorgt.

Zwar haben sich Energieeffizienz und Ressourcenverbrauch bei der Hardware-Herstellung in den letzten Jahren verbessert, jedoch haben diese Verbesserungen nicht mal im Ansatz mit dem rapiden Wachstum der Branche Schritt halten können.

Es ist klar, dass eine grundlegende Veränderung des Konsumverhaltens erforderlich ist, um den enormen Energieverbrauch und die Emissionen in diesem Sektor zu reduzieren.

Einsparungen durch den Verzicht

Es liegt auf der Hand: Durch den bewussten Verzicht auf den Kauf neuer Hardware lassen sich erhebliche Mengen an Energie und Ressourcen einsparen. Um zu veranschaulichen, wie groß diese Einsparungen sein können, betrachten wir das Beispiel eines typischen Smartphones. Die Herstellung eines einzigen Smartphones erfordert etwa 16 Kilogramm Rohstoffe, darunter seltene und wertvolle Materialien wie Gold und Palladium.

Zudem entstehen bei der Produktion circa 50 bis 100 Kilogramm CO_2-Äquivalente.

Wenn wir annehmen, dass ein durchschnittlicher Verbraucher sein Smartphone alle zwei Jahre ersetzt, dann könnte er in zehn Jahren durch den Verzicht auf fünf neue Smartphones etwa 80 Kilogramm Rohstoffe und 280 Kilogramm CO_2-Äquivalente einsparen. Eine erhebliche Menge, wenn man bedenkt, dass weltweit mehr als 1,5 Milliarden Smartphones pro Jahr verkauft werden.

Wie in Kapitel 7 bereits ausführlich erläutert, kann auch der Kauf gebrauchter Hardware zu erheblichen Einsparungen führen. Wenn Sie ein gebrauchtes Gerät kaufen, tragen Sie nicht zu den Emissionen und dem Ressourcenverbrauch bei, die mit der Herstellung eines neuen Gerätes einhergehen. Stattdessen verlängern Sie die Lebensdauer eines bereits vorhandenen Gerätes und reduzieren dadurch den Bedarf an neuen Produkten.

Verhaltensregeln für einen bewussten Konsum von Hardware

Nachdem wir nun die Vorteile eines reduzierten Hardware-Konsums erläutert haben, möchte ich einige praktische Verhaltensregeln vorschlagen, die dabei helfen können, den eigenen Konsum zu minimieren.

1. Machen Sie sich bewusst, welche Geräte Sie **wirklich** benötigen: Bevor Sie ein neues Gerät kaufen, sollten Sie sich fragen, ob Sie es wirklich benötigen (oder es wegen der schicken neuen Features nur wollen). Denn oftmals lassen wir uns von den neuesten technologischen Trends und Funktionen verführen, ohne zu berücksichtigen, ob diese Funktionen für uns wirklich von Nutzen sind.
2. Kaufen Sie – wo immer möglich! – gebrauchte oder *refurbished* Geräte: Wie bereits erwähnt, kann der Kauf gebrauchter Geräte erhebliche Einsparungen an Ressourcen und Emissionen ermöglichen. Es gibt mittlerweile viele Plattformen, auf denen Sie gebrauchte Hardware von hoher Qualität kaufen können.

3. Warten Sie auf notwendige Upgrades: Anstatt Ihr Gerät sofort zu ersetzen, wenn ein neueres Modell auf den Markt kommt, sollten Sie warten, bis ein Upgrade wirklich notwendig ist. Oftmals können ältere Geräte noch viele Jahre nach ihrem ursprünglichen Kaufdatum effizient genutzt werden. Ältere Smartphones lassen sich zum Beispiel für viele andere Aufgaben nutzen: als Fernbedienung, als Babyfon, zur Steuerung einer Kamera, als Musik-Player et cetera.
4. Lassen Sie Ihre Geräte fachkundig reparieren: Wenn ein Gerät kaputtgeht, sollten Sie zuerst versuchen, es reparieren zu lassen, anstatt es sofort durch ein neues zu ersetzen. Viele Defekte können relativ einfach und kostengünstig behoben werden.
5. Recyceln Sie Ihre Altgeräte fach- und sachgerecht: Wenn Sie ein Gerät nicht mehr verwenden können, sollten Sie es korrekt entsorgen, damit die darin enthaltenen wertvollen Materialien zurückgewonnen werden können.

Die beste Strategie besteht darin, die Lebensdauer unserer digitalen Geräte so weit wie möglich zu verlängern. Man kann Hardware auch weitergeben, etwa innerhalb der Familie oder an Bedürftige. Durch den bewussten Umgang mit unserer Hardware können wir einen wichtigen Beitrag zur Reduzierung des Energieverbrauchs und der Umweltbelastung leisten, die mit der Digitalisierung einhergehen. Es liegt in unserer Hand, die Digitalisierung auf nachhaltigere Weise zu gestalten.

Sparsame(re) Datenübertragung

Die Frage nach neuer Hardware stellt sich zum Glück nur ab und zu. Auf welche Art und Weise wir Daten transportieren – und nichts anderes tut das Internet letztendlich –, diese Frage könnten wir uns jeden Tag stellen.

Und damit sind wir mittendrin: Einer der entscheidenden Aspekte, wenn wir über den Energieverbrauch in der Digitalisierung sprechen, ist die

Frage, auf welche Weise wir die Daten übertragen, die wir unbemerkt hin und her schicken.

Das bei uns in Deutschland am weitesten verbreitete DSL (Digital Subscriber Line) und Glasfaser haben sich diesbezüglich als effizientere Alternativen zum Mobilfunk herausgestellt. Aber warum ist das so und was können wir als Konsumenten tun, um bewusster zu handeln und Energie zu sparen?

DSL und Glasfaser sind energieeffizienter

Das Herzstück des Energiesparens bei der Datenübertragung liegt in der Verlustminimierung. Während bei der Funkübertragung (Mobilfunk) – was unvermeidlich ist – ein beträchtlicher Teil der eingesetzten Energie in Form von Wärme verpufft, nutzen Leitungstechnologien wie DSL und Glasfaser die Energie effizienter, da sie weniger Wärme abgeben.

Glasfaser ist in diesem Zusammenhang besonders effizient, da die Datenübertragung durch Lichtwellen erfolgt. Diese Technologie erlaubt es, große Datenmengen über weite Strecken zu senden, ohne dass dabei ein signifikanter Energieverlust auftritt. Im Vergleich dazu erzeugt der Mobilfunk bei der Übertragung von Daten über vergleichbare Distanzen einen erheblichen Energieverlust.

Auch DSL-Verbindungen sind im Vergleich zum Mobilfunk effizienter, obwohl sie auf Kupferleitungen basieren und nicht auf Lichtwellen wie Glasfaser. Das liegt daran, dass bei DSL-Verbindungen weniger Wärme erzeugt wird und somit weniger Energie in Form von Wärme verloren geht.

Wie können Verbraucher diese Technologien nutzen, um Energie zu sparen?

Es ist wichtig zu verstehen, dass unser individuelles Verhalten durchaus Einfluss auf den Gesamtenergieverbrauch hat. Deswegen nachfolgend einige konkrete Schritte, um einen Beitrag zur Energieeffizienz zu leisten.

Priorisieren einer verkabelten Verbindung

Goldene Regel: Stellen Sie, wann immer möglich, eine direkte Verbindung über DSL oder Glasfaser her, anstatt Mobilfunk zu nutzen. Wenn Sie zu Hause sind, verbinden Sie Ihre Geräte wie Computer, Smart-TV und Spielekonsolen direkt mit dem Router, anstatt WLAN oder Mobilfunk zu nutzen. Das spart enorm Energie (und vor allem Datenvolumen bei den Mobilgeräten).

Was zu Hause im eigenen Festnetz erledigt werden kann, sollte auch dort erledigt werden. Das gilt vor allem, wenn große Datenmengen transportiert werden müssen, etwa bei E-Mails mit umfangreichen Anhängen und erst recht beim Streamen. Wer sich unterwegs einen Film oder eine Serie anschauen möchte, kann und sollte den oder die vorher im WLAN auf das Gerät laden (sofern der Streamingdienst das anbietet und/oder das im Tarif möglich ist).

Einen umweltbewussten Internetanbieter auswählen

Auch durch die Wahl des Internetanbieters lässt sich etwas fürs Klima tun – natürlich nicht spontan, aber doch mittel- bis langfristig. Mittlerweile setzen einige Anbieter stärker auf grüne Technologien und Energie als andere. Da die Verbraucher bei diesem Aspekt kritischer und kompetenter werden, fangen erste Provider auch an, mit dem Aspekt zu werben. In Deutschland ist es noch schwierig, komplette Rechenzentren mit grüner Energie zu versorgen. Aber es ist möglich. Wer das anbietet, verdient also auch in Erwägung gezogen zu werden.

Mein Tipp: Informieren Sie sich genau über die Energiepolitik des aktuellen Anbieters und wechseln Sie gegebenenfalls zu einem Anbieter, der seine Infrastruktur auf DSL und Glasfaser ausgerichtet hat – und idealerweise auch Angaben zur bezogenen Energie macht. Allein die Tatsache, dass mehr Menschen darauf achten und gegebenenfalls nachfragen, führt zumindest mittelfristig zu einem gewissen Druck. Die Anbieter werden sich früher oder später alle dazu erklären müssen.

Das Heimnetzwerk optimieren

Ein stabiles Heimnetzwerk ist für die meisten von uns heute unverzichtbar. Es ermöglicht uns Zugang zu einer Fülle von Onlinediensten, von Streaming-Video und Audio bis hin zu Smart Home-Geräten und mehr. Daher gilt für die meisten heute: always on. Doch die effiziente Gestaltung und Verwaltung des Heimnetzwerks kann dazu beitragen, den Energieverbrauch zu senken und die Umweltbelastung zu reduzieren.

Wichtig zu wissen: Der Hauptverbraucher von Energie in einem Heimnetzwerk ist in der Regel der Router, gefolgt von den verschiedenen angeschlossenen Geräten, einschließlich Smart-TVs, Spielkonsolen, PCs und anderen internetfähigen Geräten. Auch die Art und Weise, wie diese Geräte genutzt werden, beeinflusst den Energieverbrauch.

Aber wie können wir unser Heimnetzwerk optimieren, um Energie zu sparen? Hier sind einige Vorschläge:

1. **Überprüfen und optimieren Sie Ihren Router**: Beginnen Sie mit der Hauptquelle des Energieverbrauchs in Ihrem Heimnetzwerk: dem Router. Einige Router haben verschiedene Energiesparoptionen eingebaut, die aktiviert werden können. Schauen Sie in den Einstellungen Ihres Routers nach solchen Optionen (im Handbuch steht, wie sich die Regiezentrale des Routers erreichen lässt; meist über den Browser). Aktualisieren Sie gelegentlich auch die sogenannte Firmware des Routers, da neuere Updates oft verbesserte Energieeffizienz bieten.
2. **Nutzen Sie die automatische Abschaltung**: Viele Geräte haben die Möglichkeit, sich nach einer bestimmten Zeit der Inaktivität automatisch abzuschalten oder in den Energiesparmodus zu wechseln. Nutzen Sie diese Funktionen, wo immer möglich.
3. **Begrenzen Sie das Streaming**: Streaming von Videos und Musik kann eine beträchtliche Menge an Energie verbrauchen. Überlegen Sie, ob Sie Inhalte herunterladen und lokal ansehen oder anhören können, anstatt sie zu streamen.

4. **Begrenzen Sie die Anzahl der verbundenen Geräte**: Jedes Gerät, das mit dem Netzwerk verbunden ist, verbraucht Energie, auch wenn es nicht aktiv genutzt wird. Trennen Sie Geräte vom Netzwerk, wenn sie nicht benötigt werden.
5. **Verwenden Sie Kabelverbindungen**: Kabelgebundene Verbindungen verbrauchen im Allgemeinen weniger Energie als drahtlose Verbindungen (siehe oben). Wo immer möglich, schließen Sie Geräte über ein Ethernet-Kabel anstatt über WLAN an.

Es ist schwer zu sagen, wie viel Energie genau durch die Optimierung des Heimnetzwerks eingespart werden kann, da dies von vielen Faktoren abhängt, darunter die Anzahl und Art der angeschlossenen Geräte, die Nutzungsgewohnheiten und die spezifischen Energieeffizienzfunktionen des Routers. Einige Schätzungen legen jedoch nahe, dass die Optimierung des Heimnetzwerks den Energieverbrauch um 10 bis 40 Prozent senken könnte.

Abschließend ist wichtig zu beachten, dass die Optimierung des Heimnetzwerks nur ein Teil einer breiteren Strategie zur Reduzierung des Energieverbrauchs sein kann. Die Art und Weise, wie wir das Internet und digitale Technologien nutzen, beeinflusst auch den Energieverbrauch und die CO_2-Emissionen. Durch bewusste Nutzung und eine ganzheitliche Betrachtung können wir dazu beitragen, unseren digitalen CO_2-Fußabdruck zu reduzieren.

Überdenken der Datennutzung

Die Optimierung unserer Datennutzung ist ein weiterer wichtiger Schritt in Richtung einer nachhaltigeren Internetnutzung. Hier sind einige Strategien, wie wir dies erreichen können:

1. **Limit Streaming**: Streamingdienste, insbesondere Videostreaming, sind eine der größten Quellen für Datenverbrauch. Laut einer Studie von 2019 sind Onlinevideos und Streaming für 60 Prozent des welt-

weiten Datenverkehrs verantwortlich. Deshalb: Überlegen Sie sich, wie viel Streaming wirklich notwendig ist. Betrachten Sie alternative Möglichkeiten wie das Herunterladen während Nicht-Stoßzeiten oder das Ansehen in geringerer Qualität, was den Datenverbrauch erheblich reduzieren kann. Weil das ein eigenes, komplexes Thema ist, kommt dazu weiter hinten in diesem Kapitel noch mehr – mit detailreichen Informationen.

2. **Überdenken Sie Ihre Social-Media-Nutzung**: Social-Media-Plattformen können auch eine beträchtliche Menge an Daten verbrauchen, insbesondere wenn sie Video- und Bildinhalte enthalten (was heute üblich ist). Überlegen Sie daher, wie Sie Ihre Nutzung dieser Plattformen reduzieren können.
3. **Verwenden Sie Datenkomprimierung**: Viele Web-Browser und Apps bieten serienmäßig einige Funktionen zur Datenkomprimierung, die helfen können, den Datenverbrauch zu reduzieren. Nutzen Sie diese Funktionen, wo immer sie verfügbar sind.
4. **Beschränken Sie die Hintergrunddatennutzung**: Viele Apps und Dienste nutzen Daten im Hintergrund, was oft unnötig ist. Prüfen Sie Ihre Einstellungen und beschränken Sie die Hintergrunddatennutzung, wo immer dies möglich ist.
5. **Aktualisieren Sie Ihre Geräte und Apps**: Ältere Geräte und Apps sind oft weniger effizient in Bezug auf die Daten- und Energieverwendung. Halten Sie Ihre Geräte und Apps auf dem neuesten Stand, um von Verbesserungen in der Energie- und Dateneffizienz zu profitieren.

Wie viel Energie durch die Optimierung der Datennutzung eingespart werden kann, ist schwer zu quantifizieren und hängt von vielen Faktoren ab, einschließlich der spezifischen Nutzungsgewohnheiten und der verfügbaren Technologie. Jede Reduzierung der Datennutzung hat zwangsweise einen bedeutenden Einfluss auf die globalen Emissionen.

Insgesamt kann das Überdenken und Optimieren unserer Datennutzung einen wichtigen Beitrag zur Reduzierung unseres persönlichen Energieverbrauchs und unserer CO_2-Emissionen leisten. Durch bewusste Internetnutzung und den Einsatz von Daten- und Energieeffizienztechnologien können wir dazu beitragen, den Energieverbrauch des Internets zu senken.

Streamen, aber klimafreundlich

Hand heben, wer niemals streamt – Musik, Filme oder Serien ... oder Games.

Wer ehrlich ist, hat jetzt vermutlich keine Hand nach oben gestreckt. Doch während wir uns längst an die Annehmlichkeiten des Streamings gewöhnt haben, sollten wir uns auch bewusst machen, dass diese Angewohnheit mit einem erhöhten Energieverbrauch und einem potenziellen Anstieg der CO_2-Emissionen einhergeht.

An dieser Stelle wollen wir uns darauf konzentrieren, wie wir beim Streamen Energie einsparen können, um so unseren ökologischen Fußabdruck zu verringern. Hier ein paar konkrete Tipps und Begründungen für verschiedene Einsatzgebiete, darunter das Streamen zu Hause, unterwegs, mit und ohne Fernseher.

Streamen zu Hause: Gerätewahl

Die Wahl des verwendeten Gerätes spielt beim Streamen eine wichtige Rolle bei der Energieeffizienz. Ich möchte dringend empfehlen, energieeffiziente Streaming-Geräte zu nutzen, die den Energy Star-Standard erfüllen und im Standby-Modus wenig Energie verbrauchen.

Smart-TVs und Streaming-Boxen wie Apple TV, Roku oder Chromecast sind oft energieeffizienter als Gaming-Konsolen. Diese Geräte sind speziell darauf ausgelegt, auch im Standby-Modus nur eine minimale Menge an Energie zu verbrauchen. Deshalb sollten wir beim Kauf neuer Geräte auf die Angaben zum Energieverbrauch achten und uns für ein Gerät mit niedrigem Stromverbrauch entscheiden.

Streamen unterwegs

Eine der effektivsten Möglichkeiten, den Energieverbrauch beim Streamen unterwegs zu reduzieren, besteht definitiv darin, Inhalte im Voraus herunterzuladen. Viele Streamingdienste bieten die Möglichkeit, Filme, Serien und Musik für den Offline-Konsum herunterzuladen (Download). Wer das vorab macht, kann den Datenverkehr und damit den Energieverbrauch während des Streamings minimieren.

Deshalb idealerweise vor Verlassen des Hauses die Lieblingsinhalte auf das mobile Gerät herunterladen, sodass sie unterwegs ohne aktive Internetverbindung anzuschauen sind. Dies hilft nicht nur dabei, den Energieverbrauch zu reduzieren, sondern auch den Verbrauch der mobilen Daten zu schonen.

Bildschirmhelligkeit und Auflösung

Es sind mitunter die kleinen Dinge, die eine große Wirkung haben können. So kann eine verringerte Bildschirmhelligkeit und eine niedrigere gewählte Auflösung erheblich den Energieverbrauch reduzieren.

Viele Streaming-Plattformen bieten Optionen zur Anpassung der Videoqualität an. Wählen Sie eine niedrigere Auflösung, wenn keine höchstmögliche Bildqualität benötigt wird. Darüber hinaus sollte die Bildschirmhelligkeit reduziert werden, um Energie zu sparen. Je heller und schärfer das Bild ist, desto mehr Energie wird für die Hintergrundbeleuchtung und die Verarbeitung des Videos benötigt. Durch die Reduzierung von Bildschirmhelligkeit und Auflösung lässt sich der Energieverbrauch erheblich senken.

Energiesparmodus verwenden

Viele Streaming-Geräte verfügen von Haus aus über einen Energiesparmodus, der den Energieverbrauch im Leerlauf reduziert. Es empfiehlt sich, diese Funktion zu aktivieren, um Energie zu sparen, wenn das Gerät nicht aktiv im Einsatz ist.

Im Energiesparmodus werden inaktive Hintergrundprozesse reduziert und die Bildschirmhelligkeit automatisch verringert. Dadurch lässt sich der Energieverbrauch des Gerätes erheblich reduzieren. Tipp: Sicherstellen, dass der Energiesparmodus aktiviert ist und das Gerät so konfiguriert ist, dass es nach einer gewissen Zeit der Inaktivität automatisch in den Energiesparmodus wechselt.

Zeitgesteuerte Abschaltung

Auch klassische Stromspartipps können helfen, bei der Nutzung digitaler Geräte und Dienste Energie einzusparen. So kann es sich empfehlen, eine zeitschaltgesteuerte Steckdose zu nutzen, um ein Streaming-Gerät automatisch auszuschalten, wenn es nicht in Gebrauch ist. Dieser Trick verhindert unnötigen Standby-Verbrauch und bietet eine bequeme Möglichkeit, den Energieverbrauch nachhaltig einzudämmen.

Nutzer können eine solche Steckdose so programmieren, dass das Gerät zu den Zeiten komplett ausgeschaltet wird, in denen es normalerweise nicht zum Einsatz kommt, wie zum Beispiel während der Nacht oder wenn niemand zu Hause ist. Auf diese Weise lässt sich durch eine einmalige Installation sicherstellen, dass die angeschlossenen Geräte nicht unnötig Energie verbrauchen – was überdies auch noch die Stromrechnung reduzieren hilft.

Nutzung von WLAN anstelle von Mobilfunk

Beim Streamen unterwegs verbrauchen Mobilfunkdaten (wie weiter oben erläutert) deutlich mehr Energie als eine Verbindung über WLAN. Wo immer möglich, sollten Sie deshalb WLAN-Verbindungen nutzen, um den Energieverbrauch zu reduzieren. Das muss nicht mal zwingend zu Hause sein: Wer zum Beispiel in einem Café sitzt oder an einem Ort mit kostenlosem WLAN, verbindet sich mit dem Netzwerk, anstatt auf die Mobilfunkdaten zurückzugreifen. Das Streamen über WLAN reduziert den Energieverbrauch des mobilen Gerätes und verlängert obendrein die Akkulaufzeit.

Bei aller Begeisterung für ein energiefreundliches Streamen: Trotzdem müssen Sie bei der Nutzung öffentlicher WLANs darauf achten, sich mit sicheren und vertrauenswürdigen WLAN-Netzwerken zu verbinden, um Privatsphäre und Sicherheit zu gewährleisten.

Streamen bei niedrigeren Bitraten

Viele Streamingdienste bieten die Möglichkeit, die Bitrate des gestreamten Inhalts anzupassen (also die Anzahl der pro Sekunde übertragenen Informationseinheiten).

Eine niedrigere Bitrate führt automatisch zu einem geringeren Datenverkehr und damit zu einem niedrigeren Energieverbrauch. Bei Streamingdiensten geschieht dies am ehesten über die Bildauflösung (Videostreaming). Wer Audios streamt, hat nur selten eine Wahl oder Einfluss auf die Bandbreite.

Wer sich nicht sicher ist, sollte mit verschiedenen Bitraten experimentieren und probeweise erst mal die niedrigste Qualität wählen, die akzeptabel erscheint. Dabei ist allerdings zu beachten, dass eine niedrige Bitrate zu einer merklich schlechteren Bild- und Tonqualität führen kann.

Daher muss jeder das optimale Gleichgewicht zwischen niedriger Bitrate und guter Qualität finden, um den Energieverbrauch zu minimieren. Auf einem Smartphone-Display benötigt man ganz sicher keine 4K-Auflösung (Ultra-HD), während das zu Hause auf dem riesigen Fernseher durchaus sinnvoll und erstrebenswert sein kann.

Wer unterwegs ist und über eine begrenzte Datenverbindung verfügt, kann die Bitrate auf ein Minimum reduzieren, um Energie zu sparen.

Streamen mit und ohne Fernseher

Moderne Smart-TVs sind oft energieeffizienter als ältere Modelle. Daher lohnt es sich, beim Kauf eines neuen Fernsehers auf den Energieverbrauch im Betrieb und im Standby-Modus zu achten und diese Angaben gegebenenfalls bei der Modellwahl zu vergleichen.

Wer Energie sparen will, aktiviert den Energiesparmodus und schaltet den Fernseher vollständig aus, wenn er nicht verwendet wird. Der Energiesparmodus verringert die Helligkeit des Bildschirms und passt die Hintergrundbeleuchtung an, um den Energieverbrauch zu reduzieren.

Zudem verfügen viele moderne Fernseher über Funktionen wie Bewegungssensoren, die das Gerät automatisch ausschalten, wenn keine Bewegung im Raum erkannt wird. Das ist ein cooles Feature! Wir sollten also sicherstellen, dass wir den Energiesparmodus aktivieren und den Fernseher vollständig ausschalten, wenn wir ihn nicht verwenden, um den Energieverbrauch zu minimieren.

Externe Lautsprecher und Boxen

Jetzt kommt eine vielleicht überraschende Erkenntnis: Die Verwendung von externen Lautsprechern oder Soundbars anstelle der integrierten Lautsprecher des Fernsehers kann den Energieverbrauch reduzieren. Die internen Lautsprecher eines Fernsehers benötigen oft mehr Energie als separate Lautsprecher, um einen ähnlichen Klang zu erzeugen.

Externe Lautsprecher können nicht nur den Klang verbessern, sondern auch den Energieverbrauch des Fernsehers reduzieren, da die integrierten Lautsprecher nicht verwendet werden müssen. Wer also sowieso eine bessere Audioqualität wünscht, kann in separate Lautsprecher investieren, die gleichzeitig den Energieverbrauch seines Fernsehers senken.

Nutzung von Streamingdiensten auf anderen Geräten

Es muss ja nicht immer der Kinoabend auf dem voluminösen Fernseher sein: Verwenden Sie alternative Geräte wie Laptops, Tablets oder Smartphones, um Inhalte von Streamingdiensten abzurufen. Diese Geräte haben oft einen geringeren Energieverbrauch als ein Fernseher. Wer zum Beispiel eine Serie schauen möchte, kann sie auf einem Laptop streamen und die Bildschirmhelligkeit anpassen, um Energie zu sparen.

Alternativ lässt sich auch ein Tablet oder Smartphone verwenden, um Inhalte in guter Qualität zu streamen, während der Energieverbrauch im Vergleich zu einem Fernseher deutlich reduziert wird. Durch die Nutzung von alternativen Geräten kann man den Energieverbrauch optimieren und gleichzeitig die Lieblingsinhalte genießen.

Fazit: Beim Streamen von Inhalten können wir durch bewusste Verhaltensänderungen den Energieverbrauch erheblich reduzieren und somit unseren CO_2-Fußabdruck verringern. Die Auswahl energieeffizienter Geräte, das Anpassen von Bildschirmhelligkeit und Auflösung, die Verwendung von Energiesparmodi und zeitschaltgesteuerten Abschaltungen, das Herunterladen von Inhalten, die Nutzung von WLAN anstelle von Mobilfunkdaten sowie die Verwendung externer Lautsprecher oder alternativer Geräte sind nur einige der Maßnahmen, die wir ergreifen können.

Indem wir diese Tipps befolgen und unsere Gewohnheiten ändern, tragen wir aktiv zur nachhaltigen Nutzung des Internets bei und helfen dabei, den Energieverbrauch und die CO_2-Emissionen im Zusammenhang mit dem Streaming zu reduzieren.

Weniger Cloud, bitte

Ein Smartphone nutzen ohne Cloud? Das ist heute praktisch nicht mehr möglich. Sowohl Google (Android-Geräte) als auch Apple (iPhone, iPad und Co) setzen darauf, dass wir Onlinekonten haben, dass neue Fotos in der Cloud landen, dass wir Apps aus dem Store laden und ständig Daten austauschen. Eine digitale Welt ohne Cloud ist praktisch nicht vorstellbar.

Während die Cloud uns beispiellose Bequemlichkeit bietet, ist zu beachten, dass die vielen Dienste in der Cloud auch einen erheblichen Energieaufwand verursachen (siehe Kapitel 4). Doch glücklicherweise gibt es Wege, wie Sie Ihren Verbrauch von Cloud-Diensten optimieren – und dadurch sowohl Energie als auch Kohlendioxidemissionen reduzieren können.

1. Unnötige E-Mails löschen

Es mag überraschend sein, aber der Energieverbrauch von E-Mails kann erheblich sein. Ein Bericht des Carbon Literacy Project behauptet, dass eine E-Mail mit einem großen Anhang bis zu 50 Gramm CO_2-Equivalent erzeugen kann. Das Löschen unnötiger E-Mails kann daher erheblich zur Reduzierung Ihres Energieverbrauchs und Ihres CO_2-Fußabdrucks beitragen. Um dies in die Praxis umzusetzen, sollten Sie regelmäßig Ihren Posteingang aufräumen und E-Mails löschen, die Sie nicht mehr benötigen. Nutzen Sie Filter und Ordnersysteme, um Ihre E-Mails effektiv zu verwalten.

In der modernen digitalen Ära ist die Nutzung von E-Mail und Cloud-Diensten allgegenwärtig und unverzichtbar. Sie dienen als grundlegende Werkzeuge für Kommunikation, Zusammenarbeit und Datenverwaltung sowohl im beruflichen als auch im privaten Bereich. Während diese Technologien uns beispiellose Effizienz und Bequemlichkeit bieten, tragen sie doch erheblich zum weltweiten Energieverbrauch und den damit verbundenen CO_2-Emissionen bei. Eine effiziente Nutzung dieser Dienste durch bewusste Entscheidungen und Praktiken kann uns dabei helfen, unseren digitalen Energieverbrauch erheblich zu reduzieren.

Eine Möglichkeit, den Energieverbrauch von E-Mail und Cloud-Diensten zu reduzieren, ist das Löschen von nicht mehr benötigten E-Mails und Anhängen. Aber warum ist das so? Um dies zu verstehen, müssen wir uns die Infrastruktur ansehen, die diesen Diensten zugrunde liegt.

Jede E-Mail, die wir senden, empfangen oder speichern, jede Datei, die wir in der Cloud speichern oder teilen, muss auf Servern gespeichert werden. Diese Server verbrauchen Energie, nicht nur für den Betrieb und die Aufrechterhaltung der Daten, sondern auch für die Kühlung der Serverräume, um Überhitzung zu verhindern. Laut dem U.S. Department of Energy können Rechenzentren bis zu 100-mal mehr Energie pro Quadratfuß verbrauchen als ein typisches Bürogebäude.

Ein Bericht von 2019 der Non-Profit-Organisation »The Shift Project« schätzte, dass digitale Technologien etwa 4 Prozent der weltweiten CO_2-Emissionen ausmachen. Darüber hinaus prognostizierte der Bericht, dass sich dieser Anteil bis 2025 auf 8 Prozent verdoppeln könnte. Dies zeigt, dass digitale Technologien und ihre Infrastruktur einen erheblichen Beitrag zur globalen Erwärmung leisten.

Jetzt mag man sich fragen, wie viel Energie eine einzelne E-Mail verbrauchen kann. Laut einer Studie des Carbon Literacy Project kann eine einfache, textbasierte E-Mail etwa 4 Gramm CO_2-Äquivalent (CO_2e*) produzieren. Eine E-Mail mit einem großen Anhang kann bis zu 50 Gramm CO_2e erzeugen. Im Jahr 2018, so schätzte das Projekt, führten die über 64 Millionen unerwünschten E-Mails, die täglich im Vereinigten Königreich versendet wurden, zu Emissionen von etwa 16.433 Tonnen CO_2e – das entspricht etwa 81.152 Flügen von London nach Madrid.

Was bedeutet das für uns als Einzelpersonen? Angenommen, eine Person sendet durchschnittlich 40 E-Mails pro Tag (eine konservative Schätzung für viele Büroarbeiter). Selbst wenn diese E-Mails nur textbasiert sind und wir den niedrigsten CO_2e-Wert von 4 Gramm pro E-Mail verwenden, würde dies zu jährlichen Emissionen von 58,4 Kilogramm CO_2e führen, nur durch das Senden von E-Mails.

Jetzt können wir uns vorstellen, wie sich das Löschen von nicht mehr benötigten E-Mails und Anhängen auf diesen Wert auswirken kann. Wenn wir annehmen, dass 20 Prozent dieser E-Mails und ihrer Anhänge gelöscht werden könnten, könnten wir unsere jährlichen Emissionen um 11,68 Kilogramm CO_2e reduzieren. Multipliziert mit der Anzahl der E-Mail-Nutzer

* e ist die offizielle Abkürzung für CO2- Equivalent.

weltweit – über 4 Milliarden laut einem Bericht von Radicati Group aus dem Jahr 2020 wird das Potenzial für Einsparungen erstaunlich groß.

Wie gehen wir also am besten vor, um diese nicht benötigten E-Mails zu löschen und diese Energie einzusparen? Hier sind einige Strategien:

- **Regelmäßige Aufräumaktionen**: Planen Sie regelmäßig Zeit ein, um Ihren Posteingang durchzugehen und E-Mails zu löschen, die Sie nicht mehr benötigen. Dies könnte einmal pro Woche, einmal pro Monat oder in einem anderen für Sie passenden Zeitrahmen sein.
- **Effektive Nutzung von Ordnern und Labels**: Nutzen Sie Ordner und Labels, um Ihre E-Mails zu organisieren. Dadurch wird es einfacher, alte E-Mails zu finden und zu löschen, und Sie vermeiden, dass Sie wichtige E-Mails versehentlich löschen.
- **Löschen statt Archivieren**: Viele E-Mail-Dienste bieten eine Archivierungsfunktion an, die E-Mails aus Ihrem Posteingang entfernt, aber sie auf den Servern speichert. Wenn Sie sicher sind, dass Sie eine E-Mail nicht mehr benötigen, löschen Sie diese, statt sie zu archivieren.
- **Automatisches Löschen**: Einige E-Mail-Dienste bieten Funktionen zum automatischen Löschen von E-Mails nach einer bestimmten Zeit an. Prüfen Sie, ob Ihr Dienst diese Funktion bietet, und nutzen Sie sie, wenn möglich.

Indem wir bewusst über unseren E-Mail- und Cloudspeicher-Verbrauch nachdenken und aktiv Schritte zur Reduzierung unserer digitalen Datenmenge unternehmen, können wir unseren persönlichen Energieverbrauch und unseren CO_2-Fußabdruck erheblich reduzieren. Darüber hinaus hilft die Reduzierung der Datenmenge, die Infrastrukturkosten zu senken und die Effizienz der Dienste zu verbessern, was zu einer allgemeinen Verbesserung des Interneterlebnisses führen kann.

Zusammengefasst: Eine effiziente und bewusste Nutzung von E-Mail und Cloud-Diensten ist nicht nur gut für die Umwelt, sondern auch gut für uns als Nutzer. Durch das Implementieren der hier vorgestellten Strategien und Praktiken können wir dazu beitragen, den Energieverbrauch und die CO_2-Emissionen unserer digitalen Aktivitäten zu reduzieren und einen positiven Einfluss auf unseren Planeten zu haben.

2. Unnötige Dateien in der Cloud löschen

Cloud-Speicherplattformen wie Google Drive, Dropbox und OneDrive sind unglaublich nützlich, aber sie verbrauchen auch eine Menge Energie. Ein Bericht der Lawrence Berkeley National Laboratory zeigte, dass Datenzentren weltweit im Jahr 2020 rund 200 Milliarden Kilowattstunden Strom verbrauchten – das entspricht etwa 1 Prozent des gesamten weltweiten Stromverbrauchs. Durch das Löschen unnötiger Dateien aus der Cloud können Sie diesen Verbrauch reduzieren. Prüfen Sie regelmäßig Ihre Cloud-Speicherplattformen und löschen Sie Dateien, die Sie nicht mehr benötigen.

3. Nutzen Sie lokale Speicherlösungen, wenn möglich

Während Clouddienste aufgrund ihrer Bequemlichkeit und ihres einfachen Zugangs beliebt sind, ist es in vielen Fällen sinnvoller, lokale Speicherlösungen zu nutzen. Lokale Speicherung erfordert weniger Energie, da die Daten nicht ständig zwischen Ihrem Gerät und den entfernten Servern übertragen werden müssen. Überlegen Sie, ob Sie Dateien, die Sie selten verwenden, aber trotzdem behalten möchten, auf einem externen Laufwerk oder einer anderen Form von physischem Speicher speichern können.

4. Verwenden Sie Cloud-Dienste effizient

Wenn Sie Cloud-Dienste nutzen müssen, achten Sie darauf, dass Sie sie effizient nutzen. Das bedeutet, dass Sie sie nicht unnötig geöffnet und laufen lassen sollten, wenn Sie sie nicht aktiv nutzen. Schließen Sie ungenutzte Tabs und beenden Sie nicht benötigte Anwendungen, um Ihren Energieverbrauch zu senken.

5. Nutzen Sie energieeffiziente Einstellungen

Viele Cloud-Dienste bieten energieeffiziente Einstellungen an, die Ihnen helfen, Energie zu sparen. Dies kann zum Beispiel das automatische Ausschalten von Diensten in Zeiten geringer Nutzung oder das Nutzen von Dark Mode-Funktionen umfassen. Prüfen Sie die Einstellungen Ihrer bevorzugten Cloud-Dienste, um diese Optionen zu nutzen.

6. Überdenken Sie die Notwendigkeit von High-Definition-Streaming

Streamingdienste verbrauchen eine erhebliche Menge an Energie, insbesondere wenn Sie in High-Definition (HD) oder Ultra-High-Definition (UHD) streamen. Ein Bericht von »The Shift Project« schätzt, dass Online-Videostreaming im Jahr 2018 etwa 300 Millionen Tonnen CO_2 produziert hat, was etwa 1 Prozent der globalen Emissionen entspricht. Überdenken Sie die Notwendigkeit von HD-Streaming – oft ist die Qualität von Standarddefinition (SD) für viele Zwecke ausreichend.

7. Nutzen Sie effiziente Suchmaschinen

Suchmaschinen spielen eine wichtige Rolle bei der Navigation im Internet, aber sie verbrauchen auch Energie. Google verarbeitet beispielsweise mehr als 3,5 Milliarden Suchanfragen pro Tag, was zu einem erheblichen Energieverbrauch führt. Einige Suchmaschinen, wie Ecosia, pflanzen Bäume für jede durchgeführte Suche, um den CO_2-Fußabdruck zu kompensieren.

8. Nutzen Sie Green Web Hosting

Wenn Sie eine Website besitzen oder planen, eine zu erstellen, sollten Sie Green Web Hosting in Betracht ziehen. Green Web Hosting-Dienste nutzen erneuerbare Energien, um ihre Server zu betreiben, was ihren CO_2-

Fußabdruck erheblich reduziert. Es gibt eine wachsende Anzahl von Green Web Hosting-Anbietern zur Auswahl.

9. Reduzieren Sie die Nutzung von Social Media

Social Media-Plattformen verbrauchen eine Menge Energie, sowohl auf Serverseite als auch auf Benutzerseite. Versuchen Sie, Ihre Nutzung von Social Media zu reduzieren, indem Sie bewusste Pausen einlegen und Push-Benachrichtigungen deaktivieren, um nicht ständig zum Überprüfen verleitet zu werden.

10. Bildung und Sensibilisierung

Zu guter Letzt ist es wichtig, dass Sie sich weiterhin über die Auswirkungen der Internetnutzung auf die Umwelt informieren und Ihr Wissen mit anderen teilen. Indem wir uns alle unserer individuellen Beiträge bewusst werden und uns bemühen, unseren Energieverbrauch zu reduzieren, können wir gemeinsam einen erheblichen Unterschied machen.

Zusammenfassend lässt sich sagen, dass es viele Möglichkeiten gibt, wie Sie Ihren Energieverbrauch und Ihren CO_2-Fußabdruck durch eine bewusstere und effizientere Nutzung von Clouddiensten reduzieren können. Es erfordert eine bewusste Anstrengung und eine gewisse Disziplin, aber die Vorteile für unseren Planeten sind enorm und gut dokumentiert. Es liegt in unserer Verantwortung, unsere Auswirkungen auf die Umwelt zu minimieren und zu einem nachhaltigeren Lebensstil beizutragen. Mit den hier aufgeführten Strategien können Sie diesen wichtigen Schritt in Richtung eines bewussteren digitalen Lebensstils machen.

ÜBER DEN AUTOR

Jörg Schieb ist einer der bekanntesten Autoren für Digitalthemen in Deutschland. Er hat bereits über 130 Bücher geschrieben und schreibt zudem für viele Medien, u. a. *FAZ*, *Handelsblatt*, *SPIEGEL* und *stern*. Seit mehr als 20 Jahren arbeitet Schieb vor allem für ARD und WDR, dort hat er eine eigene wöchentliche Rubrik »Angeklickt«, in der er die Digitalisierung und deren gesellschaftliche Folgen kritisch beleuchtet. Im Redline Verlag ist von ihm bereits *Der Digitalschock* erschienen.

QUELLENVERZEICHNIS

1 https://www.websiterating.com/de/research/internet-statistics-facts/
2 https://www.acamedia.info/sciences/sciliterature/globalw/reference/index.htm
3 https://www.carbontrust.com/de/projekte-und-ressourcen/ressourcen/das-emissionseinsparpotenzial-der-arbeit-im-homeoffice-in-europa
4 https://www.umweltbundesamt.de/umwelttipps-fuer-den-alltag/elektrogeraete/smartphones-tablets
5 https://www.nrdc.org/bio/noah-horowitz/latest-game-consoles-environmental-winners-or-losers
6 https://pure.itu.dk/ws/portalfiles/portal/83541275/Backe_Green_Gaming_deutsch.pdf
7 https://main-spessart.bund-naturschutz.de/klimatipps/stromverbrauch-durchs-internet
8 https://theshiftproject.org/wp-content/uploads/2019/03/Lean-ICT-Report_The-Shift-Project_2019.pdf
9 https://www.netflix.com/de/title/70140450
10 https://www.greenpeace.de/publikationen/studie-clicking-clean-2017
11 https://news.netcraft.com/archives/2021/09/29/september-2021-web-server-survey.html
12 https://www.gartner.com/en/newsroom/press-releases/2020-10-07-gartner-says-worldwide-data-center-infrastructure-spending-to-grow-6-percent-in-2021
13 https://www.energy.kth.se/energy-systems/master-thesis/msc-thesis-proposals/power-consumption-and-co2-emission-of-http-servers-1.1115962
14 https://theshiftproject.org/wp-content/uploads/2019/07/Press-kit_Climate-crisis_The-unsustainable-use-of-online-video.pdf
15 https://www.th-koeln.de/mam/downloads/deutsch/hochschule/aktuell/nachrichten/dnh_2020-3_vorveroffentlichung_beitrag_konen.pdf
16 https://www.youtube.com/watch?v=W8r-tXRLazs
17 https://www.ifpi.org/wp-content/uploads/2020/03/GMR2021_STATE_OF_THE_INDUSTRY.pdf
https://www.borderstep.de/wp-content/uploads/2020/06/Videostreaming_2020.pdf
18 https://www.bitkom.org/Presse/Presseinformation/Video-Streaming-und-CO2-Die-wichtigsten-Fakten

19 https://www.grandviewresearch.com/industry-analysis/video-streaming-market

20 https://datareportal.com/reports/digital-2023-global-overview-report

21 https://www.greenpeace.de/publikationen/studie-clicking-clean-2017

22 https://www.umsicht.fraunhofer.de/content/dam/umsicht/de/dokumente/publikationen/2015/eco-music.pdf

23 https://www.mdpi.com/2078-1547/6/1/117

24 https://arpa-e.energy.gov/technologies/programs/enlitened

25 https://company.ovo.com/think-before-you-thank-if-every-brit-sent-one-less-thank-you-email-a-day-we-would-save-16433-tonnes-of-carbon-a-year-the-same-as-81152-flights-to-madrid/

26 https://digital-strategy.ec.europa.eu/en/news/new-approach-enable-global-leadership-eu-standards-promoting-values-and-resilient-green-and-digital

27 https://arxiv.org/pdf/1906.02243.pdf

28 https://www.sciencedirect.com/journal/journal-of-cleaner-production/vol/259/suppl/C

29 https://www.bristol.ac.uk/engineering/research/smart/news/2020/smart-internet-lab-commences-5gmec-research-collaboration-with-sruk.html

30 https://www.ericsson.com/en/reports-and-papers/mobility-report/reports/june-2023?gclid=Cj0KCQjw5f2lBhCkARIsAHeTvlgxXYuqE995kk0yZsqFEOF-x4UMGeuhHOaP3v-QZLbASZtpCW8HMf0QaAhqpEALw_wcB&gclsrc=aw.ds

31 https://coinmarketcap.com/

32 https://www.bitcoin.de/de/bitcoin-whitepaper-deutsch

33 https://ccaf.io/cbnsi/cbeci

34 https://www.nature.com/articles/s41558-018-0321-8

35 https://www.spiegel.de/netzwelt/bitcoin-pro-transaktion-entsteht-ein-halbes-pfund-elektroschrott-a-6906801b-9a27-4a78-9585-91a8e7231393

36 https://digiconomist.net/ethereum-energy-consumption

37 https://www.br.de/nachrichten/netzwelt/bitcoin-studie-zeigt-ausmass-des-co2-ausstosses,TIji5Zi

38 https://www.ecb.europa.eu/paym/digital_euro/html/index.de.html

39 https://theshiftproject.org/en/article/unsustainable-use-online-video/

40 US Department of Energy. (2011). Critical Materials Strategy. Verfügbar unter: https://www.energy.gov/sites/default/files/criticalmaterialsstrategy.pdf

41 United States Geological Survey (2021). Rare Earth Elements. Verfügbar unter: https://www.usgs.gov/centers/nmic/rare-earth-elements

42 Bundesanstalt für Geowissenschaften und Rohstoffe (2020). Seltene Erden. Verfügbar unter: https://www.bgr.bund.de/DE/Themen/Min_rohstoffe/Industrieminerale/seltene_erden/seltene_erden_node.html

43 UN Environment Programme (2019). Global Resources Outlook 2019: Natural Resources for the Future We Want. Verfügbar unter: https://www.resourcepanel.org/global-resources-outlook-2019
44 Deutsche Rohstoffagentur (2021). Seltene Erden. Verfügbar unter: https://www.deutsche-rohstoffagentur.de/DERA/DE/Themen/SelteneErden/seltene-erden.html
45 Global E-Waste Monitor (2020). The Global E-waste Monitor 2020: Quantities, flows, and the circular economy potential. Verfügbar unter: https://www.itu.int/en/ITU-D/Climate-Change/Documents/GEM%202020/GEM%202020_full%20report_rev.pdf
46 Elektro-Altgeräte Register (EAR) (2021). Zahlen und Fakten. Verfügbar unter: https://www.ear-system.de/zahlen-und-fakten/
47 Umweltbundesamt (2021). Elektro- und Elektronikaltgeräte (EAG). Verfügbar unter: https://www.umweltbundesamt.de/themen/chemikalien/einzelstoffe-im-ueberblick/elektro-und-elektronikaltgeraete-eag
48 Deutsche Umwelthilfe (2021). Elektroschrott – Fluch oder Segen? Verfügbar unter: https://www.duh.de/projekte/recycling/elektroschrott/
49 Stiftung Gemeinsames Rücknahmesystem Batterien (2021). Batterierückgabe. Verfügbar unter: https://www.grs-batterien.de/verbraucher/batterierueckgabe/
50 https://www.statista.com/statistics/1228433/data-centers-worldwide-by-country/
51 Study Finds (2021). The Energy Efficiency of Data Centers. Verfügbar unter: https://studyfinds.org/energy-efficiency-data-centers/
52 European Environmental Bureau (2019). Smarter, greener, more inclusive? How to make the European digital transformation sustainable. Verfügbar unter: https://eeb.org/library/smarter-greener-more-inclusive-how-to-make-the-european- digital-transformation-sustainable/
53 Global E-Waste Monitor (2020). The Global E-waste Monitor 2020: Quantities, flows, and the circular economy potential. Verfügbar unter: https://www.itu.int/en/ITU-D/Climate-Change/Documents/GEM%202020/GEM%202020_full%20report_rev.pdf
54 https://news.microsoft.com/de-de/features/project-natick-zeigt-nachhaltigkeit-von-unterwasser-rechenzentren/
55 https://stockholmdataparks.com/
56 https://www.golem.de/news/energieeffizienzgesetz-effizienzvorgaben-fuer-rechenzentren-deutlich-abgeschwaecht-2307-175607.html
57 https://www.thegreenwebfoundation.org/
58 https://www.thestoryofcleanenergy.com/avangrid
59 https://www.itu.int/en/ITU-D/Climate-Change/Documents/GEM%202017/Global-E-waste%20Monitor%202017%20.pdf

STICHWORTVERZEICHNIS